韓国語能力試験
合格対策講座1

音声ダウンロード版

NEW

TOPIK

I

1級・2級編

李昌圭 著

白帝社

第１章 聞き取り編（Ⅰ）・第２章 聞き取り編（Ⅱ）・第５章 模擬試験／聞き取りの

音声の入手方法

❶ スマホかパソコンで、インターネット・ブラウザを起動し、**白帝社 NEW TOPIK Ⅰ**と検索、または下記サイトにアクセスしてください。

http://www.hakuteisha.co.jp/news/n36272.html

＊スマホからは、QR コードをスキャンしてください。

【白帝社】音声ダウンロード＆ YouTube リンク先ページが開きます。
「青字の項目」を選択するとダウンロードできます。＊ファイルは zip 形式で圧縮された形でダウンロードされます。スマホにダウンロードして再生する場合は、別途解凍アプリが必要です。

＊アプリについては、こちらをご覧ください。→

❷ YouTube でも音声を聞くことができます。
❶の**【白帝社】音声ダウンロード＆ YouTube リンク先ページ**の「赤字のリンク」を選択すると YouTube のページに移動します。ダウンロードは不要です。＊インターネットに接続可能な環境でご利用ください。

❸ 音声が提供されている箇所には、それぞれ QR コードが印刷されています。

例：**第１章　１短い質問の答えを選ぶ問題**　（32 ページ）

音声のリンク先

スマホでスキャンすると、
- **【白帝社】音声ダウンロード＆ YouTube リンク先ページ**
- **【YouTube】第１章　１短い質問の答えを選ぶ問題**

の２つのリンクが表示されます。ご希望のリンク先をお選びください。

韓国語能力試験(TOPIK)Ⅰ合格のために
―まえがきにかえて―

韓国語能力試験(TOPIK)は韓国語を母語としない外国人学習者の韓国語力を測定・評価することを目的に世界約70カ国で実施されている試験です。世界の韓国語学習者にとって問題の質と量ともに学習成果を確認する上で最良の試験としてその重要性はますます高まっています。

しかし、日本では長年試験級別の詳細な分析に基づいた本格的な学習書は乏しく、効率的に試験準備をすることが困難な状況にありました。このような状況に対応すべく、数年前に本格的な受験対策書として韓国語能力試験初級対策の「語彙・文法・作文」編と「聞き取り・読解」編を刊行して、学習者の皆様から多くの支持を得て来ました。本書はこの初級編での評価を生かしつつ、新しく体制が変わったTOPIKⅠの対策書として、受験者の皆様が効率よく試験に備えられるよう次のような点に留意して構成しています。

❶ 新TOPIKⅠとこれまでに出題された聞き取りと読解の問題を詳細に分析し、その出題内容と傾向、ポイントを類型別に解説しています。
出題傾向と内容が体系的に把握でき、試験準備が効率よくできます。

❷ これまでの出題問題や頻出する選択肢、語彙と文法事項を類型別にまとめ、「合格資料」として提示しています。
新TOPIKⅠの問題類型や頻出する語句、語彙、文法等が一目でわかります。

❸ 実戦的な練習問題を類型別にまとめ、本試験の配置順に提示しています。
本書収録の豊富な練習問題と資料(全640問)を本試験の出題順番に沿って実戦的に練習できます。

❹ 練習問題と語彙リストにはチェックボックス(⧄)を設けています。
間違えた問題や不得意な問題は印をつけて繰り返し練習ができます。

本書で多様な問題を解くことによってTOPIKⅠレベルの学習事項をより確実に理解し、身につけることができるはずです。TOPIKⅠの受験対策として、また学習成果の総合的な確認として大いに活用してください。

みなさんのさらなる韓国語力の向上とTOPIKⅠの合格を願います。

李　昌圭

目次

第3章 読解編(Ⅰ) ---- 読解問題(Ⅰ)

第4章 読解編(Ⅱ) ---- 読解問題(Ⅱ)

第5章 模擬試験編

第6章 聞き取り台本

第7章 解説編

合格資料

韓国語能力試験Ⅰ受験にあたって

韓国語能力試験(TOPIK)とは

❶ **対象**　韓国語を母語としない世界の学習者を対象としている。日本では春季(4月)と夏季(7月)、秋季(10月)の3回実施される。

❷ **目的**　韓国語の効果的な学習方法の提示と成果の測定、また韓国の大学への留学、企業などへの就業に際して必要な韓国語能力の測定、評価に活用されることが目的とされる。

❸ **主管**　韓国の教育科学技術(日本の文科省に該当)部傘下の国立国際教育院が試験の出題、採点などの試験全般を管理している。

❹ **改編**　2014年春季の34回試験までは初級、中級、高級の三つの級で「語彙・文法・作文」と「聞き取り・読解」に分けて実施、得点によって1級～6級までの合否が判定されたが、2014年の35回試験からさらに試験を単純化してTOPIK ⅠとTOPIK Ⅱに分けて実施し、得点によって1級～6級までの合否を判定する形式に改編されて実施されている。

試験のレベル

TOPIK Ⅰ		評価基準
初級レベル	1級	■ 自己紹介、買い物、飲食店での注文など生活に必要な基礎的な言葉を駆使でき、自分や家族、趣味、天気などの身近な話題の内容を理解し、表現できる。 ■ 約800語程度の基礎的な語彙と基本的な文法が理解でき、それらを活用して簡単な文章が作れる。 ■ 生活に必要な簡単で実用的な文章が理解、構成できる。
	2級	■ 電話や依頼などの日常生活に必要な言葉や、郵便局、銀行などの利用に必要な会話ができる。 ■ 約1,500～2,000語程度の語彙を用いた文章が理解でき、活用できる。 ■ 格式体と非格式体の言葉を区別して使用できる。

試験概要

❶ **実施時期**　日本国内では春季（4月）と夏季（7月）、秋季（10月）の年3回行われる。

❷ **合格発表**　検定日から約3か月後、成績通知書が郵送される。
また試験から約1か月後に国立国際教育院のHP（www.topik.go.kr）の「나의 시험정보」→「성적확인」のページで成績が確認できる。成績は発表日から2年間有効。

▶ 国立国際教育院成績確認HP：（受験回・受験番号・生年月日の入力が必要）
http://www.topik.go.kr/usr/cmm/subLocation.do?menuSeq=2110303

❸ **TOPIKⅠ試験の構成と配点**

試験時間	100分：AM10:00~11:40（09:40入室・休憩なし）	
試験領域	聞き取り（40分）	読解（60分）
試験形式	4択問題／マークシート方式（会場で配布の専用ペン使用）	
出題問題数	30問	40問
配点	100点	100点

❹ **TOPIKⅠの合格基準**　聞き取りと読解の合計200点満点中80点以上の得点で1級に合格、140点以上の得点で2級に合格として判定される。

区分	合格等級	合格点（200点満点中）
初級レベル	1級	80点以上
	2級	140点以上

▶ 得点合計79点以下は1級に不合格となる。「聞き取り」と「読解」の問題領域別の落第点はなく、合計点のみで合格級が判定される。

願書の入手

❶ 日本地域の試験実施機関である「韓国教育財団」のホームページからダウンロードして入手できる。

【http://www.kref.or.jp/moushikomi】

申込の方法・期間

❶ 「韓国教育財団」のホームページからインターネットで申し込むか、上記の事務局に願書を郵送して申し込む。 またコンビニの店頭端末を利用して申し込むこともできる。申し込み方法の詳細は上記の「韓国教育財団」のHPで確認できる。

❷ 検定日の約三か月前から約二か月前の間に申し込める。

❸ 試験会場は願書に記載されている全国主要都市の検定会場から自分の希望する会場を選択する。

● TOPIK試験会場が開設される地域・都市

・札幌、仙台、山形
・東京、横浜、埼玉、千葉、茨城、山梨
・長野、富山、新潟、石川
・静岡、名古屋
・京都、大阪、神戸、岡山
・香川、高知
・広島、島根、下関
・福岡、北九州、大分、熊本、鹿児島、長崎

▶ 試験会場の最新情報は申し込み時に「韓国教育財団」のHPで確認できます。

試験内容

❶ TOPIKⅠ試験（70問/100分/200点）

区分	問題の類型		問題数	配点
聞き取り	1	短い質問の答えを選ぶ問題	4	3~4
	2	決まり文句の応答文を選ぶ問題	2	3~4
	3	対話の場所を選ぶ問題	4	3~4
	4	対話の主題を選ぶ問題	4	3~4
	5	対話内容のイラストを選ぶ問題	2	4
	6	対話と一致するものを選ぶ問題	5	3
	7	男性（女性）の考えを把握する問題	3	3
	8	文の内容を確認する問題	2	3~4
	9	対話の内容を確認する問題	4	3~4
	計		30問	100点
読解	1	短文の話題は何かを選ぶ問題	3	2
	2	短文の空所に入る語句を選ぶ問題	6	2~3
	3	情報文の内容を確認する問題	3	3
	4	文の内容と一致するものを選ぶ問題	3	2~3
	5	文の中心となる考えを選ぶ問題	3	2~3
	6	文整序問題	2	2~3
	7	文の目的と内容一致を選ぶ問題	2	2~3
	8	文の空所補充と内容一致を選ぶ問題 (1)、(2)、(3)、(4)、(5)、(6)	18	2~3
	計		40問	100点
TOPIKⅠ			70問	200点

▶ 試験の内容や試験関連事項は変わることがあります。

▶ 受験に際しては「韓国教育財団」の韓国能力試験HPで最新の情報を確認して下さい。

▸▸▸ http://www.kref.or.jp/examination/topik

◆【第7章　解説編】PDFファイル ダウンロードサービスのご案内◆

第7章　解説編（278ページから383ページ）をPDFファイルでダウンロードしてご利用いただけます。

第1章　聞き取り編（Ⅰ）
第2章　聞き取り編（Ⅱ）
第3章　読解編（Ⅰ）
第4章　読解編（Ⅱ）
第5章　模擬試験編

に出題されているすべての問題の正答と日本語訳などの解説が【第7章　解説編】に掲載されています。ダウンロードして必要なページをプリントしたり、タブレット上で開いて使用すれば、問題と解説の情報を同時に開示することができ、より学習効果が高まります。ぜひご利用ください。

【第7章 解説編】のPDFファイル ダウンロードページ
http://www.hakuteisha.co.jp/news/n36283.html

第1章
聞き取り編(I)

TOPIK I			
区分	問題数	試験時間	配点
聞き取り	30問	40分	100点
読解	40問	60分	100点
計	70問	100分	200点

聞き取り問題(I)

❶ 聞き取り問題(I)の出題類型と内容

聞き取り問題の前半は、

❶ 短い質問を聞いて、その答えを選ぶ問題が4問、

❷ あいさつや電話などの対話を聞いて、その状況に合った慣用的で定型化された応答表現を選ぶ問題が2問、

❸ 短い対話を聞いて、その対話の場所はどこかを選ぶ問題が4問、

❹ 短い対話を聞いて、その話題は何かを選ぶ問題が4問、

合計14問(配点合計約47点)が出題される。

区分	聞き取り問題(I)の類型と内容	問題数と配点
1	**質問を聞いてその質問の答えを選ぶ問題** 短い質問を聞いてその質問に対する答えを選ぶ。	4問×3~4点
2	**慣用的で定型化された応答表現を選ぶ問題** 挨拶や電話、食事などの日常生活の場面でよく使われる対話を聞いて、それに対応する慣用的で定型化された応答表現を選ぶ。	2問×3~4点
3	**対話の場所はどこかを把握する問題** 短い対話を聞いて、その対話が交わされている場所はどこかを選ぶ。	4問×3~4点
4	**対話の話題は何かを把握する問題** 短い対話を聞いて、その対話は何について話しているのかを選ぶ。	4問×4点
4つの問題類型に、問題総数14問、配点合計約47点で出題。		

❷ 問題類型別分析と対策

問題類型1 短い質問を聞いてその答えを選ぶ問題

短い質問を聞いて、その質問に合う答えを探す問題が4問出題される。❶4問中2問は「네/아니요」で答える問題、❷残りの2問は「いつ、どこで、だれと、何を、なぜ、どうやって」などの質問や天気や時間、値段などの質問、過去、未来などの時制に関係する質問などで構成されている。問題が放送されるまでの間、先に選択肢を読んで質問の内容を想定しておくと答えも見つけやすくなる。

보기 다음을 듣고 〈보기〉와 같이 물음에 맞는 대답을 고르십시오.

〈보기〉

放送

가：운동을 해요?
나：＿＿＿＿＿＿＿＿＿＿＿＿

① 아니요, 운동이에요.　② 네, 운동을 해요.
③ 아니요, 운동이 아니에요.　④ 네, 운동을 안 해요.

解説 次を聞いて〈例〉のように問いに合う答えを選びなさい。

가：運動をしていますか。
나：＿＿＿＿＿＿＿＿＿＿＿＿

① いいえ、運動です。　❷ はい、運動をしています。
③ いいえ、運動ではありません。　④ はい、運動をしていません。

類題1

放送

가：회사에 가요?
나：＿＿＿＿＿＿＿＿＿＿＿＿

① 네, 회사에 안 가요.　② 아니요, 회사에 없어요.
③ 네, 회사에 가요.　④ 아니요, 회사에 가요.

解説

가：会社に行きますか。
나：＿＿＿＿＿＿＿＿＿＿＿＿

① はい、会社に行きません。　② いいえ、会社にいません。
❸ はい、会社に行きます。　④ いいえ、会社に行きます。

合格資料 1 「短い質問の答えを選ぶ問題」の既出例

TOPIKは、試験の質や難易度を一定に保つために、試験問題のプール制が導入されている。あらかじめストックした問題を改変して繰り返し出題する方法がプール制なので、各問題類型別に問われている内容と選択肢は過去の問題と類似したものが毎回出題される。本「合格資料」は過去の問題で頻出した内容をまとめたものなので、今後もこの資料のものと類似したものが出題される可能性が高い。問題類型別の「合格資料」の内容はしっかり覚えておくようにしよう。

※1) 収録された既出問題の台本は各回の一部である。2) 解説は278ページへ。

既出	問題文
19回	남자 : 어느 나라에서 왔어요? 여자 : ______________________ ① 작년에 왔어요. ② 중국에서 왔어요. ③ 네, 안 왔어요. ④ 아니요, 중국이에요.
20回	여자 : 공책이 있어요? 남자 : ______________________ ① 네, 공책이 있어요. ② 아니요, 공책이에요. ③ 네, 공책이 아니에요. ④ 아니요, 공책이 있어요.
21回	남자 : 거기에 혼자 갔어요? 여자 : ______________________ ① 어제 갔어요. ② 약국에 갔어요. ③ 동생이 갔어요. ④ 동생하고 갔어요.
22回	남자 : 언제 일이 끝나요? 여자 : ______________________ ① 일이 있어요. ② 일을 했어요. ③ 수요일에 끝나요. ④ 학교에서 끝나요.
23回	남자 : 이 책 어때요? 여자 : ______________________ ① 책이 없어요. ② 집에서 봐요. ③ 아주 재미있어요. ④ 한국어 책을 사요.
24回	여자 : 어디에서 밥을 먹었어요? 남자 : ______________________ ① 밥을 먹었어요. ② 집에서 먹었어요. ③ 동생하고 먹었어요. ④ 여섯 시에 먹었어요.
25回	여자 : 무슨 일을 해요? 남자 : ______________________ ① 다음에 해요. ② 열심히 해요. ③ 회사원이에요. ④ 회사가 아니에요.

29回	남자 : 누구하고 밥을 먹었어요? 여자 : ______________________ ① 점심에 갔어요.　② 언니가 갔어요. ③ 언니하고 먹었어요.　④ 김치찌개를 먹었어요.
31回	남자 : 동생이 몇 명이에요? 여자 : ______________________ ① 두 명이에요.　② 남동생이에요. ③ 한국에 있어요.　④ 가족을 만나요.
33回	남자 : 집에 어떻게 가요? 여자 : ______________________ ① 친구가 가요.　② 회사에 가요. ③ 아침에 가요.　④ 지하철로 가요.
35回	여자 : 우산이 있어요? 남자 : ______________________ ① 네, 우산이에요.　② 아니요, 우산을 써요. ③ 네, 우산이 있어요.　④ 아니요, 우산이 아니에요.
37回	남자 : 무슨 운동을 배우고 있어요? 여자 : ______________________ ① 아침에 배워요.　② 수영을 배워요. ③ 친구한테 배워요.　④ 운동장에서 배워요.
41回	남자 : 노래를 잘해요? 여자 : ______________________ ① 네, 노래가 있어요.　② 네, 노래를 알아요. ③ 아니요, 노래를 못해요.　④ 아니요, 노래가 아니에요.
47回	남자 : 주스를 마셔요? 여자 : ______________________ ① 네, 주스가 없어요.　② 아니요, 주스를 좋아해요. ③ 네, 주스가 아니에요.　④ 아니요, 주스를 안 마셔요.
52回	남자 : 무슨 일을 해요? 여자 : ______________________ ① 매일 일해요.　② 정말 멋있어요. ③ 일이 어려워요.　④ 학생을 가르쳐요.
60回	여자 : 오늘 학교에 가요? 남자 : ______________________ ① 네, 학교가 작아요.　② 네, 학교가 아니에요. ③ 아니요, 학교에 안 가요.　④ 아니요, 학교에 있어요.
64回	여자 : 구두가 커요? 남자 : ______________________ ① 네, 구두예요.　② 네, 구두가 예뻐요. ③ 아니요, 구두가 작아요.　④ 아니요, 구두가 있어요.

問題類型2 定型化された応答表現を選ぶ問題

挨拶や電話、食事など日常生活の場面でよく使われる対話を聞いて、答えとしてそれに対応する定型化された応答表現を選ぶ問題が2問出題される。日常生活でよく使われる基本的なきまり文句や慣用表現を状況に応じて適切に使いこなせるかが問われる問題である。合格資料2と3でまとめた既出の定型表現リストは毎回繰り返して出題されているものである。しっかり覚えておこう。

보기 다음을 듣고 〈보기〉와 같이 다음 말에 이어지는 것을 고르십시오.

〈보기〉

放送
가 : 기다리게 해서 미안해요.
나 : ______________________

① 실례합니다.　② 미안해요.
③ 고맙습니다.　④ 괜찮아요.

解説 次を聞いて〈例〉のように次の言葉に続くものを選びなさい。

가 : 待たせてすみません。
나 : ______________________

① 失礼します。　② すみません。
③ ありがとうございます。　❹ 大丈夫です。

類題1

放送
가 : 안녕히 계세요.
나 : ______________________

① 미안합니다.　② 축하합니다.
③ 괜찮습니다.　④ 안녕히 가세요.

解説

가 : さようなら。(残っている人に)
나 : ______________________

① すみません。　② おめでとうございます。
③ 大丈夫です。　❹ さようなら。(去って行く人に)

合格資料 2 頻出する対話の定型表現リスト

	あいさつや電話などの表現	応対の表現
1	미안합니다. すみません。	괜찮아요. 大丈夫です。/気にしないでください。
2	정말 오래간만입니다. 本当に久しぶりです。	네, 반갑습니다. はい、(お会いして)うれしいです。
3	안녕히 계세요. さようなら。(その場に残っている人に)	안녕히 가세요. さようなら。(先に去っていく人に)
4	안녕히 가세요. さようなら。	안녕히 계세요. さようなら。
5	여행 잘 다녀오세요. 旅行を楽しんできてください。	고맙습니다. ありがとうございます。
6	늦어서 미안합니다. 遅くなってすみません。	괜찮습니다. 大丈夫です。/気にしないでください。
7	여기 앉으세요. こちらへお座りください。	네, 고맙습니다. はい、ありがとうございます。
8	맛있게 드세요. (美味しく)召し上がりください。	네, 잘 먹겠습니다. はい、いただきます。
9	처음 뵙겠습니다. 初めまして。	(만나서) 반갑습니다. (お会いできて)うれしいです。
10	결혼(생일) 축하해요. 結婚(誕生日)おめでとうございます。	고맙습니다. ありがとうございます。
11	잘 가요. 다음에 또 봐요. さようなら。また会いましょう。	안녕히 계세요. さようなら。
12	죄송합니다. 申し訳ありません。	괜찮아요. 大丈夫です/気にしないでください。
13	김 선생님 좀 바꿔 주세요. キム先生お願いします。	잠깐만 기다리세요. 少々お待ちください。
14	여보세요? 거기 (한국호텔)이지요? もしもし、そちら(韓国ホテル)ですか。	네, 그렇습니다. はい、そうです。
15	전화 잘못 거셨습니다. かけ間違いですよ。	죄송합니다. すみません。
16	김 선생님 계십니까? キム先生いらっしゃいますか。	아니요, 잠깐 나가셨습니다. いいえ、ちょっと出かけております。
17	저, 부탁이 좀 있는데요. あの、お願いがありますが。	말씀하세요. おっしゃってください。(何でしょう)

18	(신문) 좀 주세요. (新聞)をください。	여기 있어요. はい、どうぞ。
19	쉿, 조용히 하세요. しっ、静かにしてください。	미안합니다. すみません。
20	먼저 갈게요. お先に(失礼します。)	잘 가요. さようなら。
21	안녕하세요? 이민수입니다. こんにちは。イ・ミンスです。	네, 반갑습니다. (お会いできて)うれしいです。
22	메뉴 좀 보여 주세요. メニューを見せてください。	여기 있습니다. どうぞ。(物を渡すとき)
23	수미 씨에게 말씀 좀 전해 주세요. スミさんにちょっと伝言をお願いします。	네, 알겠습니다. はい、わかりました。
24	만나서 반갑습니다. お会いできてうれしいです。	잘 부탁합니다. よろしくお願いします。
25	잘 자. お休み。	안녕히 주무세요. お休みなさい。
26	실례지만, 말씀 좀 묻겠습니다. 失礼ですが、ちょっとお尋ねします。	네, 말씀하세요. はい、何でしょうか。 (どうぞおっしゃってください。)
27	늦어서 미안해요. 遅れてすみません。	아니에요. いいえ。(大丈夫です。)
28	정말 고마워요. 本当にありがとうございます。	아니에요. どういたしまして。
29	김민수 씨 좀 부탁합니다. キム・ミンスさんをお願いします。	지금 안 계신데요. いま不在ですが。
30	안녕히 가세요. さようなら。(去って行く人に)	다음에 봐요. また会いましょう。
31	다녀오겠습니다. 行ってきます。	잘 다녀오세요. 行っていらっしゃい。
32	그동안 어떻게 지냈어요? お元気でしたか。	잘 지냈습니다. 元気でした。
33	여기서 잠깐만 기다려 주세요. ここでちょっと待ってください。	네, 알겠습니다. はい、わかりました。
34	다음에 또 오세요. 次回また来てください。	안녕히 계세요. さようなら。
35	오늘 도와줘서 고마웠어요. 今日助けてくれてありがとうございました。	아니에요. いえいえ。

合格資料 3 その他選択肢に頻出の定型表現リスト

	その他選択肢によく出る定型表現	
1	감사합니다.	ありがとうございます。
2	고마워요.	ありがとうございます。
3	그렇습니다.	そうです。
4	내일 다시 오세요.	明日また来てください。
5	네, 맞는데요.	はい、そうですが。
6	네, 전데요.	はい、私ですが。
7	네, 접니다.	はい、私です。
8	네, 바꿔 주십시오.	はい、代わってください。
9	다시 걸겠습니다.	またかけ直します。
10	다음에 만나요.	また会いましょう。
11	대답하세요.	答えてください。
12	들어오세요.	お入りください。
13	따라하세요.	後についてやってください。
14	또 오세요.	また来てください。
15	맞습니다.	そうです。/その通りです。
16	뭘 드릴까요?	何にしますか。/何をお探しですか。
17	부탁해요.	お願いします。
18	실례합니다.	失礼します。
19	아니요, 모르겠습니다.	いいえ、わかりません。
20	알겠습니다.	わかりました。
21	어서 오세요.	いらっしゃいませ/ようこそ。
22	오랜만이에요.	久しぶりです。
23	잘 다녀오세요.	気を付けて行っていらっしゃい。
24	잘 먹었습니다.	ごちそうさまでした。
25	잘 부탁합니다.	よろしくお願いします。
26	잘 알겠습니다.	よくわかりました。
27	좀 도와 드릴까요?	お手伝いしましょうか。
28	죄송해요.	申し訳ありません。
29	천만에요.	どういたしまして。
30	천천히 써 주세요.	ゆっくり書いてください。
31	환영합니다.	歓迎します。

問題類型3 対話が交わされている場所を把握する問題

短い対話を聞いてどこで交わされている話なのかその場所を把握する問題が4問出題される。対話の中に場所と関係ある語彙や表現が出てくるのでそれをヒントに正答を探すことができる。繰り返して出題されている場所を表す語彙は合格資料5で出題頻度順にまとめてある。

보기

여기는 어디입니까? 〈보기〉와 같이 알맞은 것을 고르십시오.

〈보기〉

放送

가 : 냉면 주세요.
나 : 네, 알겠습니다.

① 백화점　② 극장　③ 식당　④ 시장

解説

ここはどこですか。〈例〉のように適当なものを選びなさい。

가 : 冷麺ください。
나 : はい、かしこまりました。

① デパート　② 映画館　❸ 食堂　④ 市場

類題1

放送

가 : 이 책을 일본에 보내려고 하는데요.
나 : 네, 천이백 원이에요.

① 여행사　② 서점　③ 은행　④ 우체국

解説

가 : この本を日本に送ろうと思いますが。
나 : はい、千二百ウォンです。

① 旅行社　② 書店　③ 銀行　❹ 郵便局

▸▸▸対話の場所を把握する問題の選択肢としては、병원(病院)、식당(食堂)、도서관(図書館)、은행(銀行)、극장(映画館・劇場)、회사(会社)、공항(空港)、약국(薬局)、공원(公園)、우체국(郵便局)、백화점(デパート)、시장(市場)、가게(店)、서점(書店)、꽃집(花屋)、교실(教室)、학교(学校)、운동장(運動場)、커피숍(コーヒーショップ)、박물관(博物館)などの順に頻出している。

合格資料 4 「対話の場所を把握する問題」の既出例

※1)収録された既出問題の台本は各回の一部である。2)解説は280ページへ。

既出	問題文			
20回	여자 : 내일까지 숙제를 꼭 내세요. 남자 : 네, 선생님.			
	① 교실	② 공항	③ 미용실	④ 도서관
21回	남자 : 박물관은 여기서 내려요? 여자 : 아니요. 다음 정류장에서 내리세요.			
	① 공항	② 버스	③ 박물관	④ 여행사
22回	여자 : 이 소포를 보내고 싶어요. 남자 : 이쪽으로 주세요. 어디로 보내세요?			
	① 공원	② 식당	③ 박물관	④ 우체국
23回	남자 : 여기는 방이 몇 개예요? 여자 : 두 개예요. 그리고 부엌과 화장실도 있어요.			
	① 집	② 시장	③ 도서관	④ 백화점
24回	여자 : 장미 두 송이 주세요. 남자 : 네, 여기 있습니다.			
	① 꽃집	② 약국	③ 우체국	④ 도서관
25回	남자 : 뭘 드시겠습니까? 여자 : 사과 주스 있어요?			
	① 약국	② 학교	③ 지하철	④ 커피숍
26回	남자 : 표를 샀어요? 여자 : 표는 제가 샀어요. 빨리 들어가요.			
	① 약국	② 극장	③ 은행	④ 시장
27回	남자 : 아이들 책을 사러 왔는데 뭐가 좋아요? 여자 : 이 동화책 어떠세요?			
	① 서점	② 수영장	③ 기숙사	④ 미술관
28回	여자 : 남자 옷은 몇 층에 있어요? 남자 : 5층에 있어요.			
	① 호텔	② 꽃집	③ 백화점	④ 사무실
29回	남자 : 책상하고 의자를 사러 왔는데요. 여자 : 네, 이 책상은 어떠세요?			
	① 기숙사	② 가구점	③ 편의점	④ 박물관

30回	여자 : 실례합니다. 명동에 어떻게 가요? 남자 : 여기에서 백 번 버스를 타세요. ① 정류장 ② 운동장 ③ 박물관 ④ 백화점
31回	남자 : 여기 있는 그림들은 다 멋있네요. 여자 : 네. 모두 유명한 사람들이 그린 거예요. ① 학교 ② 공항 ③ 미술관 ④ 우체국
32回	여자 : 머리를 어떻게 해 드릴까요? 남자 : 짧게 잘라 주세요. ① 세탁소 ② 사무실 ③ 백화점 ④ 미용실
33回	남자 : 손님, 305호입니다. 열쇠 여기 있습니다. 여자 : 네, 아침 식사는 몇 시부터예요? ① 공항 ② 호텔 ③ 미용실 ④ 우체국
34回	여자 : 여자 구두는 몇 층에 있어요? 남자 : 2층에 있습니다. ① 사무실 ② 미술관 ③ 도서관 ④ 백화점
35回	여자 : 실례합니다. 책은 몇 권까지 빌릴 수 있어요? 남자 : 다섯 권요. ① 미용실 ② 사진관 ③ 도서관 ④ 우체국
36回	여자 : 이 집은 딸기 케이크가 유명해요. 남자 : 그래요? 그럼, 우리도 그거 한번 먹어 볼까요? ① 빵집 ② 회사 ③ 미용실 ④ 박물관
41回	여자 : 여권 만들 거예요. 잘 찍어 주세요. 남자 : 네, 여기 보세요. 찍습니다. ① 사진관 ② 도서관 ③ 박물관 ④ 미술관
47回	남자 : 손님, 뭘 찾으세요? 여자 : 사전은 어디에 있어요? ① 공원 ② 교회 ③ 빵집 ④ 서점
52回	여자 : 서울역으로 가 주세요. 남자 : 네, 알겠습니다. ① 택시 ② 기차 ③ 비행기 ④ 지하철
60回	남자 : 수미 씨, 5번 버스 왔어요. 여자 : 그럼 저 먼저 갈게요. ① 정류장 ② 미술관 ③ 운동장 ④ 박물관
64回	남자 : 저 여기 산책하러 자주 오는데 참 좋지요? 여자 : 네. 나무도 많고 넓어서 좋네요. ① 서점 ② 공원 ③ 사진관 ④ 미용실

合格資料 5 「対話の場所を把握する問題」に頻出の選択肢語彙リスト

□병원	病院
□식당	食堂
□도서관	図書館
□은행	銀行
□극장	映画館
□회사	会社
□공항	空港
□약국	薬局
□공원	公園
□우체국	郵便局
□백화점	デパート
□시장	市場
□가게	店
□서점	書店
□꽃집	花屋
□교실	教室
□학교	学校
□운동장	運動場
□커피숍	コーヒーショップ
□박물관	博物館
□미용실	美容室
□미술관	美術館
□빵집	パン屋
□기숙사	寄宿舎
□공원	公園
□교회	教会
□모자 가게	帽子店
□여행사	旅行会社
□호텔	ホテル
□사무실	事務室
□수영장	プール
□영화관	映画館
□지하철	地下鉄
□지하철역	地下鉄駅
□집	家
□택시	タクシー
□과일 가게	果物屋
□문구점	文具店
□버스	バス
□세탁소	クリーニング屋
□신발 가게	履物屋
□주차장	駐車場
□편의점	コンビニ
□가구점	家具屋
□가방 가게	かばん店
□기차	汽車、列車
□기차역	駅
□꽃 가게	花屋
□사진관	写真館
□옷 가게	衣類店
□정류장	停留場
□비행기	飛行機
□역	駅
□안경 가게	眼鏡店

問題類型4　対話の話題は何かを把握する問題

短い対話を聞いて、男性と女性が何について話しているのかその話題を把握する問題が4問出題される。対話の中に話題が把握できる語彙や表現が出てくるのでそれをヒントに正答を探せばよい。繰り返して出題されている話題のキーワードになる語彙は合格資料7で出題頻度順にまとめてあるのでしっかり覚えておこう。

보기

다음은 무엇에 대해 말하고 있습니까? 〈보기〉와 같이 알맞은 것을 고르십시오.

〈보기〉

放送

가 : 몇 시예요?
나 : 아홉 시예요.

① 시계　　② 시간　　③ 날씨　　④ 나이

解説

次は何について話していますか。〈例〉のように適当なものを選びなさい。

가： 何時ですか。
나： 9時です。

① 時計　　❷ 時間　　③天気　　④年齢

類題1

放送

가 : 이 사과 얼마예요?
나 : 한 개에 오백 원이에요.

① 값　　② 음식　　③ 선물　　④ 가게

解説

가： このりんごはいくらですか。
나： 一個で500ウォンです。

❶ 値段　　② 食べ物　　③ プレゼント　　④ 店

▸▸▸対話の話題を把握する問題の選択肢としては、가족(家族), 이름(名前), 취미(趣味), 날씨(天気), 날짜(日付), 고향(故郷), 요일(曜日), 시간(時間), 나이(年齢), 주말(週末), 약속(約束), 선물(プレゼント), 운동(運動), 학생(学生), 계절(季節), 나라(国), 여행(旅行), 계획(計画), 직업(職業), 음식(料理)などの順に頻出している。

合格資料 6 「対話の話題を把握する問題」の既出例

※ 収録された既出問題の台本は各回の一部である。2) 解説は282ページへ。

既出	問題文
21回	남자 : 대학에서 무엇을 공부할 거예요? 여자 : 경영학을 공부하고 싶어요. ① 직업　② 주말　③ 계획　④ 모임
22回	여자 : 학생이세요? 남자 : 아니요, 회사에 다녀요. ① 직업　② 고향　③ 장소　④ 계획
23回	여자 : 사과를 좋아해요? 남자 : 아니요, 저는 포도를 좋아해요. ① 과일　② 날씨　③ 운동　④ 취미
24回	남자 : 바지를 샀어요? 여자 : 네, 바지하고 치마를 샀어요. ① 옷　② 책　③ 시계　④ 가방
25回	남자 : 그 가방 예쁘네요. 여자 : 예쁘지요? 어제 언니한테서 받았어요. ① 기분　② 사진　③ 선물　④ 나이
26回	여자 : 테니스 잘 쳐요? 남자 : 아니요, 탁구는 잘 치지만 테니스는 잘 못 쳐요. ① 공부　② 날씨　③ 음악　④ 운동
27回	여자 : 한국은 내일 쉬는 날이에요? 남자 : 네, 어린이날이라서 쉬어요. ① 도시　② 수업　③ 식사　④ 휴일
28回	남자 : 그 사전 비싸요? 여자 : 아니요, 안 비싸요. 만 원이에요. ① 일　② 값　③ 모양　④ 소포
29回	여자 : 이건 누가 찍었어요? 남자 : 제 친구가 찍었어요. 잘 나왔지요? ① 사진　② 그림　③ 달력　④ 선물
30回	남자 : 저는 의사예요. 여자 : 저는 은행에 다녀요. ① 집　② 일　③ 취미　④ 나라

31回	여자 : 제주도에서 재미있었어요? 남자 : 네, 날씨도 좋고 정말 재미있었어요.			
	① 시간	② 계절	③ 여행	④ 약속
32回	여자 : 저는 운동하는 것을 좋아해요. 남자 : 저는 시간이 있을 때 사진을 찍어요.			
	① 초대	② 공부	③ 모임	④ 취미
33回	남자 : 친구가 졸업하는데 뭘 사 주면 좋을까요? 여자 : 구두 어때요?			
	① 기분	② 취미	③ 약속	④ 선물
34回	여자 : 여름이 벌써 다 갔어요. 남자 : 네, 가을이 돼서 날씨가 많이 시원해졌어요.			
	① 달력	② 계절	③ 휴일	④ 주소
35回	남자 : 내일이 쉬는 날이에요? 여자 : 네, 내일은 한글날이라서 쉬어요.			
	① 여행	② 요일	③ 날씨	④ 휴일
36回	남자 : 이거 언제 찍은 거예요? 여자 : 작년에 제주도에서 찍은 거예요.			
	① 휴일	② 달력	③ 사진	④ 그림
41回	남자 : 서울에서 태어났어요? 여자 : 아니요, 부산에서요.			
	① 나라	② 휴일	③ 여행	④ 고향
47回	남자 : 내일 쇼핑하러 갈까요? 여자 : 좋아요. 두 시에 만나요.			
	① 계절	② 약속	③ 음식	④ 장소
52回	여자 : 은행이 어디에 있어요? 남자 : 저 커피숍 뒤에 있어요.			
	① 취미	② 약속	③ 위치	④ 교통
60回	남자 : 여기 일요일에 쉬어요? 여자 : 아니요. 저희는 월요일에 쉽니다.			
	① 위치	② 휴일	③ 날씨	④ 수업
64回	남자 : 저는 방학 때 제주도에 갈 거예요. 수미 씨는요? 여자 : 저는 고향에 갈 거예요.			
	① 계획	② 날씨	③ 주말	④ 취미

合格資料 7 「話題を把握する問題」に頻出の選択肢語彙リスト

□가족	家族
□이름	名前
□취미	趣味
□날씨	天気
□날짜	日付、日取り
□고향	故郷
□요일	曜日
□시간	時間
□나이	年齢
□주말	週末
□약속	約束
□선물	プレゼント
□운동	運動
□학생	学生
□계절	季節
□나라	国
□여행	旅行
□계획	計画
□직업	職業
□음식	食べ物
□장소	場所
□친구	友達
□기분	気分
□사진	写真
□생일	誕生日
□위치	位置
□교통	交通
□휴일	休日
□일	仕事
□집	家
□값	値段
□공부	勉強
□그림	絵
□쇼핑	買い物
□주소	住所
□동생	弟・妹
□부모님	両親
□선생님	先生
□소포	小包
□달력	カレンダー
□가방	かばん
□과일	果物
□동물	動物
□모임	集まり
□물건	品物
□맛	味
□시계	時計
□옷	服
□책	本
□도시	都市
□꿈	夢
□모양	形、格好
□휴일	休日
□메뉴	メニュー
□모자	帽子
□방학	休み
□번호	番号
□색	色
□색깔	色
□서점	書店
□손님	お客さん
□수업	授業
□식당	食堂
□식사	食事
□신발	履物
□양말	靴下
□역	駅
□영화	映画
□우체국	郵便局
□음악	音楽
□의사	医者
□장갑	手袋
□전화	電話
□초대	招待
□춤	踊り
□편지	手紙
□가구	家具
□건강	健康
□소개	紹介

01
01

1 短い質問の答えを選ぶ問題

音声のリンク先

▸▸▸本番の試験での問題間隔は約 15 秒です。ここでは音声再生ソフトの一時停止機能を利用して間隔を適宜調整しながら聞いてください。

다음을 듣고 〈보기〉와 같이 물음에 맞는 대답을 고르십시오.

次を聞いて〈例〉のように問いに合う答えを選びなさい。

〈보기〉

가 : 회사에 가요?

나 : ____________________

① 네, 회사에 안 가요.　　❷ 네, 회사에 가요.

③ 아니요, 회사에 없어요.　　④ 아니요, 회사가 아니에요.

1. ① 네, 안 먹었어요.　　② 네, 못 먹었어요.

☐ ③ 네, 먹었어요.　　④ 아니요, 먹었어요.

2. ① 네, 책을 읽어요.　　② 네, 책이 없어요.

☐ ③ 아니요, 책이 있어요.　　④ 아니요, 책을 읽어요.

3. ① 축구를 해요.　　② 수영을 배워요.

☐ ③ 야구가 재미있어요.　　④ 배구를 좋아해요.

4. ① 네, 따뜻해요.　　② 아니요, 안 먹어요.

☐ ③ 그림이 좋아요.　　④ 그림을 그려요.

5. ① 네, 일본에 가요.　　② 아니요, 일본 사람이에요.

☐ ③ 네, 일본 사람이에요.　　④ 아니요, 일본에서 왔어요.

▶台本は250ページへ、解説は284ページへ

6. ① 네, 우유를 마셔요.　② 아니요, 우유예요.
□ ③ 네, 우유가 없어요.　④ 아니요, 우유를 마셔요.

7. ① 네, 맛있어요.　② 아니요, 국이 아니에요.
□ ③ 네, 맛없어요.　④ 아니요, 맛있어요.

8. ① 친구를 만나요.　② 도서관 앞에서 만나요.
□ ③ 만나서 영화를 봐요.　④ 일요일에 만나요.

9. ① 네, 친구가 서울에 왔어요.　② 다음 주에 올 거예요.
□ ③ 네, 서울에 갈 거예요.　④ 일주일 전에 왔어요.

10. ① 네, 사진을 찍어요.　② 아니요, 사진이에요.
□ ③ 네, 사진이 없어요.　④ 아니요, 사진이 아니에요.

11. ① 빵집에 많아요.　② 네, 아무것도 없어요.
□ ③ 비누예요.　④ 아니요, 이게 아니에요.

12. ① 바지를 사요.　② 바지를 샀어요.
□ ③ 바지를 사겠어요.　④ 바지를 살 거예요.

13. ① 영국에 살았어요.　② 영국에서 왔어요.
□ ③ 영국에 있어요.　④ 영국으로 갔어요.

14. ① 네, 열한 시에 자요.　② 지금은 밤이에요.
□ ③ 열한 시에 잤어요.　④ 아니요, 열한 시가 아니에요.

▶台本は250ページへ、解説は285ページへ

15. ① 네, 많아요. ② 네, 없어요.
☐ ③ 아니요, 있어요. ④ 아니요, 안 좋아요.

16. ① 네, 못 읽어요. ② 아니요, 조금 읽었어요.
☐ ③ 네, 읽을 거예요. ④ 아니요, 안 읽었어요.

17. ① 네, 만났어요. ② 네, 만납시다.
☐ ③ 커피숍에서 만났어요. ④ 토요일 오전에 만납시다.

18. ① 네, 있어요. ② 아니요, 많아요.
☐ ③ 네, 수건이 없어요. ④ 아니요, 수건이 아니에요.

19. ① 삼십 분쯤 걸려요. ② 두 시 삼십 분이에요.
☐ ③ 걸어서 가요. ④ 시간이 별로 없어요.

20. ① 네, 사과가 아니에요. ② 네, 사과가 싫어요.
☐ ③ 아니요, 사과를 먹어요. ④ 아니요, 사과를 안 샀어요.

21. ① 학교에서 배워요. ② 친구들과 배워요.
☐ ③ 한국어를 배웠어요. ④ 일주일에 한 번 배웠어요.

22. ① 제가 했어요. ② 제가 할게요.
☐ ③ 제가 안 했어요. ④ 제가 아니에요.

23. ① 운동을 했어요. ② 운동을 좋아해요.
☐ ③ 운동을 할 거예요. ④ 운동을 좋아할 거예요.

▶台本は250ページへ、解説は285ページへ

24. ① 네, 바빠요.　② 아니요, 바빠요.
□ ③ 네, 바쁘지 않아요.　④ 아니요, 바쁠 거예요.

25. ① 네, 전화를 걸었어요.　② 아니요, 안 했어요.
□ ③ 그저께 했어요.　④ 모레 할 거예요.

26. ① 걸어서 가요.　② 한 시간 걸려요.
□ ③ 학교에서 멀어요.　④ 시청 앞에 있어요.

27. ① 저녁에 해요.　② 점심을 먹어요.
□ ③ 이 층에 있어요.　④ 식당이 멀어요.

28. ① 네, 가족을 만나요.　② 아니요, 가족이 많지 않아요.
□ ③ 네 명이에요.　④ 아니요, 제 가족이 아니에요.

29. ① 스무 살이에요.　② 아니요, 스무 살이 아니에요.
□ ③ 젊어요.　④ 아니요, 젊지 않아요.

30. ① 예뻐요.　② 좋은 이름이에요.
□ ③ 길어요.　④ 후지와라예요.

31. ① 물을 마셔요.　② 물이 없어요.
□ ③ 물이에요.　④ 물이 많아요.

32. ① 네, 썼어요.　② 네, 샀어요.
□ ③ 편지를 썼어요.　④ 우유를 샀어요.

▶台本は251ページへ、解説は286ページへ

01
05

2 定型化された応答表現を選ぶ問題

音声のリンク先

▸▸▸本番の試験での問題間隔は約 15 秒です。ここでは音声再生ソフトの一時停止機能を利用して間隔を適宜調整しながら聞いてください。

다음을 듣고 〈보기〉와 같이 다음 말에 이어지는 것을 고르십시오.
次を聞いて〈例〉のように次の言葉に続くものを選びなさい。

〈보기〉

가 : 늦어서 미안합니다.
나 : ______________________

❶ 괜찮아요.　　② 오래간만이에요.
③ 죄송해요.　　④ 축하해요.

1. ① 네, 그렇습니다.　　② 거기 앉으세요.
③ 고맙습니다.　　④ 네, 반갑습니다.

2. ① 반갑습니다.　　② 실례합니다.
③ 미안합니다.　　④ 고맙습니다.

3. ① 천만에요.　　② 안녕히 가세요.
③ 어서 오세요.　　④ 안녕히 계세요.

4. ① 귀가 아파요.　　② 눈이 나빠요.
③ 약을 먹어요.　　④ 배가 고파요.

5. ① 다 먹었어요.　　② 정말 맛있어요.
③ 잘 먹었습니다.　　④ 잘 먹겠습니다.

6. ① 네, 실례합니다.　　② 아니요, 실례합니다.
③ 네, 먼저 가세요.　　④ 아니요, 제가 갈게요.

▶台本は251ページへ、解説は287ページへ

7. ① 미안합니다.　② 천만에요.
☐ ③ 죄송합니다.　④ 고맙습니다.

8. ① 네, 알겠습니다.　② 네, 반갑습니다.
☐ ③ 네, 부탁합니다.　④ 네, 고맙습니다.

9. ① 죄송합니다.　② 잠깐만 기다리세요.
☐ ③ 전화 주세요.　④ 괜찮습니다.

10. ① 부탁합니다.　② 여기에 쓰세요.
☐ ③ 여기 있어요.　④ 볼펜 하나로 쓰세요.

11. ① 조용히 합시다.　② 좋습니다.
☐ ③ 그렇습니다.　④ 미안합니다.

12. ① 고맙습니다.　② 실례합니다.
☐ ③ 반갑습니다.　④ 축하합니다.

13. ① 네, 바꿔 주세요.　② 아니요, 이 선생님이 아니에요.
☐ ③ 네, 안 계세요.　④ 아니요, 잠깐 나가셨어요.

14. ① 네, 바꿔 줄 거예요.　② 아니요, 김 선생님이 아니에요.
☐ ③ 네, 잠깐만 기다리세요.　④ 아니요, 못 바꿔요.

15. ① 잠깐만 기다리세요.　② 죄송합니다.
☐ ③ 맞습니다.　④ 다시 걸겠습니다.

16. ① 네, 무슨 일이 있어요?　② 네, 뭘 드릴까요?
☐ ③ 네, 그렇습니다.　④ 네, 언제 오세요?

▶台本は251ページへ、解説は288ページへ

01
07

3 対話の場所を把握する問題

▶▶▶本番の試験での問題間隔は約15秒です。ここでは音声再生ソフトの一時停止機能を利用して間隔を適宜調整しながら聞いてください。

音声のリンク先

여기는 어디입니까? 〈보기〉와 같이 알맞은 것을 고르십시오.
ここはどこですか。〈例〉のように適当なものを選びなさい。

〈보기〉

여자 : 우표 두 장 주세요.
남자 : 여기 있어요.

① 백화점　② 은행　❸ 우체국　④ 극장

1. ① 여행사　② 회사　③ 병원　④ 식당

2. ① 교실　② 회사　③ 서점　④ 도서관

3. ① 극장　② 옷 가게　③ 도서관　④ 서점

4. ① 우체국　② 도서관　③ 서점　④ 교실

5. ① 병원　② 우체국　③ 옷 가게　④ 신발 가게

6. ① 미용실　② 병원　③ 식당　④ 수영장

▶台本は252ページへ、解説は289ページへ

7. ① 음식점　② 회사　③ 커피숍　④ 과일 가게

8. ① 대사관　② 여행사　③ 은행　④ 공항

9. ① 식당　② 빵집　③ 카페　④ 약국

10. ① 노래방　② 정류장　③ 세탁소　④ 가게

11. ① 역　② 정류장　③ 공항　④ 여행사

12. ① 우체국　② 박물관　③ 서점　④ 세탁소

13. ① 부엌　② 사무실　③ 수영장　④ 공중전화

14. ① 공원　② 기숙사　③ 시장　④ 백화점

15. ① 약국　② 음식점　③ 사무실　④ 하숙집

▶台本は252ページへ、解説は289ページへ

16. ① 과일 가게 ② 문구점 ③ 옷 가게 ④ 신발 가게

17. ① 미용실 ② 옷 가게 ③ 미술관 ④ 수영장

18. ① 주차장 ② 부엌 ③ 커피숍 ④ 식당

19. ① 고향 ② 여행사 ③ 역 ④ 정류장

20. ① 역 ② 공항 ③ 주차장 ④ 정류장

21. ① 노래방 ② 식당 ③ 기숙사 ④ 문구점

22. ① 식당 ② 교실 ③ 서점 ④ 은행

23. ① 교회 ② 경찰서 ③ 사무실 ④ 기차역

24. ① 부동산 ② 문구점 ③ 은행 ④ 경찰서

▶台本は253ページへ、解説は290ページへ

01 10

4 対話の話題を把握する問題

音声のリンク先

▸▸▸本番の試験での問題間隔は約15秒です。ここでは音声再生ソフトの一時停止機能を利用して間隔を適宜調整しながら聞いてください。

다음은 무엇에 대해 말하고 있습니까? 〈보기〉와 같이 알맞은 것을 고르십시오.

次は何について話していますか。〈例〉のように適当なものを選びなさい。

〈보기〉

여자 : 오늘은 무슨 요일이에요?

남자 : 목요일이에요.

① 약속　② 날짜　❸ 요일　④ 시간

1. ① 그림　② 사진　③ 음식　④ 선물

□

2. ① 장소　② 역　③ 우체국　④ 편지

□

3. ① 약속　② 시간　③ 계절　④ 날씨

□

4. ① 장소　② 취미　③ 시간　④ 극장

□

5. ① 가게　② 식당　③ 과일　④ 음식

□

▶台本は254ページへ、解説は292ページへ

01 11

4 対話の話題を把握する問題

6. ① 나이 ② 생일 ③ 번호 ④ 시간

7. ① 시장 ② 신발 ③ 돈 ④ 값

8. ① 여행 ② 취미 ③ 계절 ④ 날씨

9. ① 냉면 ② 음식 ③ 김밥 ④ 물

10. ① 손님 ② 형제 ③ 이름 ④ 가족

11. ① 극장 ② 공원 ③ 여행 ④ 외국

12. ① 계절 ② 날씨 ③ 바다 ④ 하늘

13. ① 장미 ② 꽃집 ③ 취미 ④ 색깔

14. ① 학교 ② 일 ③ 형제 ④ 가족

▶台本は254ページへ、解説は292ページへ

15. ① 음료수 ② 신발 ③ 음식 ④ 과일

16. ① 공원 ② 집 ③ 가게 ④ 회사

17. ① 계절 ② 반찬 ③ 음식 ④ 식당

18. ① 약속 ② 주말 ③ 결혼 ④ 극장

19. ① 벚꽃 ② 요리 ③ 그림 ④ 사진

20. ① 세탁소 ② 서점 ③ 도서관 ④ 생일 파티

21. ① 과일 ② 한식 ③ 과자 ④ 음식

22. ① 운동 ② 취미 ③ 여행 ④ 교통

23. ① 외국인 ② 친척 ③ 가족 ④ 친구

▶台本は255ページへ、解説は293ページへ

24. ① 엽서　② 소설　③ 편지　④ 그림

25. ① 날짜　② 시간　③ 계절　④ 주말

26. ① 고향　② 교통　③ 역　④ 여행

27. ① 이름　② 가족　③ 전화　④ 핸드폰

28. ① 취미　② 우표　③ 소포　④ 직업

29. ① 약국　② 식당　③ 음식　④ 부엌

30. ① 친척　② 부모　③ 형제　④ 가족

31. ① 이름　② 주소　③ 직업　④ 회의

32. ① 친구　② 데이트　③ 인사　④ 커피숍

▶台本は255ページへ、解説は294ページへ

第2章 聞き取り編（Ⅱ）

TOPIK Ⅰ			
区分	問題数	試験時間	配点
聞き取り	30問	40分	100点
読解	40問	60分	100点
計	70問	100分	200点

聞き取り問題(Ⅱ)

❶ 聞き取り問題(Ⅱ)の出題類型と内容

聞き取り問題の後半は、

❶ 対話を聞いて、その内容と一致するイラストを選ぶ問題が2問、

❷ 対話を聞いて、その内容と一致する選択肢を選ぶ問題が5問、

❸ 対話を聞いて、その話題についての男性(女性)の考えを選ぶ問題が3問、

❹ 放送文を聞いて、どういう話題の放送なのかを選ぶ問題が1問、対話内容と一致するものを選ぶ問題が1問の組み合わせで計2問、

❺ 対話を聞いて、何についての話しなのかを選ぶ問題1問と内容一致を選ぶ問題1問の組み合わせで2問、なぜそうしたのか理由を選ぶ問題1問と内容一致を選ぶ問題1問の組み合わせで2問の計4問、

合計16問(配点合計約53点)が出題される。

区分	聞き取り問題(Ⅱ)の類型と内容	問題数と配点
1	**対話の内容と一致するイラストを選ぶ問題** 対話を聞いて、その内容と一致するイラストを選ぶ。	2問×4点
2	**対話の内容と一致するものを選ぶ問題** 対話を聞いて、その内容と一致するものを選ぶ。	5問×3点
3	**男性(女性)の考えを把握する問題** 対話を聞いて、その話題についての男性(女性)の考えを選ぶ。	3問×3~4点
4	**文の内容を確認する問題** 放送文を聞いて、①どういう話題の放送なのかを選ぶ、②文の内容と一致するものを選ぶ。	2問×3~4点
5	**対話の内容を確認する問題** 対話を聞いて、①質問に対する答えを選ぶ。②内容と一致するものを選ぶ。	4問×3~4点
4つの問題類型に、問題総数16問、配点合計約53点で出題。		

❷ 問題類型別分析と対策

問題類型 1 対話の内容と一致するイラストを選ぶ問題

男性と女性の対話を聞いて、その対話の内容と一致するイラストはどれかを選ぶ問題が2問出題される。

イラストからは、❶ 人：誰と誰がはなしているのか、❷ 場所：どこで話しているのか、❸ 行動：何をしているのか、❹ いつのことなのか、の情報が大体読み取れる。問題が放送される前にイラストの異同を確認して、どんな内容の対話が流れてくるかを予想しておこう。

類題 1 다음 대화를 듣고 알맞은 그림을 고르십시오.

放送
여자 : 우표 한 장 주세요.
남자 : 여기 있어요.

①

②

③

④

正解	④

解説

次の対話を聞いて適切なイラストを選びなさい。

女性：切手を一枚ください。
男性：はい、どうぞ。

既出 35回

放送

남자 : 유미 씨, 빨리 오세요.
여자 : 잠깐만요. 오랜만에 자전거를 타니까 잘 못 타겠어요.

①

②

③

④

正解

③

解説

男性：ユミさん、早く来てください。
女性：ちょっと待ってください。久しぶりに自転車に乗るのでうまく乗れません。

▸▸▸対話の内容を表すイラストを選ぶ問題は、先に選択肢同士の異同を比較してそれぞれの選択肢にしか登場しないものを確認しておく。それから選択肢間の異同の部分に集中して問題の放送を聞くと正答のイラストを見つけやすい。

合格資料 8 「対話内容と一致するイラストを選ぶ問題」の既出例

※1)収録された既出問題の台本は各回の一部である。2)解説は296ページへ。

既出	問題文
25回	여자 : 제가 오늘 전자사전을 안 가져왔는데 좀 같이 봐도 돼요? 남자 : 네. 제 사전을 쓰세요.
26回	남자 : 수미 씨, 돈을 왜 꽃병에 넣어요? 여자 : 꽃병 안에 동전을 몇 개 넣으면 꽃이 오래가거든요. 남자 : 아, 그런 방법이 있었어요?
27回	남자 : 이 꽃으로 한 다발 주세요. 여자 : 포장은 어떻게 해 드릴까요?
28回	남자 : 손님, 거울을 한번 보세요. 짧은 머리가 잘 어울려요. 여자 : 네, 좋네요. 마음에 들어요.
29回	남자 : 이 시계 여기쯤 걸까요? 여자 : 음……. 조금만 더 오른쪽에 걸어요. 남자 : 여기 창문 쪽요?
30回	여자 : 옷이 잘 맞으세요? 남자 : 음……. 이건 좀 큰 것 같은데요. 여자 : 그래요? 그럼 이게 더 작으니까 이걸 한번 입어 보세요.
31回	남자 : 여기까지 와 주셔서 감사해요. 여자 : 아니에요. 민호 씨 입학식인데 꼭 와야죠. 이건 입학 선물이에요. 남자 : 정말 고마워요.
32回	여자 : 저 사람들이 연주하는 게 뭐예요? 남자 : 기타 아니에요? 여자 : 기타는 아닌 것 같아요. 크기도 작고 소리도 다른데요.
33回	남자 : 소포가 왔는데요. 김민우 씨 계십니까? 여자 : 저기 컴퓨터 앞에 앉아 있는 분이에요.
34回	여자 : 아직도 일하세요? 이쪽으로 와서 주스 좀 드세요. 남자 : 고마워요.
35回	남자 : 졸업 축하해요. 이 꽃 받으세요. 여자 : 고마워요.
36回	남자 : 무거우시죠? 제가 도와 드릴까요? 여자 : 감사합니다. 문 좀 열어 주시겠어요?

問題類型 2 対話の内容と一致するものを選ぶ問題

男性と女性の対話を聞いて、その対話の内容と一致するものはどれかを探す問題が8問出題される。対話の内容は、最初の人のせりふで話題や状況をつかみ、次の相手のせりふでポイントがつかめる場合が多い。二人のせりふの出だしに集中して状況をつかもう。

選択肢はすべて「男性は…」、「女性は…」で始まる。男性と女性がそれぞれどういう内容の発言をしているのかをよく区別して理解しなければならない。

보기

다음을 듣고 〈보기〉와 같이 대화 내용과 같은 것을 고르십시오

〈보기〉

放送

남자 : 요즘 영어 회화를 공부해요?
여자 : 네, 미국 사람한테서 영어 회화를 배워요.

① 남자는 영어 회화를 가르칩니다.
② 여자는 영어 회화를 공부합니다.
③ 남자는 대학생입니다.
④ 여자는 학교에 다닙니다.

解説

次を聞いて〈例〉のように対話内容と同じものを選びなさい。

男性 : 最近英会話を勉強していますか。
女性 : はい、アメリカ人から英会話を習っています。

① 男性は英会話を教えています。
❷ 女性は英会話を勉強しています。
③ 男性は大学生です。
④ 女性は学校に通っています。

類題

放送

남자 : 어, 혜숙 씨. 뭘 사러 왔어요?
여자 : 네, 책을 사러 왔어요. 영민 씨는요?
남자 : 저는 시디를 샀어요. 동생 생일에 선물로 주려고요.
여자 : 그래요? 그럼 내일 학교에서 다시 봐요.

	① 남자는 여자를 만나러 왔습니다. ② 여자는 책을 사러 왔습니다. ③ 남자는 시디를 살 것입니다. ④ 여자는 남자와 같이 생일 선물을 샀습니다.
解説	男性：あ、ヘスクさん。何を買いに来ましたか。 女性：はい、本を買いに来ました。ヨンミンさんは？ 男性：私はCDを買いました。弟の誕生日にプレゼントしようと思って。 女性：そうですか。では、また明日学校で会いましょう。 ① 男性は女性に会いに来ました。 ❷ 女性は本を買いに来ました。 ③ 男性はCDを買うつもりです。 ④ 女性は男性と一緒に誕生日プレゼントを買いました。

合格資料 9 「対話内容と一致するものを選ぶ問題」の既出例

※1) 収録された既出問題の台本は各回の一部である。2) 解説は297ページへ。

既出	問題文
26回	남자 : 이 빵 참 맛있네요. 어디서 샀어요? 여자 : 제가 만든 거예요. 더 드세요. ① 남자는 빵을 샀습니다. ② 여자는 빵을 먹었습니다. ③ 여자는 빵을 만들었습니다. ④ 남자는 여자에게 빵을 줬습니다.
27回	여자 : 어, 지갑이 없어요. 아까 커피숍에서는 있었는데……. 남자 : 가방에 없어요? 잘 찾아봐요. 여자 : 없어요. 지갑을 커피숍에 놓고 나온 것 같아요. 다시 커피숍에 가 볼게요. 남자 : 그래요. 빨리 가서 찾아보세요. ① 여자는 지금 지갑이 없습니다. ② 여자는 커피숍에 다시 갔습니다. ③ 남자는 지금 커피숍에 있습니다. ④ 남자는 지갑을 찾으러 갈 겁니다.

28回	여자 : 민수 씨, 부탁할 것이 있어서 전화했어요. 남자 : 네. 그런데 제가 지금 좀 바빠요. 삼십 분 후에 전화해 주세요. 여자 : 그럼 한 시에 전화할게요. ① 남자는 한 시에 회의를 합니다. ② 여자는 남자에게 부탁이 있습니다. ③ 여자는 한 시에 전화를 했습니다. ④ 남자가 여자에게 전화를 했습니다.
29回	남자 : 오늘 같이 저녁 먹을래요? 여자 : 미안해요. 오늘은 일이 있어서 바빠요. 내일은 괜찮은데……. 남자 : 내일은 제가 다른 약속이 있어요. 그럼 다음에 먹어요. ① 여자는 내일 바쁜 일이 있습니다. ② 남자는 오늘 다른 약속이 있습니다. ③ 두 사람은 오늘 같이 밥을 안 먹습니다. ④ 두 사람은 내일 저녁을 같이 먹을 겁니다.
30回	여자 : 여보세요, 민수 씨. 내일 눈이 올 것 같아요. 남자 : 그래요? 눈이 오면 산에는 못 가겠지요? 여자 : 네. 그러면 어떻게 하지요? 다음 주에는 모두 바쁜데……. 남자 : 그런데 눈이 안 올 수도 있어요. 제가 내일 아침에 다시 전화할게요. ① 여자는 산에 안 갈 겁니다. ② 여자는 내일 아주 바쁩니다. ③ 남자는 다음 주에 산에 갈 겁니다. ④ 남자는 내일 여자에게 전화할 겁니다.
31回	남자 : 오늘 여덟 시 공연 두 명요. 둘 다 학생인데 할인 돼요? 여자 : 네. 학생증 보여 주시면 20% 할인해 드려요. 남자 : 그런데 저만 학생증이 있는데요. 여자 : 죄송하지만 학생증이 있는 분만 할인해 드릴 수 있습니다. ① 남자는 할인을 받을 수 있습니다. ② 여자는 두 명을 할인해 주었습니다. ③ 남자는 내일 저녁에 공연을 볼 겁니다. ④ 여자는 남자에게 학생증을 보여 줬습니다.

32回	남자 : 수미 씨, 볼펜이 꽃처럼 생겼네요. 여자 : 친구가 만들어 줬는데 정말 예쁘지요? 남자 : 그렇네요. 그런데 쓸 때 좀 불편하지 않아요? 무겁고, 필통에도 잘 안 들어갈 것 같은데……. 여자 : 아니에요. 그렇게 무겁지 않아요. 쓰기 편해요. ① 이 볼펜은 쓰기 불편합니다. ② 이 볼펜은 무겁지 않습니다. ③ 여자는 이 볼펜을 샀습니다. ④ 이 볼펜은 필통에 안 들어갑니다.
33回	남자 : 아주머니, 이 모자 파란색 있어요? 여자 : 아니요, 지금 파란색이 없는데요. 이 노란색 모자는 어떠세요? 남자 : 그럼, 다음에 다시 올게요. ① 여자는 모자를 살 겁니다. ② 여자는 파란색 모자가 있습니다. ③ 남자는 노란색 모자를 살 겁니다. ④ 남자는 파란색 모자를 사고 싶어합니다.
34回	남자 : 회식을 어디서 하는 게 좋을까요? 여자 : 지난번에 간 식당 어때요? 남자 : 맛있기는 한데 좀 좁은 것 같아요. 여자 : 그럼 회사 앞에 있는 불고기 집은 어때요? 거기가 좀 더 넓어요. ① 여자는 넓은 식당을 찾고 있습니다. ② 남자는 회사 사람들과 불고기를 먹습니다. ③ 여자는 지난주에 간 식당에 다시 갈 겁니다. ④ 남자는 회사 앞에 있는 불고기 집에 있습니다.
35回	남자 : 손님, 미술관으로 사진기를 가지고 들어오시면 안 됩니다. 여자 : 어, 몰랐어요. 죄송해요. 그럼 이 사진기는 어떻게 할까요? 남자 : 입구에 사진기 맡기는 곳이 있습니다. ① 여자는 미술관에서 일하고 있습니다. ② 남자는 미술관 안을 구경하고 있습니다. ③ 남자는 여자에게 사진기를 빌리려고 합니다. ④ 여자는 사진기를 가지고 미술관에 들어갔습니다.

問題類型3　男性(女性)の考えを把握する問題

対話を聞いて、その対話の話題について男性(または女性)はどのように考えているかその中心となる考えを選ぶ問題が3問出題される。

対話の全体の流れと対話の一方の男性(または女性)の考え方を正しく把握できる力が求められる。出題回によって男性の考えを問う形式か女性の考えを問う形式で交互に出題される。

選択肢を先に読んで男性(または女性)の発言内容との異同に注意して問題文を聞くようにしよう。

既出36回

다음을 듣고 남자의 중심 생각을 고르십시오.

放送

남자 : 여기는 공원 안에 호수가 있네요.
여자 : 네. 그래서 저녁에 산책하러 오는 사람들이 많아요.
남자 : 공원에 있는 길을 따라서 걸으면 운동도 되겠는데요.
　　　우리 집 근처에도 이런 곳이 있으면 좋겠어요.
여자 : 그럼, 산책하고 싶을 때 놀러 와요.

① 걷는 것은 좋은 운동이 됩니다.
② 산책은 저녁에 하는 것이 좋습니다.
③ 공원 안에 호수를 만들어야 합니다.
④ 집 근처에 공원이 생기면 좋겠습니다.

解説

次を聞いて男性の中心となる考えを選びなさい。

男性：ここは公園の中に湖がありますね。
女性：はい。だから夕方に散歩に来る人が多いです。
男性：公園の中の道に沿って歩くと運動にもなりそうですね。
　　　うちの近くにもこういう所があればいいのですが。
女性：では、散歩したい時に遊びに来てください。

① 歩くことは良い運動になります。
② 散歩は夕方にした方が良いです。
③ 公園の中に湖を作らなければなりません。
❹ 家の近くに公園ができたら良いなと思います。

既出
37回

다음을 듣고 여자의 중심 생각을 고르십시오.

放送

여자 : 민수 씨, 어제 축구 경기 봤어요?
남자 : 네. 저는 친구들하고 재미있게 봤어요. 우리 팀이 이겨서 더 좋았죠. 수미 씨도 봤어요?
여자 : 저도 봤어요. 우리 선수 한 명이 다쳐서 걱정했는데 이겨서 다행이었어요. 다음 경기도 이기면 좋겠네요. 그럴 수 있겠죠?
남자 : 그럴 수 있을까요? 다음 상대팀이 너무 잘해서요.

① 우리 팀이 계속 이기면 좋겠습니다.
② 친구들과 같이 봐서 더 신났습니다.
③ 다음 경기는 이길 수 없을 것 같습니다.
④ 상대팀 선수가 많이 다쳐서 걱정했습니다.

解説

次を聞いて女性の中心となる考えを選びなさい。

女性：ミンスさん、昨日サッカーを見ましたか。
男性：はい。私は友だちと楽しく見ました。うちのチームが勝ったのでとても良かったです。スミさんも見ましたか。
女性：私も見ました。うちの選手の一人が怪我をしたので心配しましたが勝ったので良かったです。次のゲームも勝ってほしいですね。可能ですよね。
男性：可能ですかね。次の相手チームは非常に強いチームなので。

❶ うちのチームがずっと勝ってほしいです。
② 友だちと一緒に見たのでさらに楽しかったです。
③ 次のゲームは勝てそうにないです。
④ 相手チームの選手が重い怪我をしたので心配をしました。

▸▸▸ 選択肢の文末は次のような表現になることが多い。
- ～는 것이 좋습니다.：～したほうが良いです
- ～아야/어야 합니다.：～しなければなりません
- ～(으)면 좋겠어요.：～すればいいと思います、～してほしいです
- ～고 싶습니다.：～したいです
- ～아서/어서 걱정입니다/걱정했습니다：～ので心配です、心配しました

問題類型4 文の内容を確認する問題

放送文を聞いて、何の話なのか放送の趣旨や意図を選ぶ問題1問と、その内容と一致するものを選ぶ問題1問の組み合わせで出題される。

問題文は、学校や劇場、デパート、公園など様々な施設で行われる各種案内放送、公共交通機関でのアナウンス、ラジオ放送、様々な場面でのあいさつ、人の紹介や募集、製品の説明、使い方や注意点など、多岐にわたる話題を多数の人に伝えるものが取り上げられる。

問題1は、放送の趣旨として何を紹介・説明・案内・知らせようとしているのかを問う形式で定型化されて出題される。音声が流れる前に選択肢に目を通しておいて、集中して聞くべきところの見当をつけておいて聞くと答えが選びやすい。

類題 **다음을 듣고 물음에 답하십시오.**

放送

여자 : 손님 여러분, 저희 극장을 찾아 주셔서 고맙습니다. 극장 안에서는 핸드폰을 사용하면 안 됩니다. 핸드폰은 꺼 주십시오. 그리고 담배도 피우면 안 됩니다. 담배를 피우실 분은 휴게실로 가 주십시오. 음료수는 마셔도 괜찮지만 음식은 먹으면 안 됩니다. 손님 여러분, 저희 극장에서 즐거운 시간을 보내십시오.

1. 어떤 이야기를 하고 있는지 고르십시오.

① 감사　② 안내　③ 소개　④ 인사

2. 들은 내용과 같은 것을 고르십시오.

① 극장 안에서 핸드폰을 끄면 안 됩니다.
② 극장 안에서 음료수는 마셔도 됩니다.
③ 음식은 휴게실에서 먹으면 됩니다.
④ 극장 밖에서는 담배를 피워도 됩니다.

解説 次を聞いて問いに答えなさい。

女性：皆様。私どもの劇場にご来場いただき、有難うございます。劇場の中では携帯電話のご使用はご遠慮ください。携帯電話は電源をお切りください。そしてたばこもご遠慮ください。たばこをお吸いになる方は休憩室へ行ってください。飲み物はかまいませんが、食べ物はご遠慮ください。皆様、私どもの劇場で楽しい時間をお過しください。

1. どういう話をしているか選びなさい。

① 感謝　❷ 案内　③ 紹介　④ あいさつ

2. 聞いた内容と同じものを選びなさい。

① 劇場の中で携帯電話の電源を切ってはいけません。
❷ 劇場の中で飲み物は飲んでも良いです。
③ 食べ物は休憩室で食べて良いです。
④ 劇場の外ではタバコを吸っても良いです。

合格資料 10 「文の内容を確認する問題」の既出例

※1) 収録された既出問題の台本は各回の一部である。2) 解説は299ページへ。

既出	問題文
31回	남자 : 여러분, 그동안 정말 감사했습니다. 일 년 전에 여러분을 처음 만났을 때가 생각나네요. 한국에 있는 동안 여러분 덕분에 정말 재미있게 지냈습니다. 함께 여행을 하면서 맛있는 음식도 많이 먹고 아름다운 곳을 구경할 수 있었습니다. 그래서 일 년 동안 한국을 많이 알게 되었습니다. 중국으로 돌아가도 여러분과 함께 한 시간을 잊지 않겠습니다. 여러분, 모두 건강하세요. 1. 어떤 이야기를 하고 있는지 고르십시오. ① 사과　② 소개　③ 부탁　④ 인사 2. 들은 내용과 같은 것을 고르십시오. ① 한국에서 여행을 다녔습니다. ② 지금 중국에서 살고 있습니다. ③ 앞으로 한국에 대해서 알고 싶습니다. ④ 일 년 뒤에 한국을 구경하러 갈 겁니다.

32回

여자 : 오늘은 집 안 냄새를 없애는 방법을 알려 드릴게요. 목욕탕에서 냄새가 날 때는 레몬이 좋습니다. 우선 물 세 컵에 레몬 반 개를 넣어서 레몬 물을 만드세요. 이 레몬 물로 목욕탕을 깨끗이 청소하면 됩니다. 그리고 냉장고 냄새는 식빵으로 없앨 수 있습니다. 식빵을 작게 잘라서 냉장고에 넣으면 생선이나 김치 냄새가 없어집니다. 어때요? 도움이 되셨어요?

1. 어떤 이야기를 하고 있는지 고르십시오.

① 부탁　　② 주문　　③ 설명　　④ 질문

2. 들은 내용과 같은 것을 고르십시오.

① 레몬은 김치 냄새를 없애 줍니다.
② 냉장고의 생선 냄새는 없어지지 않습니다.
③ 냉장고에 식빵을 넣으면 좋은 냄새가 납니다.
④ 레몬으로 청소하면 목욕탕 냄새가 없어집니다.

33回

여자 : 여러분, 안녕하세요. 오늘 나오실 분은 이건우 씨입니다. 이 피아노 음악 들리시죠? 드라마에 자주 나와서 많이 들어 보셨을 거예요. 이 음악을 만든 사람이 바로 이건우 씨입니다. 이건우 씨는 한 달에 한 번 병원에 가서 무료로 피아노 공연도 하는 멋진 분이신데요. 그럼, 지금부터 이건우 씨를 모시고 이야기를 들어 볼까요?

1. 어떤 이야기를 하고 있는지 고르십시오.

① 인사　　② 감사　　③ 부탁　　④ 소개

2. 들은 내용과 같은 것을 고르십시오.

① 이 사람은 드라마에 나옵니다.
② 이 사람은 피아노 음악을 만듭니다.
③ 이 사람은 날마다 무료 공연을 합니다.
④ 이 사람은 지금 아파서 병원에 있습니다.

남자 : 주민 여러분께 알려 드립니다. 이번에 우리 아파트에서 하는 바자회에 옷과 신발 같은 물건들이 많이 모였습니다. 정말 감사합니다. 그런데 아이들을 위한 책하고 장난감은 많지 않습니다. 집에 남는 물건이 있으시면 관리 사무실로 보내 주시기 바랍니다.

34回

1. 어떤 이야기를 하고 있는지 고르십시오.

① 인사　② 부탁　③ 약속　④ 계획

2. 들은 내용과 같은 것을 고르십시오.

① 옷이 조금 모였습니다.
② 신발이 제일 부족합니다.
③ 장난감이 더 필요합니다.
④ 아이들 책이 많이 모였습니다.

35回

여자 : 자, 여러분. 호텔에 도착했습니다. 많이 피곤하시죠? 먼저 방에 가 계시면 짐들을 가져다 드리겠습니다. 식사는 지하 1층 식당에서 하시면 됩니다. 호텔에 있는 수영장은 무료로 이용하실 수 있습니다. 그리고 필요한 것이 있으면 저에게 전화해 주십시오. 제 방은 301호입니다. 그럼 편히 쉬십시오.

1. 어떤 이야기를 하고 있는지 고르십시오. (3점)

① 부탁　② 질문　③ 초대　④ 안내

2. 들은 내용과 같은 것을 고르십시오. (4점)

① 사람들은 지금 호텔 방에 있습니다.
② 사람들은 짐을 직접 가지고 가야 합니다.
③ 수영장을 이용하려면 돈을 내야 합니다.
④ 도움이 필요하면 301호로 연락하면 됩니다.

合格資料 11 「어떤 이야기」かの問題の選択肢に頻出の語彙リスト

- □ 감사　感謝
- □ 계획　計画
- □ 부탁　お願い
- □ 사과　おわび
- □ 설명　説明
- □ 소개　紹介
- □ 신청　申込み
- □ 안내　案内
- □ 약속　約束
- □ 인사　あいさつ
- □ 주문　注文
- □ 질문　質問
- □ 초대　招待

問題類型5 対話文の内容を確認する問題

この形式の問題は、❶ 対話を聞いて二人が何について話しているのかを選ぶ問題1問と対話内容と一致するものを探す問題1問の組み合わせ、❷ 対話を聞いて男性、または女性がなぜそうするのか理由・目的を把握する問題1問と対話内容と一致するものを探す問題1問の組み合わせのパターンで計4問出題される。対話のやりとりは男女各2回、または3回ずつで構成されている。問題に答えるにはまず質問と選択肢の内容を理解し、それを手掛かりに放送を集中して聞かなければならない。

既出 25回

다음을 듣고 물음에 답하십시오.

放送

여자 : 요즘 잠을 잘 못 자는데 어떻게 하면 좋을까요?
남자 : 저는 얼마 전부터 잠을 자기 전에 운동을 해요. 그러면 잠이 잘 와요.
여자 : 무슨 운동을 하는데요?
남자 : 집 안에서 할 수 있는 가벼운 운동을 해요. 수미 씨도 한번 해 보세요. 그런데 자기 바로 전에 너무 힘든 운동을 하거나 음식을 먹으면 잠을 못 잘 수도 있어요.
여자 : 그렇군요. 저도 오늘부터 운동을 해 볼게요.

1. 두 사람이 무엇에 대해 이야기하고 있는지 고르십시오.

① 잠을 자는 시간
② 잘 자기 위한 방법
③ 운동을 하는 방법
④ 집에서 하는 운동

2. 들은 내용과 같은 것을 고르십시오.

① 여자는 잠을 잘 잡니다.
② 남자는 요즘 잠을 잘 못 잡니다.
③ 여자는 오늘 운동을 하려고 합니다.
④ 남자는 오래전부터 운동을 했습니다.

解説

次を聞いて問いに答えなさい。

女性：最近なかなか眠れませんが、どうすれば良いでしょうか。

男性：私は数日前から寝る前に運動をしています。そうするとよく眠れます。
女性：どんな運動をしていますか。
男性：家の中でできる軽い運動をしています。スミさんも一度やって見てください。しかし寝る直前にあまりきつい運動をしたり食事をしたりすると眠れなくなることもあります。
女性：そうなんですね。私も今日から運動をしてみます。

1. 二人が何について話しているのか選びなさい。

① 眠る時間　❷ よく眠れるための方法
③ 運動する方法　④ 家でする運動

2. 聞いた内容と同じものを選びなさい。

① 女性はよく眠れます。
② 男性は最近なかなか眠れません。
❸ 女性は今日運動をしようと思っています。
④ 男性はかなり前から運動をしました。

類題

다음을 듣고 물음에 답하십시오.

放送

여자：여보세요? 영민 씨? 지금 어디예요?
남자：저 지금 버스 안이에요.
여자：버스 안이요? 그럼 극장엔 언제쯤에 도착해요?
남자：이십 분 후에 도착할 거예요.
혜영 씨는 지금 어디 있어요?
여자：저는 벌써 와 있어요. 일이 일찍 끝났거든요.

1. 여자는 왜 전화를 했습니까?

① 남자를 만나고 싶어서
② 남자와의 약속 시간을 바꾸려고
③ 남자에게 길을 가르쳐 주려고
④ 남자의 도착 시간을 알고 싶어서

2. 들은 내용과 같은 것은 무엇입니까?

① 남자는 약속 시간을 잊어버렸습니다.

② 여자는 일이 일찍 끝나서 영화를 보러 왔습니다.
③ 여자는 버스 안에서 전화를 합니다.
④ 남자는 약속 장소에 20분 후에 도착할 겁니다.

解説

次を聞いて問いに答えなさい。

> 女性：もしもし。ヨンミンさん？ いまどこですか。
> 男性：私、いまバスの中です。
> 女性：バスの中ですか。では、映画館にはいつごろ到着しますか。
> 男性：20分後に到着します。ヘヨンさんはいまどこにいますか。
> 女性：私はもう来ています。仕事が早く終りましたので。

1. 女性はなぜ電話をしましたか。

① 男性に会いたくて
② 男性との約束の時間を変更しようと
③ 男性に道を教えてあげようと
❹ 男性の到着の時間が知りたくて

2. 聞いた内容と同じものはどれですか。

① 男性は約束の時間を忘れてしまいました。
② 女性は仕事が早く終って映画を見に来ました。
③ 女性はバスの中で電話をしています。
❹ 男性は約束の場所に20分後に到着します。

合格資料 12 「対話の内容を確認する問題」の既出例

※1) 収録された既出問題の台本は各回の一部である。2) 解説は301ページへ。

既出	問題文
	여자 : 진수 씨, 얼마 전에 이사한 집은 어때요? 남자 : 아주 좋아요. 새집이라서 깨끗하고 근처에 큰 공원도 있어요. 여자 : 그래요? 공원하고 가까우면 운동하기에도 좋겠네요. 남자 : 네. 그래서 요즘 매일 운동도 하고 산책도 해요. 그리고 집 주변도 조용해서 아주 마음에 들어요. 여자: 우리 동네도 좀 조용했으면 좋겠어요.

31回

1. 두 사람이 무엇에 대해 이야기하고 있는지 고르십시오.

① 이사할 집의 위치
② 이사 가고 싶은 집
③ 이사한 집의 좋은 점
④ 이사를 해야 하는 이유

2. 들은 내용과 같은 것을 고르십시오.

① 여자는 얼마 전에 이사했습니다.
② 남자는 요즘 운동을 날마다 합니다.
③ 여자는 조용한 곳에 살고 있습니다.
④ 남자는 공원 근처에서 이사 왔습니다.

남자 : 내일이 지연 씨 생일이네요. 전 선물로 책을 준비했는데 미나씨는요?
여자 : 저는 지연 씨한테 줄 가방을 만들고 있어요.
남자 : 그래요? 직접 만들어 주려고요?
여자 : 네. 지난번에 다른 친구 생일에 제가 만든 가방을 선물했는데 친구가 정말 좋아했어요. 제가 직접 만들면 평소에 친구가 좋아하는 모양으로 만들어 줄 수 있어서 좋아요.

31回

1. 여자는 왜 가방을 만들고 있습니까?

① 남자에게 주려고
② 필요할 때 쓰려고
③ 원하는 곳에 주려고
④ 친구한테 선물하려고

2. 들은 내용과 같은 것을 고르십시오.

① 여자는 친구에게 책을 사 줄 겁니다.
② 남자는 친구 생일에 가방을 준비했습니다.
③ 남자는 여자와 함께 가방을 만들고 있습니다.
④ 여자는 친구가 좋아하는 모양으로 가방을 만듭니다.

남자 : 어, 이거 유미 씨 초등학교 때 일기장이네요. 이걸 지금까지 가지고 있어요?
여자 : 어머니가 초등학교 때 일기장을 다 모아 주셨어요.
남자 : 와, 그림일기를 보니까 글씨도 예쁘고 그림도 잘 그렸네요. 저는 일기 쓰기를 정말 싫어했는데…….
여자 : 저도 그때는 쓰기 싫었는데 지금 읽어 보면 어렸을 때 기억이 나서 좋아요. 친구들도 생각나고요.

33回

1. 두 사람이 무엇에 대해 이야기를 하고 있는지 고르십시오.

① 일기 속의 친구
② 일기를 쓰는 방법
③ 어릴 때 쓴 일기장
④ 일기장을 모은 이유

2. 들은 내용과 같은 것을 고르십시오.

① 여자는 그림일기를 썼습니다.
② 어머니가 일기를 써 주었습니다.
③ 남자는 어릴 때 그림을 잘 그렸습니다.
④ 두 사람은 일기 쓰는 것을 좋아했습니다.

여자 : 우리 이번 주말에 춘천 가서 뭐 할까요?
남자 : 소양강도 가 보고 닭갈비도 먹어요. 가기 전에 남이섬에 들르는 건 어때요?
여자 : 남이섬은 여러 번 가서 재미없을 것 같으니까 이번에는 김유정 마을에 가 봐요.
남자 : 김유정 마을요? 김유정 역에서 오 분쯤 걸리죠?
여자 : 네. 거기 가면 소설가의 집도 있고 소설책에 나오는 장소들도 구경할 수 있어요. 연극도 볼 수 있고요.

33回

1. 두 사람은 왜 남이섬에 가지 않습니까?

① 시간이 없기 때문에
② 자주 가 봤기 때문에
③ 춘천에서 멀기 때문에
④ 연극을 봐야 하기 때문에

2. 들은 내용과 같은 것을 고르십시오.

① 김유정 마을은 역에서 가깝습니다.
② 김유정 마을에서 닭갈비를 먹을 겁니다.
③ 김유정 마을에 가기 전에 연극을 볼 겁니다.
④ 소양강에 갔다 와서 김유정 마을에 갈 겁니다.

여자 : 부산에 소포를 보내려고 하는데 지금 보내면 언제 도착해요?
남자 : 지금 보내시면 모레 도착할 거예요.
여자 : 오늘 저녁까지 도착할 수는 없을까요? 제가 좀 급해서요.
남자 : 오전에 보내셨으면 오늘 안에 도착하는데 지금은 너무 늦었어요. 지금은 특급으로 보내도 내일 오전에 도착해요.
여자 : 아, 그래요? 내일 오전까지 들어갈 수 있으면 그걸로 해 주세요.

35回

1. 두 사람이 무엇에 대해 이야기를 하고 있는지 고르십시오. (3점)
   ① 소포를 빨리 보내는 방법
   ② 소포를 싸게 보내는 방법
   ③ 소포를 잘 포장하는 방법
   ④ 소포를 쉽게 보내는 방법

2. 들은 내용과 같은 것을 고르십시오. (4점)
   ① 여자는 부산에서 소포를 보냅니다.
   ② 여자는 빨리 소포를 받고 싶어 합니다.
   ③ 여자는 소포를 특급으로 보낼 겁니다.
   ④ 여자는 내일 오전에 소포를 받을 겁니다.

여자 : 아이 통장을 하나 만들려고 하는데요.
남자 : 아, 어린이 통장요? 요즘 입학 때라 많이들 만드시네요.
여자 : 네. 우리 아이도 자기 통장을 갖고 싶어해서 선물하려고요.
남자 : 좋은 생각이세요. 자기 통장이 생기면 돈을 모으는 즐거움을 느낄 수 있을 거예요. 참, 아이 도장은 가져오셨죠?
여자 : 도장이 필요해요? 안 가져왔는데……. 그냥 내일 다시 와야겠네요.
남자 : 그럼 내일 아이도 데리고 오세요. 은행에 와서 직접 통장을 만들면 더 좋아할 거예요.

36回

1. 여자는 왜 아이에게 통장을 만들어 줍니까?
   ① 아이가 돈을 모으고 싶어해서
   ② 아이가 돈을 많이 가지고 있어서
   ③ 아이가 통장을 바꿀 때가 되어서
   ④ 아이가 자기 통장을 갖고 싶어해서

2. 들은 내용과 같은 것을 고르십시오.
   ① 여자는 지금 도장을 가지고 있습니다.
   ② 여자는 내일 은행에 다시 오려고 합니다.
   ③ 여자는 아이에게 입학 선물을 주었습니다.
   ④ 여자는 오늘 어린이 통장을 만들었습니다.

1 対話内容のイラストを選ぶ問題

音声のリンク先

▶▶▶本番の試験での問題間隔は約20秒です。ここでは音声再生ソフトの一時停止機能を利用して間隔を適宜調整しながら聞いてください。

다음 대화를 듣고 알맞은 그림을 고르십시오.
次の対話を聞いて適当なイラストを選びなさい。

02 01 **1.** ☐

①

②

③

④

02 02 **2.** ☐

①

②

③

④

▶台本は257ページへ、解説は304ページへ

02 03 **3.**

①

②

③

④

02 04 **4.**

①

②

③

④

▶台本は257ページへ、解説は304ページへ

02 05 **5.**

①

②

③

④

02 06 **6.**

①

②

③

④

▶台本は257ページへ、解説は304ページへ

02 07 **7.**

①

②

③

④

02 08 **8.**

①

②

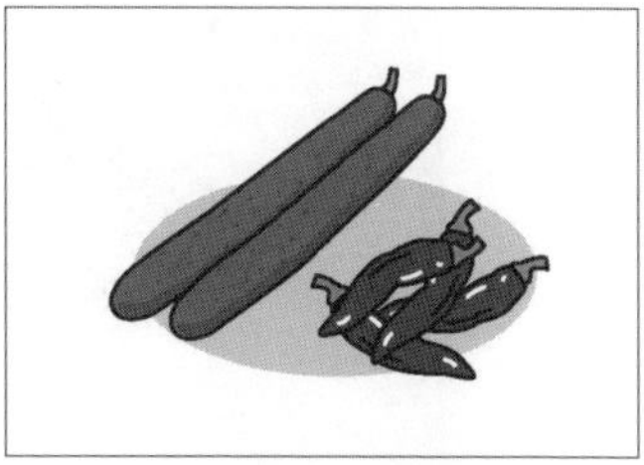

③

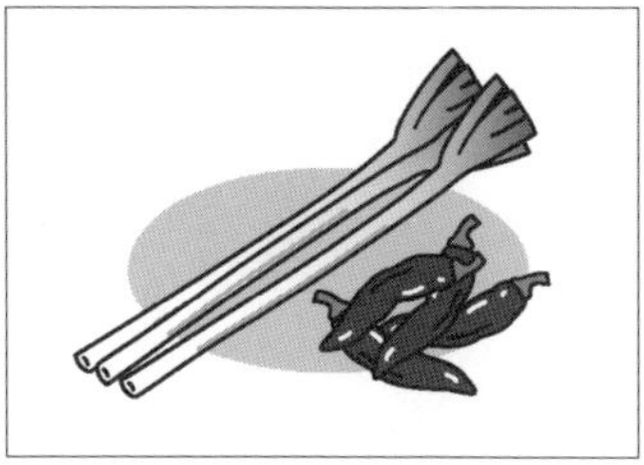

④

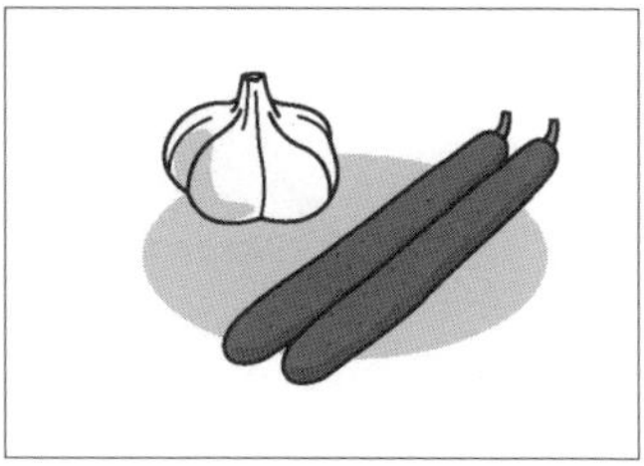

▶台本は257ページへ、解説は304ページへ

02 09 **9.**

①
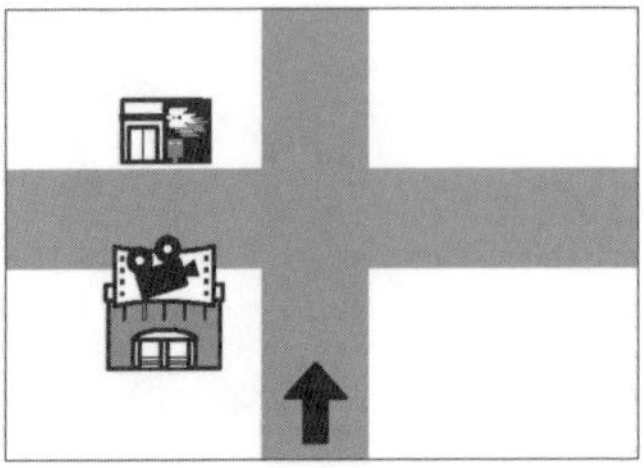

②
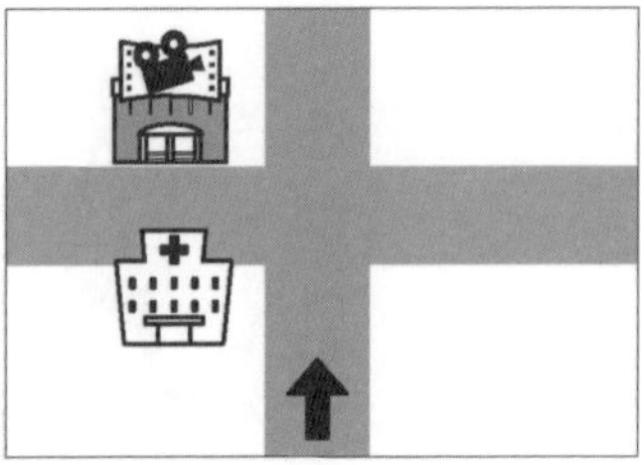

③
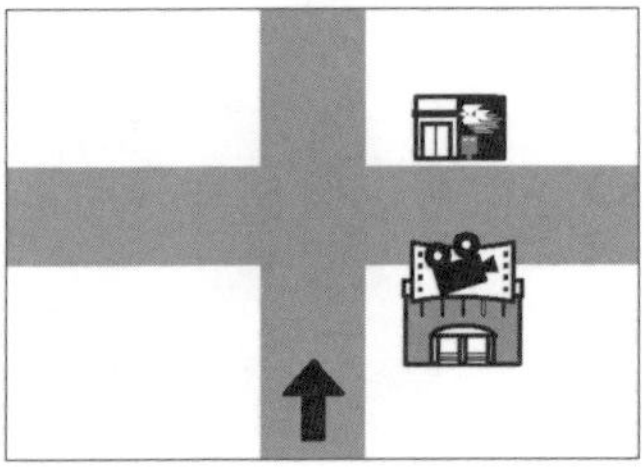

④
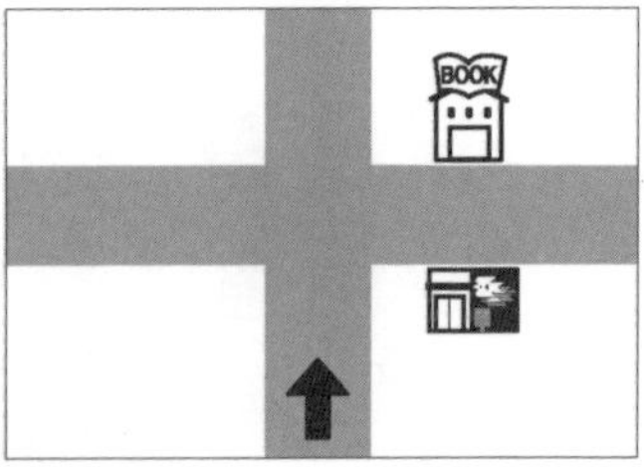

02 10 **10.**

①

②

③

④

▶台本は258ページへ、解説は305ページへ

02 11 **11.** ◸

①

②

③

④

02 12 **12.** ◸

①
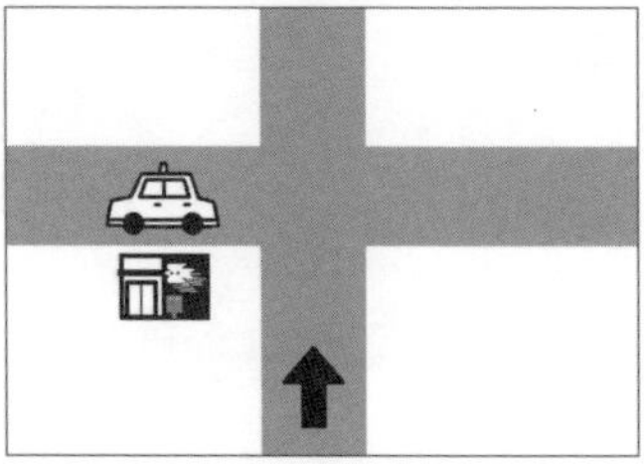

②
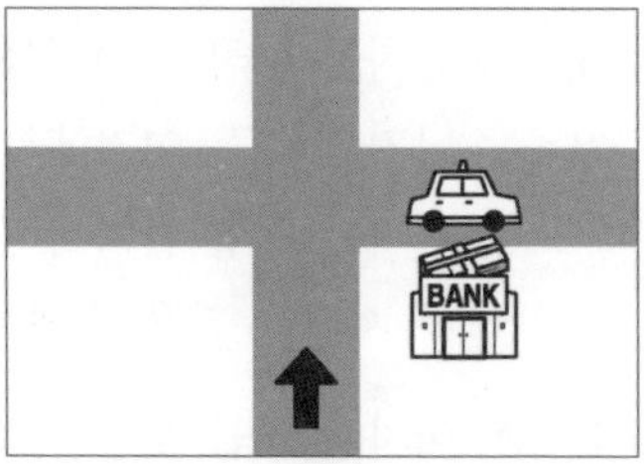

③
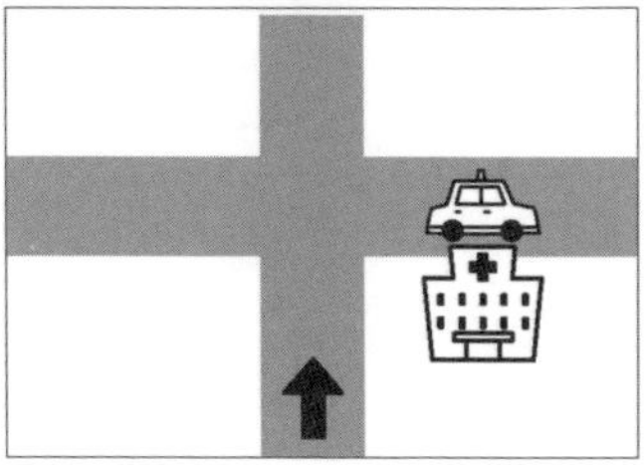

④
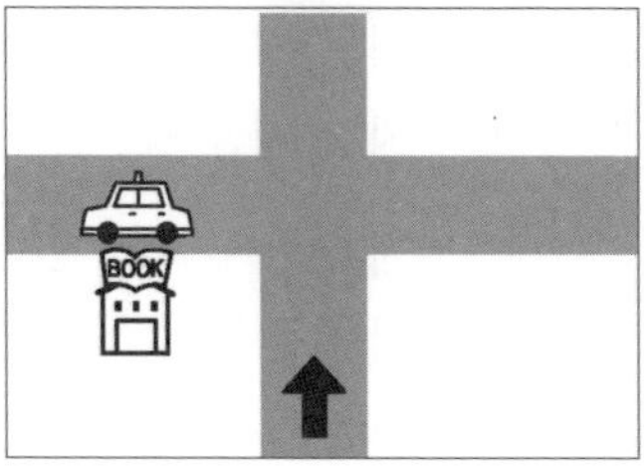

▶台本は258ページへ、解説は305ページへ

2 対話内容と一致するものを選ぶ問題

音声のリンク先

▸▸▸本番の試験での問題間隔は約20秒です。ここでは音声再生ソフトの一時停止機能を利用して間隔を適宜調整しながら聞いてください。

다음을 듣고 〈보기〉와 같이 대화 내용과 같은 것을 고르십시오.
次の対話を聞いて〈例〉のように対話内容と同じものを選びなさい。

〈보기〉

02 13

남자 : 죄송하지만 지우개 좀 빌려 주세요.
여자 : 여기 있어요.

① 남자는 지우개를 팔려고 합니다.
② 남자는 지우개를 빌려 주려고 합니다.
❸ 여자는 지우개를 빌려 주었습니다.
④ 여자는 지우개를 팔았습니다.

02 14

1. ① 남자는 지금 자전거를 타고 있습니다.
② 남자의 집은 여기에서 가깝습니다.
③ 여자는 매일 걸어서 집에 갑니다.
④ 두 사람은 같은 집에서 삽니다.

02 15

2. ① 여자는 지금 꽃집을 찾습니다.
② 여자는 지금 꽃집에 있습니다.
③ 남자는 지금 병원 옆에 있습니다.
④ 남자는 지금 병원을 찾습니다.

02 16

3. ① 남자는 우체국을 찾고 있습니다.
② 여자는 부동산 사무실을 찾고 있습니다.
③ 여자는 우체국을 가르쳐 주었습니다.
④ 부동산 사무실 옆에 우체국이 있습니다.

▶台本は258ページへ、解説は305ページへ

02 17 **4.** ① 남자는 아주 열심히 일을 합니다.
② 여자는 자주 등산을 갑니다.
③ 남자는 요즘 일이 바쁩니다.
④ 남자는 여자와 같이 등산을 못 갑니다.

02 18 **5.** ① 남자는 모자를 사러 왔습니다.
② 여자는 언니가 없습니다.
③ 여자는 모자를 언니에게 주었습니다.
④ 모자는 수미 씨 언니 것입니다.

02 19 **6.** ① 여자는 오늘 저녁에 약속이 있습니다.
② 여자는 내일 저녁에는 시간이 없습니다.
③ 남자는 오늘 저녁에 영화를 보러 갑니다.
④ 여자는 내일 저녁에는 친구를 만납니다.

02 20 **7.** ① 여자는 김치찌개를 좋아합니다.
② 남자는 한국 음식을 좋아합니다.
③ 여자는 김치찌개를 싫어합니다.
④ 남자는 한국 음식을 싫어합니다.

02 21 **8.** ① 남자는 지금 박 선생님께 전화를 합니다.
② 여자는 지금 민수 씨와 이야기합니다.
③ 여자는 박 선생님 주소를 물어봅니다.
④ 남자는 박 선생님 주소를 알고 싶어합니다.

▶台本は259ページへ、解説は306ページへ

2 対話内容と一致するものを選ぶ問題

02 22 **9.** ① 여자는 버스를 타고 갔습니다.
② 남자는 지하철 안에 있습니다.
③ 두 사람은 버스 안에서 이야기를 하고 있습니다.
④ 두 사람은 지하철을 탈 겁니다.

02 23 **10.** ① 여자는 그저께 남자를 만났습니다.
② 남자는 그저께 일본에서 왔습니다.
③ 남자는 여자를 오랜만에 만났습니다.
④ 두 사람은 자주 만납니다.

02 24 **11.** ① 남자는 여자를 만나러 왔습니다.
② 여자는 책을 빌리러 갑니다.
③ 남자는 다음 주부터 시험 공부를 합니다.
④ 여자는 지금 도서관에 있습니다.

02 25 **12.** ① 여자는 바지를 입어 보려고 합니다.
② 남자는 지금 바지를 사러 왔습니다.
③ 여자는 조금 작은 바지를 사고 싶어합니다.
④ 남자는 바지가 작아서 마음에 안 들어합니다.

02 26 **13.** ① 이 가게에서는 옷을 입어 볼 수 없습니다.
② 남자는 여자 친구와 옷을 고르고 있습니다.
③ 남자는 어두운 색이 아닌 양복을 사고 싶어합니다.
④ 여자는 어두운 색의 양복이 잘 어울립니다.

▶台本は259ページへ、解説は307ページへ

02 27 **14.** ① 여자는 내일 오후에 여기에 올 겁니다.
② 여자는 내일 수업이 있어서 못 옵니다.
③ 남자는 내일 오후 네 시에 여자를 만납니다.
④ 남자는 내일 오후 네 시까지 수업이 있습니다.

02 28 **15.** ① 남자는 친구한테 한국어를 가르칩니다.
② 여자는 작년부터 한국 친구가 생겼습니다.
③ 남자는 학교에 다닙니다.
④ 여자는 한국어를 공부합니다.

02 29 **16.** ① 열 시 이십 분 기차표는 없습니다.
② 남자는 기차표를 못 샀습니다.
③ 남자는 지금 부산에 가려고 합니다.
④ 열 시 기차표는 한 장밖에 없습니다.

02 30 **17.** ① 남자는 담배를 산 후 금방 돌아올 겁니다.
② 남자는 담배를 사러 나갔습니다.
③ 여자는 민수 씨를 기다릴 겁니다.
④ 두 사람은 담배 가게 안에서 기다릴 겁니다.

02 31 **18.** ① 여자는 토요일에는 약속이 있습니다.
② 두 사람은 토요일 오전에 만나서 같이 쉬고 싶어합니다.
③ 두 사람은 일요일 오후에 만날 겁니다.
④ 두 사람은 토요일에는 집에서 쉴 겁니다.

▶台本は260ページへ、解説は308ページへ

3 男性(女性)の考えを把握する問題

音声のリンク先

▸▸▸本番の試験での問題間隔は約20秒です。ここでは音声再生ソフトの一時停止機能を利用して間隔を適宜調整しながら聞いてください。

다음을 듣고 여자의 중심 생각을 고르십시오.
次の対話を聞いて女性の中心となる考えを選びなさい。

02 32 **1.** ① 지하철로 갈아타는 것이 좋겠습니다.
② 길이 막혀서 택시를 타기 싫습니다.
③ 퇴근 시간에는 지하철을 타는 것이 좋습니다.
④ 길이 막힐 때는 참고 기다려야 합니다.

02 33 **2.** ① 한국 친구가 많이 있으면 좋겠습니다.
② 주말에는 집에 있는 것이 편합니다.
③ 심심할 때는 영화를 보는 것이 좋습니다.
④ 친구는 취미가 같아야 합니다.

02 34 **3.** ① 인기가 없는 대회는 열 필요가 없습니다.
② 신청자가 적으면 대회 내용을 바꿔야 합니다.
③ 연습할 시간이 더 생겨서 좋습니다.
④ 열심히 연습해서 우승을 해야겠습니다.

02 35 **4.** ① 물건을 빨리 보내야 합니다. 〈既出37回〉
② 물건은 오늘 중에 도착해야 합니다.
③ 물건이 도착하는 시간을 미리 알려 주어야 합니다.
④ 물건을 많이 보낼 때에는 전화를 해 주어야 합니다.

▶台本は261ページへ、解説は310ページへ

다음을 듣고 남자의 중심 생각을 고르십시오.
次の対話を聞いて男性の中心となる考えを選びなさい。

02 36 **5.** ① 볼일이 있으면 미리 알려 주어야 합니다.
② 갑자기 일이 생겨서 약속을 바꾸고 싶습니다.
③ 일주일 후에 만날 수 있으면 좋겠습니다.
④ 고향에 갈 때는 연락을 해야 합니다.

02 37 **6.** ① 주말에는 약속이 있어서 바쁩니다.
② 토요일에 입을 옷이 없어서 걱정입니다.
③ 옷은 세탁이 끝날 때까지 기다려야 합니다.
④ 옷을 세탁해서 토요일에 입고 싶습니다.

02 38 **7.** ① 주말에는 가구를 주문할 생각입니다.
② 가구는 직접 보고 고르는 것이 좋습니다.
③ 가구는 집까지 배달해 줘야 합니다.
④ 좋은 가구를 싸게 살 수 있으면 좋겠습니다.

02 39 **8.** ① 불편한 자리는 가격을 싸게 해야 합니다. 〈既出36回〉
② 연극도 영화처럼 값이 싸면 좋겠습니다.
③ 영화는 앞자리에서 보면 더 재미있습니다.
④ 영화관은 모든 자리를 편하게 해야 합니다.

▶台本は261ページへ、解説は311ページへ

4 文の内容を確認する問題

音声のリンク先

▸▸▸本番の試験での問題間隔は約20秒です。ここでは音声再生ソフトの一時停止機能を利用して間隔を適宜調整しながら聞いてください。

다음을 듣고 물음에 답하십시오.
次を聞いて問いに答えなさい。

02 40 **[1] 다음을 듣고 물음에 답하십시오.**

1. 어떤 이야기를 하고 있는지 고르십시오.

① 사과　　② 부탁
③ 주문　　④ 질문

2. 들은 내용과 같은 것을 고르십시오.

① 한국말을 못해서 사람들을 웃긴 적이 있습니다.
② 배가 고플 때는 약국에 갑니다.
③ 큰 소리로 주문하면 주위 사람들이 웃습니다.
④ 주위 사람들을 웃기려고 실수를 많이 했습니다.

02 41 **[2] 다음을 듣고 물음에 답하십시오.**

1. 어떤 이야기를 하고 있는지 고르십시오.

① 설명　　② 안내
③ 소개　　④ 계획

2. 들은 내용과 같은 것을 고르십시오.

① 내일은 오전부터 좋은 날씨가 되겠습니다.
② 오늘 오후부터 바람이 많이 불겠습니다.
③ 내일도 외출할 때는 우산을 준비해야 합니다.
④ 오늘은 오전에는 비가 오겠습니다.

▸台本は262ページへ、解説は312ページへ

02 42 [3] 다음을 듣고 물음에 답하십시오.

1. 어떤 이야기를 하고 있는지 고르십시오.

☐

① 안내　② 부탁
③ 약속　④ 신청

2. 들은 내용과 같은 것을 고르십시오.

☐

① 여자는 지금 메시지를 듣고 있습니다.
② 남자는 숙제가 많아서 머리가 아픕니다.
③ 남자는 숙제를 가르치러 학교에 갈 겁니다.
④ 남자는 여자에게 숙제를 묻고 있습니다.

02 43 [4] 다음을 듣고 물음에 답하십시오.

1. 어떤 이야기를 하고 있는지 고르십시오.

☐

① 초대　② 인사
③ 소개　④ 부탁

2. 들은 내용과 같은 것을 고르십시오.

☐

① 바다에서는 맛있는 생선을 먹을 수 있습니다.
② 한국에는 제주도보다 큰 섬은 없습니다.
③ 배에서는 푸른 바다를 볼 수 있습니다.
④ 낚시는 제주도에서만 할 수 있습니다.

▶台本は263ページへ、解説は313ページへ

5 対話の内容を確認する問題

音声のリンク先

▸▸▸本番の試験での問題間隔は約35秒です。ここでは音声再生ソフトの一時停止機能を利用して間隔を適宜調整しながら聞いてください。

다음을 듣고 물음에 답하십시오.
次の対話を聞いて問いに答えなさい。

02 44 **[1] 다음을 듣고 물음에 답하십시오.**

1. 주말에 무엇을 하기로 했는지 고르십시오.

☐

① 약속이 없습니다. ② 식사를 합니다.
③ 노래를 부릅니다. ④ 산에 갑니다.

2. 들은 내용과 같은 것을 고르십시오.

☐

① 비가 와도 산에 갈 겁니다.
② 비가 와도 아무 약속이 없습니다.
③ 비가 오면 노래방에 갈 겁니다.
④ 비가 오면 안 만날 겁니다.

02 45 **[2] 다음을 듣고 물음에 답하십시오.**

1. 남자의 전공은 무엇입니까?

☐

① 영어 ② 무역
③ 외국어 ④ 한국어

2. 들은 내용과 같은 것을 고르십시오.

☐

① 남자는 졸업 후에 취직을 할 겁니다.
② 남자는 무역 영어에 관심이 많습니다.
③ 두 사람은 같은 회사에 취직했습니다.
④ 여자는 졸업 후 외국에 가려고 합니다.

▶台本は263ページへ、解説は314ページへ

02 46 [3] 다음을 듣고 물음에 답하십시오.

1. 어떤 이야기를 하고 있는지 고르십시오.

① 취미　　② 주말
③ 직업　　④ 휴일

2. 들은 내용과 같은 것을 고르십시오.

① 여자는 피곤해서 월요일에는 집에서 쉽니다.
② 여자는 주말에 빨래와 청소를 합니다.
③ 여자는 남자와 같이 일하고 있습니다.
④ 여자는 미용실에서 하루종일 서서 일합니다.

02 47 [4] 다음을 듣고 물음에 답하십시오.

1. 여자는 무엇을 샀습니까?

① 딸기와 포도　　② 딸기와 귤
③ 귤과 포도　　④ 귤과 딸기

2. 들은 내용과 같은 것을 고르십시오.

① 딸기보다 포도가 비쌉니다.
② 귤하고 포도는 맛있습니다.
③ 여자는 딸기와 귤을 좋아합니다.
④ 여자는 남자에게 5,000원을 주었습니다.

▶台本は264ページへ、解説は315ページへ

5 対話の内容を確認する問題

02 48 [5] 다음을 듣고 물음에 답하십시오.

1. 여자는 왜 버스를 타려고 합니까?

① 길 건너편 정류장에 가려고 ② 남자와 한 약속 장소에 가려고
③ 남자한테 길을 물어 보려고 ④ 종로에 가려고

2. 들은 내용과 같은 것을 고르십시오.

① 여자는 약속 장소를 모릅니다.
② 여자는 종로로 가는 버스를 타고 있습니다.
③ 여자는 150번 버스를 탈 겁니다.
④ 남자는 여자에게 종로를 안내하고 있습니다.

02 49 [6] 다음을 듣고 물음에 답하십시오.

1. 어떤 이야기를 하고 있는지 고르십시오.

① 수업 후 계획 ② 음악 수업
③ 약속 장소 ④ 취미 생활

2. 들은 내용과 같은 것을 고르십시오.

① 두 사람은 노래를 잘 부릅니다.
② 여자는 노래 부르기를 좋아합니다.
③ 남자는 도서관에서 공부할 겁니다.
④ 두 사람은 도서관 앞에서 만날 겁니다.

▶台本は265ページへ、解説は316ページへ

02 50 [7] 다음을 듣고 물음에 답하십시오.

1. 남자는 왜 한국에 왔습니까?

① 한국에서 취직하려고　② 일본 요리를 가르치려고
③ 한국 요리를 배우려고　④ 한국어를 공부하려고

2. 들은 내용과 같은 것을 고르십시오.

① 여자는 한국 음식점에서 일을 배울 겁니다.
② 여자는 1년 정도 요리 학교에 다녔습니다.
③ 남자의 꿈은 한국에서 취직을 하는 것입니다.
④ 남자는 이 년 후에는 일본에 돌아갈 겁니다.

02 51 [8] 다음을 듣고 물음에 답하십시오.

1. 남자는 왜 전화를 했습니까?

① 만날 날짜가 바뀌어서　② 약속 시간이 바뀌어서
③ 약속 장소가 바뀌어서　④ 전화 번호가 바뀌어서

2. 들은 내용과 같은 것을 고르십시오.

① 두 사람은 토요일 열 시에 공원 입구에서 만났습니다.
② 두 사람이 만날 장소가 바뀌었습니다.
③ 두 사람이 만날 시간과 요일이 바뀔 겁니다.
④ 두 사람은 토요일 열 시에 전화를 할 겁니다.

▶台本は265ページへ、解説は316ページへ

第3章
読解編（I）

TOPIK Ⅰ

区分	問題数	試験時間	配点
聞き取り	30問	40分	100点
読解	40問	60分	100点
計	70問	100分	200点

読解に関する問題(I)

❶ 読解に関する問題(I)の出題類型と内容

読解に関する問題(I)は、

❶ 短文を読み、何についての話なのかその主題を選ぶ問題が3問、

❷ 短文の空所に入る適切な語句を選ぶ問題が6問、

❸ メモ書きやメニュー、レシート、カレンダー、映画のチケットなどを見て、その情報の内容を読み間違えているものはどれかを選ぶ問題が3問、

❹ 文章を読んでその内容と一致するものを選ぶ問題が3問、

合計15問(配点合計約37点)程度が出題される。

区分	聞き取り問題(I)の類型と内容	問題数と配点
1	**短文の主題を選ぶ問題** 短文を読み、何について述べているかその主題を選ぶ。	3問×2点
2	**短文の空所に入る語句を選ぶ問題** 短文を提示し、その中の空所に入れるべき助詞や名詞、動詞、形容詞などの語句を選ぶ。	6問×2~3点
3	**情報文の内容理解を確認する問題** 広告や時刻表、メールなどの各種情報文を読み、その意味を読み間違えているものはどれかを選ぶ。	3問×3点
4	**文の内容と一致するものを選ぶ問題** 短文を読んで、その内容と一致するものを選ぶ。	3問×2~3点
4つの問題類型に、問題総数15問、配点合計約37点で出題。		

② 問題類型別分析と対策

問題類型1　短文の主題を選ぶ問題

短文を読み、何についての話なのかを選択肢から選ぶ問題が3問出題される。問題文は普通2つの短い文で構成されている。文中に主題が把握できる語彙や表現が出てくるのでそれをヒントに正答を探せばよい。

繰り返して出題される選択肢の語彙は合格資料14でまとめてあるので覚えておこう。

보기　무엇에 대한 이야기입니까? 〈보기〉와 같이 알맞은 것을 고르십시오.

〈보기〉

저는 열여덟 살입니다. 언니는 스무 살입니다.

① 생일　② 날짜　③ 형제　④ 나이

解説　何についての話ですか。〈例〉のように適当なものをを選びなさい。

私は18歳です。姉は二十歳です。

① 誕生日　② 日にち　③ 兄弟　❹ 年齢

類題1　무엇에 대한 이야기입니까?

나는 불고기를 먹습니다. 오빠는 냉면을 먹습니다.

① 메뉴　② 식당　③ 식사　④ 음료수

解説　何についての話ですか。

私は焼肉を食べます。兄は冷麺を食べます。

① メニュー　② 食堂　❸ 食事　④ 飲み物

合格資料 13 「短文の主題を選ぶ問題」の既出例

※1) 収録された既出問題は各回の一部である。2) 解説は318ページへ。

既出	問題文
31回	식당에서 밥을 먹습니다. 집에서 텔레비전을 봅니다. ① 시간　② 취미　③ 직업　④ 장소
37回	토요일에 수영을 합니다. 일요일에 쉽니다. ① 달력　② 주말　③ 여름　④ 오전
41回	8월에는 수업이 없습니다. 학교에 가지 않습니다. ① 날짜　② 방학　③ 여행　④ 약속
52回	비빔밥은 육천 원입니다. 냉면은 오천 원입니다. ① 맛　② 값　③ 옷　④ 일
64回	오늘은 집에 있습니다. 쉽니다. ① 옷　② 값　③ 일　④ 집

合格資料 14 主題の選択肢として頻出の語彙リスト

□ 가게　店
□ 가을　秋
□ 가족　家族
□ 결혼　結婚
□ 계절　季節
□ 고향　故郷
□ 공부　勉強
□ 과일　果物
□ 교통　交通
□ 기분　気分
□ 나라　国
□ 나이　年齢
□ 날씨　天気
□ 날짜　日にち、日付
□ 노래　歌
□ 돈　お金
□ 동생　弟、妹
□ 등산　登山
□ 물　水
□ 물건　物、品物
□ 바다　海
□ 방　部屋
□ 부모님　父母、両親
□ 생일　誕生日
□ 서점　書店
□ 선물　プレゼント、お土産
□ 쇼핑　買い物
□ 수영　水泳
□ 술　酒
□ 시간　時間
□ 시장　市場
□ 식사　食事
□ 신발　履物、くつ
□ 아침　朝、朝食
□ 약속　約束
□ 얼굴　顔
□ 여름　夏
□ 여행　旅行
□ 옷　服
□ 요일　曜日
□ 우산　傘
□ 운동　運動
□ 음식　食べ物、料理
□ 음악　音楽
□ 이름　名前
□ 인사　あいさつ
□ 장소　場所
□ 주말　週末
□ 주소　住所
□ 직업　職業
□ 차　茶
□ 책　本
□ 취미　趣味
□ 친구　友達
□ 친척　親戚
□ 형제　兄弟
□ 휴일　休日、休み

問題類型 2　短文の空所を補充する問題

短文の空所に入れるのに適切な語句はどれかを選ぶ問題が6問出題される。空所に入れる語句は助詞を選ぶ文法問題と、文に合う名詞、形容詞、動詞、副詞、連語を選ぶ順にそれぞれ1問ずつに出題される。問題文は普通2つの短文でつながっているので、前後の文脈を把握した上で空所に当てはまるものを選ぶ力が求められる。

보기

〈보기〉와 같이 빈칸에 들어갈 가장 알맞은 것을 고르십시오.

〈보기〉

저는 (　　　　)에 갔습니다. 꽃을 샀습니다.

① 약국　　② 은행　　③ 꽃집　　④ 서점

解説

〈例〉のように空欄に入るいちばん適当なものをを選びなさい。

私は(　　　　)に行きました。花を買いました。

① 薬局　　② 銀行　　❸ 花屋　　④ 書店

類題 1

아주 배가 고픕니다. 밥을 (　　　　) 싶습니다.

① 먹고　　② 닫고　　③ 보고　　④ 마시고

解説

とてもお腹がすきます。ご飯が(　　　　)たいです。

❶ 食べ　　② 閉め　　③ 見　　④ 飲み

類題 2

영수는 지금 없어요. (　　　　) 책을 사러 나갔어요.

① 아까　　② 벌써　　③ 가끔　　④ 아직

解説

ヨンスはいまいません。(　　　　)本を買いに出かけました。

❶ さっき　　② もう　　③ たまに　　④ まだ

合格資料 15 「短文の空所補充問題」の既出例

※1) 収録された既出問題は各回の一部である。2) 解説は318ページへ。

既出	問題文			
29回	지금 전화를 하고 있습니다. (　　　) 기다려 주세요.			
	① 곧	② 내일	③ 가끔	④ 잠시
30回	구두를 샀는데 작습니다. 그 구두를 (　　　) 갈 겁니다.			
	① 사러	② 쓰러	③ 바꾸러	④ 닦으러
31回	내일이 동생 생일입니다. 저는 선물을 (　　　).			
	① 삽니다	② 씁니다	③ 모릅니다	④ 만납니다
32回	옷이 예쁩니다. 하지만 조금 (　　　).			
	① 멉니다	② 작습니다	③ 바쁩니다	④ 어렵습니다
33回	다리가 많이 아픕니다. (　　　) 싶습니다.			
	① 앉고	② 보고	③ 찾고	④ 사고
34回	여기는 (　　　)입니다. 책을 삽니다.			
	① 서점	② 약국	③ 교실	④ 호텔
35回	몇 시(　　　) 옵니까?			
	① 가	② 는	③ 를	④ 에

合格資料 16 空所補充問題に頻出の語彙リスト

名詞

- □ 가게　店
- □ 공　ボール
- □ 공원　公園
- □ 공항　空港
- □ 교실　教室
- □ 극장　映画館、劇場
- □ 나이　年齢
- □ 날짜　日にち、日付
- □ 도서관　図書館
- □ 물　水
- □ 병원　病院
- □ 빵　パン
- □ 빵집　パン屋
- □ 사전　辞書
- □ 서점　書店
- □ 시계　時計
- □ 시장　市場
- □ 식당　食堂
- □ 신문　新聞
- □ 신발 가게　靴屋
- □ 약국　薬局
- □ 역　駅
- □ 옷　服
- □ 옷 가게　衣料品店
- □ 우체국　郵便局
- □ 은행　銀行
- □ 집　家
- □ 책　本
- □ 학교　学校
- □ 화장실　トイレ

形容詞

□ 가깝다	近い
□ 건강하다	健康だ
□ 고맙다	有難い
□ 고프다	空腹だ
□ 깨끗하다	清潔だ
□ 나쁘다	悪い
□ 넓다	広い
□ 높다	高い
□ 덥다	暑い
□ 조용하다	静かだ
□ 좋다	よい
□ 많다	多い、たくさんだ
□ 맵다	辛い
□ 멋없다	ださい、野暮だ
□ 멋있다	素敵だ、かっこいい
□ 바쁘다	忙しい
□ 반갑다	懐かしい、うれしい
□ 비싸다	高い
□ 슬프다	悲しい
□ 춥다	寒い
□ 크다	大きい
□ 시원하다	涼しい
□ 아프다	痛い
□ 어렵다	難しい
□ 없다	ない
□ 예쁘다	綺麗だ
□ 작다	小さい
□ 짧다	短い
□ 재미없다	面白くない
□ 재미있다	面白い
□ 적다	少ない
□ 피곤하다	疲れる
□ 쉽다	易しい

動詞

□ 보다	見る
□ 주다	くれる、上げる
□ 사다	買う
□ 닫다	閉める
□ 만나다	会う
□ 기다리다	待つ
□ 가르치다	教える
□ 쉬다	休む
□ 알다	わかる、知る
□ 입다	着る
□ 모르다	知らない
□ 놀다	遊ぶ
□ 자다	寝る
□ 타다	乗る
□ 다니다	通う
□ 받다	もらう、受け取る
□ 하다	する
□ 걸다	かける
□ 듣다	聞く
□ 먹다	食べる
□ 쉬다	休む
□ 앉다	座る
□ 닦다	磨く、拭く
□ 쓰다	書く
□ 일하다	働く
□ 먹다	食べる
□ 일어나다	起きる
□ 피다	咲く
□ 공부하다	勉強する
□ 구경하다	見物する
□ 자다	寝る
□ 찾다	探す
□ 마시다	飲む
□ 읽다	読む
□ 그리다	描く
□ 놓다	置く

副詞語

□ 가끔	たまに
□ 곧	すぐ、まもなく
□ 길게	長く
□ 느리게	のろく、ゆっくり
□ 늦게	遅く
□ 다시	また、再び
□ 더	もっと
□ 또	また
□ 먼저	まず、先に
□ 물론	もちろん
□ 벌써	すでに、もう
□ 아마	たぶん
□ 빨리	速く、急いで
□ 새로	新たに
□ 서로	互いに
□ 아까	さっき、先ほど
□ 아주	とても
□ 아직	まだ
□ 열심히	一生懸命
□ 오래	長く、久しく
□ 요즘	最近、この頃
□ 이따가	のちほど、後で
□ 이제	もうすぐ、いま
□ 별로	別に、さほど
□ 일찍	早く、早めに
□ 자주	度々、しばしば
□ 잠깐	ちょっと
□ 잠시	しばらく
□ 제일	いちばん、最も
□ 조금	少し
□ 처음	初めて
□ 천천히	ゆっくり
□ 항상	いつも、常に
□ 어서	どうぞ、速く

合格資料 17 初級出題範囲の助詞リスト

助詞	意味・用例	
가/이	が	主体、対象
	엄마가 청소를 한다.	母が掃除をしている。
가/이	では(ない)	(아니다の前で) 否定の対象
	그는 학생이 아니다.	彼は学生ではない。
가/이	に(なる)	(되다の前で) 変化の対象
	아버지가 사장이 되었다.	父が社長になった。
께서	が	(尊敬) 主体、対象
	선생님께서 오셨다.	先生が来られた。
과/와	と	① 列、列挙　② 共同　③ 比較
	우유와 빵을 먹었다. 나는 성격이 형과 다르다.	牛乳とパンを食べた。 私は性格が兄と違う。
하고	と	① 並列、列挙　② 共同　③ 比較
	우유하고 빵을 먹었다. 주말은 가족하고 같이 지냈다.	牛乳とパンを食べた。 週末は家族と一緒に過ごした。
(이)랑	と	① 並列、列挙　② 共同　③ 比較
	빵이랑 우유랑 주스를 샀다. 친구랑 백화점에 갔다.	パンと牛乳とジュースを買った。 友達とデパートに行った。
부터	から	起点
	아침부터 눈이 내리고 있다.	朝から雪が降っている。
까지	まで	限度
	오후 5시까지 일을 한다.	午後5時まで仕事をする。
에게	(人, 動物)に	対象
	친구에게 책을 빌려 주었다.	友達に本を貸してやった。
한테	(人, 動物)に	対象　*「에게」に比べ、主に会話体で用いられる。
	친구한테 책을 빌려 주었다.	友達に本を貸してやった。
께	(人)に	(尊敬) 対象
	선생님께 드렸다.	先生に差し上げた。
에게서	(人)から	出所
	민수에게서 전화가 왔다.	ミンスから電話がかかってきた。
한테서	(人)から	出所　*「에게서」に比べ、主に会話体で用いられる。
	민수한테서 온 편지.	ミンスから来た手紙。
는/은	は	主題
	김치는 맵다.	キムチは辛い。

도	も	① 追加 ② 列挙	그 가게는 빵도 맛있다. 공부도 운동도 잘한다.	その店はパンも美味しい。 勉強も運動もよくできる。
로/으로	① で ② へ、に	① 手段、方法、道具、材料 ② 方向	비행기로 두 시간 걸린다. 이 상자는 종이로 만들었다. 이 버스는 인천으로 간다.	飛行機で2時間かかる。 この箱は紙で作られた。 このバスは仁川へ行く。
를/을	を	対象	커피를 마신다. 친구를 만난다.	コーヒーを飲む。 友達に会う。
마다	① ごとに ② おきに	① 全部 ② 間隔	일요일마다 비가 온다. 버스는 5분마다 출발한다.	日曜日ごとに雨が降る。 バスは5分おきに出発する。
만	だけ、ばかり	限定、制限	밥을 조금만 먹었다.	ご飯を少しだけ食べた。
밖에	しか	限定、排除	밥을 조금밖에 안 먹었다.	ご飯を少ししか食べていない。
보다	より	比較	나는 형보다 키가 크다.	私は兄より背が高い。
에	に	① 場所 ② 時間	책상 위에 시계가 있다. 한 시에 만날까요?	机の上に時計がある。 1時に会いましょうか。
에서	① で ② から	① 場所 ② 起点	도서관에서 책을 읽는다. 서울에서는 아주 멀다.	図書館で本を読む。 ソウルからは非常に遠い。
서	「에서」の縮約形	① 場所 ② 起点	여기서 기다리세요. 여기서 얼마나 걸려요?	ここで待ってください。 ここからどのくらいかかりますか。
의	の	所有、関係、所属	엄마의 안경. 남동생의 친구. 언니의 학교.	母の眼鏡。 弟の友達。 姉の学校。
(이)나	でも、か、や、も	① 例示 ② 選択 ③ 強調	밥이나 먹으러 갑시다. 버스나 지하철로 가면 된다. 커피를 다섯 잔이나 마셨다.	ご飯でも食べに行きましょう。 バスか地下鉄で行けばいい。 コーヒーを5杯も飲んだ。
처럼	のように	例え、例示	얼음처럼 차갑다.	氷のように冷たい。

問題類型 3　情報文の内容を確認する問題

案内文、掲示文、チラシ、メモ、メニュー、レシート、電車やバスの時刻表、チケット、カレンダーの予定表、携帯のメール文など、日常生活でよく見かける実用的な情報文を提示し、その情報文が示す内容と異なるものはどれかを選ぶ問題が3問出題される。

さまざまな情報を伝えるテキストの内容を正しく理解しているかが問われる。選択肢の内容とテキストの内容を一つずつ比較しながら読み違えた内容のものを選ばなければならない。

類題 1

다음을 읽고 맞지 <u>않는</u> 것을 고르십시오.

> ***KTX 기차***
> 부산 ▶ 서울
> 5월 17일　08:50 ▶ 11:30
> **요금 50,000원**

① 이 기차는 서울로 갑니다.
② 기차표 값은 오만 원입니다.
③ 여덟 시 오십 분에 탑니다.
④ 서울까지 두 시간 반 걸립니다.

解説

次を読んで正しく<u>ない</u>ものを選びなさい。

> ***KTX 列車***
> 釜山 ▶ ソウル
> 5月 17日　08:50 ▶ 11:30
> **料金 50,000ウォン**

① この列車はソウルへ行きます。
② 乗車券の代金は5万ウォンです。
③ 8時50分に乗ります。
❹ ソウルまで2時間半かかります。

類題2

> 영미 씨
>
> 나는 먼저 서울역으로 갑니다.
> 거기 역 앞에 있는 서점에서 기다리겠습니다.
> 도착하면 전화 주세요.
>
> \- 민우 -

① 민우 씨는 영미 씨를 기다릴 겁니다.
② 민우 씨는 먼저 서울역으로 갑니다.
③ 민우 씨가 이 메모를 썼습니다.
④ 민우 씨는 역에 도착하면 전화할 겁니다.

解説

> ヨンミさん
>
> 私は先にソウル駅に行きます。
> そこの駅前にある書店で待っています。
> 着いたら電話ください。
>
> — ミヌ —

① ミヌさんはヨンミさんを待つつもりです。
② ミヌさんは先にソウル駅に行きます。
③ ミヌさんがこのメモを書きました。
❹ ミヌさんは駅に着いたら電話するつもりです。

合格資料 18 既出で取り上げられた情報文の素材リスト

既出で取り上げられた情報文の素材リスト		
バス停の時刻表	自動販売機	会合案内
名刺	手紙の住所書き	天気マーク
連絡メモ	授業の時間割	バスのチケット
携帯のメール文	演劇案内	施設利用時間案内
メニュー	カレンダー（予定表）	路線図
領収書	博物館の展示会案内	スーパーのセールのチラシ
列車のチケット	誕生日祝いのカード	音楽会案内
薬の飲み方説明	ビルディングの案内	駅の案内表示
公演案内	旅行案内	忘れ物
映画のチケット	レッスンの募集	ガレージセール案内

問題類型4 文の内容と一致するものを選ぶ問題

短文を読んでその文の内容と一致するものはどれかを選ぶ問題が3問出題される。大体3行の短い文が提示され、問題文と選択肢の内容が正しく理解できる力が求められる。文の内容が理解できるレベルの語彙力と文法力を身につけておかなければならない。

類題1

다음의 내용과 같은 것을 고르십시오.

> 방학에는 학교에 가지 않습니다. 그래서 학교 도서관을 이용할 수 없습니다. 방학 동안에는 집 근처에 도서관에 갑니다. 거기서 책도 읽고 숙제도 합니다.

① 학교 도서관에서 책을 읽고 숙제를 합니다.
② 학교 도서관은 집 근처에 있습니다.
③ 학교 도서관은 방학에 쉽니다.
④ 집 근처 도서관은 방학에 쉬지 않습니다.

解説

次の内容と同じものを選びなさい。

> 休み中は学校に行きません。それで学校の図書館が利用できません。休み中は家の近くの図書館に行きます。そこで本を読み、宿題もします。

① 学校の図書館で本を読んで宿題をします。
② 学校の図書館は家の近くにあります。
③ 学校の図書館は学校の休みに休みます。
❹ 家の近くの図書館は学校の休み中に休みません。

▸▸▸大体40字～70字、3つ～5つの短い文で構成された問題文が出題されている。初級の語彙力があれば簡単に理解できるレベルの文章である。

▸▸▸合格資料20～30はTOPIK出題範囲の語彙リストをまとめたものである。語彙力の向上に活用してほしい。

合格資料 19 「文の内容と一致するものを選ぶ問題」の既出例

※1) 収録された既出問題は各回の一部である。2) 解説は319ページへ。

既出	問題文
31回	제 친구는 한국 노래를 아주 좋아합니다. 그래서 어제 친구에게 한국 노래 시디(CD)를 보냈습니다. 가수의 사진과 제 편지도 같이 보냈습니다. ① 저는 친구에게 편지를 썼습니다. ② 친구에게 제 사진을 보냈습니다. ③ 제 친구는 한국 노래를 모릅니다. ④ 어제 친구에게서 시디를 받았습니다.
32回	어제 회사 근처로 집을 옮겼습니다. 새 집은 넓고 깨끗합니다. 그리고 집 근처에 가게도 많고 작은 공원도 있어서 아주 마음에 듭니다. ① 어제 회사를 옮겼습니다. ② 집이 깨끗해서 마음에 듭니다. ③ 집 근처에 가게가 별로 없습니다. ④ 직장 근처에 넓은 공원이 있습니다.
33回	우리 오빠는 대구에서 대학교에 다닙니다. 이번 주 일요일은 오빠의 생일입니다. 주말에 오빠를 만나러 갈 겁니다. ① 일요일은 제 생일입니다. ② 오빠는 대구에서 일합니다. ③ 저는 일요일에 오빠를 만납니다. ④ 저는 대구에서 학교에 다닙니다.
34回	우리 사무실은 6층에 있습니다. 저는 엘리베이터를 타지 않고 계단으로 올라갑니다. 조금 힘들지만 건강에 좋습니다. ① 사무실은 오 층에 있습니다. ② 엘리베이터 타기가 힘듭니다. ③ 사무실까지 걸어서 올라갑니다. ④ 육 층까지 엘리베이터를 탑니다.
35回	친구가 지난달에 고향으로 돌아갔습니다. 친구는 저에게 냉장고를 주었습니다. 그 냉장고는 커서 좋습니다. ① 저는 냉장고를 샀습니다. ② 저는 이 냉장고가 마음에 듭니다. ③ 저는 고향에 큰 냉장고가 있습니다. ④ 저는 친구에게 냉장고를 주었습니다.

TOPIK Ⅰ 出題の語彙リスト

※この語彙リストはTOPIK主管機関の「国立国際教育院」（旧韓国教育課程評価院）から公開された「TOPIK初級語彙目録」を基に学習者が使いやすいように関係項目別に分類し直したものである。

合格資料 20 TOPIK Ⅰ 出題の名詞リスト

① 人、職業などを表す名詞

□ 아버지　父、お父さん
□ 어머니　母、お母さん
□ 아빠　パパ、お父さん
□ 엄마　ママ、お母さん
□ 할머니　祖母、おばあさん
□ 할아버지　祖父、おじいさん
□ 형　兄（弟からみての）
□ 오빠　兄（妹からみての）
□ 누나　姉（弟からみての）
□ 언니　姉（妹からみての）
□ 남동생　弟
□ 여동생　妹
□ 동생　弟、妹（弟妹の総称）
□ 아들　息子
□ 딸　娘
□ 남편　夫
□ 아내　妻
□ 부부　夫婦
□ 부모　父母、両親、親
□ 형제　兄弟
□ 가족　家族
□ 친구　友達、友人
□ 친척　親戚
□ 외삼촌　おじ（母の兄弟）
□ 외숙모　おば（母の兄弟の妻）
□ 외할머니　祖母（母方の）
□ 외할아버지　祖父（母方の）
□ 큰아버지　伯父（父の兄）
□ 큰어머니　伯母（父の兄の妻）
□ 작은아버지　叔父（父の弟）
□ 작은어머니　叔母（父の弟の妻）
□ 고모　おば（父の姉妹）
□ 고모부　おじ（父の姉妹の夫）
□ 이모　おば（母の姉妹）
□ 이모부　おじ（母の姉妹の夫）
□ 삼촌　おじ（父の未婚の弟）
□ 사촌　いとこ
□ 조카　甥、姪
□ 부인　奥さん、夫人
□ 아가씨　お嬢さん
□ 아저씨　おじさん
□ 아주머니　おばさん
□ 아줌마　おばさん
□ 아기　赤ちゃん
□ 어린이　子供、児童
□ 아이　子供
□ 어른　大人
□ 남자　男子、男性、男
□ 여자　女子、女性、女
□ 남녀　男女
□ 주부　主婦
□ 학생　学生
□ 초등학생　小学生
□ 중학생　中学生

□고등학생　高校生
□대학생　大学生
□대학원생　大学院生
□남학생　男子学生
□여학생　女子学生
□선생님　先生
□유학생　留学生
□교수　教授
□가수　歌手
□간호사　看護士
□의사　医者、医師
□경찰　警察
□경찰관　警察官
□공무원　公務員
□군인　軍人
□기사　運転手
□기자　記者
□배우　俳優
□영화배우　映画俳優
□탤런트　タレント
□변호사　弁護士
□사업가　事業家、実業家
□사원　社員
□직원　職員
□회사원　会社員
□점원　店員
□종업원　従業員
□사장　社長
□소설가　小説家
□음악가　音楽家
□약사　薬剤師
□화가　画家
□연예인　芸能人
□은행원　銀行員
□운동선수　運動選手、スポーツ選手
□선수　選手
□선배　先輩
□후배　後輩
□사람　人
□혼자　一人
□개인　個人
□시민　市民
□손님　お客(さん)
□외국인　外国人
□자신　自身、自分
□주인　持ち主、主、主人
□환자　患者

② 体の各部の名称などを表す名詞

□머리　①頭、②髪
□얼굴　顔
□귀　耳
□눈　目
□코　鼻
□입　口
□이　歯
□목　①首、②のど
□가슴　胸
□등　背中
□어깨　肩
□팔　腕
□허리　腰
□배　腹、おなか
□다리　脚
□무릎　ひざ
□손　手
□손가락　指
□발　足
□발가락　足指
□몸　体
□키　身長、背
□눈물　涙
□콧물　鼻水

□코피　鼻血
□발음　発音
□목소리　声
□소리　音、声

③ 動物などを表す名詞

□개　犬
□강아지　子犬
□고양이　猫
□닭　鶏
□돼지　豚
□새　鳥
□소　牛
□오리　アヒル
□호랑이　トラ(虎)
□동물　動物

④ 果物、飲食物、食材などを表す名詞

□과일　果物
□감　柿
□귤　みかん
□딸기　イチゴ
□바나나　バナナ
□배　なし(梨)
□복숭아　桃
□사과　りんご
□수박　スイカ
□오렌지　オレンジ
□포도　ブドウ
□음료수　飲料水、飲み物
□콜라　コーラ
□사이다　サイダー
□주스　ジュース
□커피　コーヒー
□홍차　紅茶
□차　茶
□녹차　緑茶
□술　酒
□맥주　ビール
□우유　牛乳
□물　水
□수돗물　水道の水
□밥　飯、ご飯
□국　スープ、汁
□반찬　おかず、総菜
□김치　キムチ
□빵　パン
□떡　餅
□죽　かゆ(粥)
□국수　麺(麺類の総称)
□냉면　冷麺
□김밥　海苔巻き
□떡국　雑煮、トック
□떡볶이　トッポッキ
(餅の辛味噌炒め)
□라면　ラーメン
□볶음밥　チャーハン、炒めご飯
□비빔밥　ビビンバ
□불고기　焼肉、プルゴギ
□샌드위치　サンドイッチ
□갈비탕　カルビタン
(牛カルビスープ)
□삼계탕　サムゲタン(参鶏湯)
□설렁탕　ソルロンタン
(牛骨と内臓の煮出しスープ)
□자장면　ジャージャー麺
□찌개　チゲ
□김치찌개　キムチチゲ
□된장찌개　テンジャンチゲ
(みそチゲ)

□카레　カレー、カレーライス
□피자　ピザ
□햄버거　ハンバーガー
□만두　ギョーザ
□요리　料理
□음식　食べ物、料理
□양식　洋食
□일식　日本料理
□중식　中華料理
□한식　韓国料理
□간식　間食、おやつ
□과자　菓子
□초콜릿　チョコレート
□케이크　ケーキ
□아이스크림　アイスクリーム
□껌　ガム
□담배　タバコ
□사탕　あめ玉、キャンディー
□맛　味

⑤ 食材などを表す名詞

□쌀　米
□밀가루　小麦粉
□두부　豆腐
□콩　豆
□간장　醤油
□고추장　コチュジャン、唐辛子味噌
□된장　味噌
□기름　油
□소금　塩
□설탕　砂糖
□고기　肉
□닭고기　鶏肉
□돼지고기　豚肉
□소고기　牛肉
□갈비　牛カルビ
□계란　卵
□생선　魚(食べ物としての)、鮮魚
□새우　えび
□오징어　イカ
□야채　野菜
□채소　野菜
□감자　ジャガイモ
□고추　唐辛子
□당근　ニンジン
□무　大根
□마늘　ニンニク
□양파　玉ねぎ
□토마토　トマト
□파　ねぎ
□오이　キュウリ(胡瓜)
□얼음　氷
□인삼　朝鮮人参

⑥ 位置などを表す名詞

□위　上
□아래　下
□밑　下
□가운데　真ん中
□안　中、内
□속　中
□앞　前
□뒤　後ろ、あと
□옆　横、そば、隣
□밖　外
□오른쪽　右
□왼쪽　左
□동쪽　東
□서쪽　西

□남쪽　南
□북쪽　北
□건너편　向こう側、向かい側
□맞은편　向かい側、反対側
□근처　近所、辺り
□여기저기　あっちこっち
□자리　席、座席
□중심　中心
□주위　周り、周囲
□주변　周辺
□공간　空間

⑦ 自然などを表す名詞

□산　山
□섬　島
□바다　海
□바닷가　海辺
□강　川
□해　太陽、日
□달　月
□별　星
□하늘　空
□구름　雲
□나무　木
□풀　草
□햇빛　日光、日差し
□불　火
□바람　風
□공기　空気
□눈　雪
□비　雨
□장마　梅雨、長雨
□태풍　台風
□날씨　天気
□기온　気温
□영상　零度以上の気温
□영하　零下、氷点下
□일기예보　天気予報
□자연　自然
□경치　景色

⑧ 色、花などを表す名詞

□색　色
□색깔　色彩、色
□까만색　黒色
□노란색　黄色
□녹색　緑色
□빨간색　赤色
□주황색　オレンジ色
□초록색　草色、緑色
□파란색　青色
□하늘색　空色
□하얀색　白色
□회색　灰色
□흰색　白色
□검은색　黒色
□갈색　茶色
□꽃　花
□개나리　レンギョウ
□무궁화　ムクゲ(無窮花)
□벚꽃　桜、桜花
□장미　バラ(薔薇)
□진달래　ツツジ

⑨ 国名、地名、言語などを表す名詞

□ 경복궁　景福宮
□ 남대문시장　南大門市場
□ 동대문시장　東大門市場
□ 민속촌　民俗村
□ 김포공항　金浦空港
□ 서울역　ソウル駅
□ 서울　ソウル
□ 인천　仁川
□ 부산　釜山
□ 경주　慶州
□ 남산　南山
□ 종로　鍾路
□ 한강　漢江
□ 설악산　雪嶽山(雪岳山)
□ 제주도　済州島
□ 나라　国
□ 우리나라　わが国
□ 외국　外国
□ 세계　世界
□ 대한민국　大韓民国
□ 한국　韓国
□ 캐나다　カナダ
□ 태국　タイ
□ 프랑스　フランス
□ 영국　イギリス、英国
□ 요르단　ヨルダン
□ 이집트　エジプト
□ 인도　インド(印度)
□ 일본　日本
□ 중국　中国
□ 호주　オーストラリア
□ 독일　ドイツ
□ 러시아　ロシア
□ 멕시코　メキシコ
□ 몽골　モンゴル
□ 미국　米国、アメリカ
□ 베트남　ベトナム
□ 브라질　ブラジル
□ 아시아　アジア
□ 아프리카　アフリカ
□ 유럽　ヨーロッパ
□ 남미　南米、南アメリカ
□ 동양　東洋
□ 서양　西洋
□ 해외　海外
□ 국내　国内
□ 수도　首都
□ 베이징　北京
□ 뉴욕　ニューヨーク
□ 도쿄　東京
□ 국립　国立
□ 국적　国籍
□ 국제　国際
□ 스페인어　スペイン語
□ 아랍어　アラブ語
□ 영어　英語
□ 일본어　日本語
□ 중국어　中国語
□ 한글　ハングル
□ 한국말　韓国語
□ 한국어　韓国語
□ 국어　国語
□ 외국어　外国語
□ 듣기　聞き取り、リスニング、聴解
□ 말하기　会話、スピーキング
□ 쓰기　作文、ライティング
□ 읽기　読解、リーディング
□ 단어　単語
□ 말　言葉、話

⑩ 建物、施設、場所などを表す名詞

□ 건물　建物
□ 가게　店
□ 시청　市庁、市役所
□ 경찰서　警察署
□ 교회　教会
□ 절　寺
□ 공항　空港
□ 역　駅
□ 지하철역　地下鉄駅
□ 터미널　ターミナル
□ 극장　映画館、劇場
□ 영화관　映画館
□ 하숙집　下宿屋
□ 기숙사　寄宿舎、寮
□ 병원　病院
□ 내과　内科
□ 치과　歯科
□ 약국　薬局
□ 노래방　カラオケルーム
□ 도서관　図書館
□ 대사관　大使館
□ 문구점　文具店
□ 미술관　美術館
□ 박물관　博物館
□ 방송국　放送局
□ 백화점　デパート、百貨店
□ 슈퍼마켓　スーパーマーケット
□ 시장　市場
□ 부동산　不動産屋、不動産
□ 꽃집　花屋
□ 빵집　パン屋
□ 서점　書店
□ 세탁소　クリーニング屋
□ 수영장　プール
□ 스키장　スキー場
□ 식당　食堂
□ 커피숍　コーヒーショップ
□ 여행사　旅行社
□ 호텔　ホテル
□ 회사　会社
□ 우체국　郵便局
□ 정거장　停車場、駅
□ 정류장　停留所
□ 주차장　駐車場
□ 경기장　競技場
□ 운동장　運動場
□ 중국집　中華料理屋
□ 은행　銀行
□ 화장실　トイレ、化粧室
□ 미용실　美容室
□ 카페　カフェ
□ 학교　学校
□ 초등학교　小学校
□ 중학교　中学校
□ 고등학교　高校
□ 대학　大学
□ 대학교　大学校
□ 대학원　大学院
□ 학원　塾、予備校、教習所、外国語学校などの私設教育機関
□ 성　城
□ 공원　公園
□ 지하도　地下道
□ 길　道、道路
□ 다리　橋
□ 도로　道路
□ 거리　街
□ 빌딩　ビルディング
□ 아파트　マンション
□ 집　家
□ 사무실　事務室
□ 센터　センター
□ 고향　故郷
□ 곳　所、場、場所

□시　市
□시골　田舎
□계단　階段
□골목　路地
□동네　町、村、辺り、村内
□사거리　交差点、十字路
□삼거리　さんさろ(三叉路)
□횡단보도　横断歩道
□시내　市内
□시외　市外
□입구　入口
□출구　出口
□도시　都市
□지방　地方
□지하　地下
□위치　位置
□시설　施設
□공중전화　公衆電話
□신호등　信号灯
□엘리베이터　エレベーター
□장소　場所
□정문　正門
□문　門、ドア、戸
□창문　窓
□거실　居間
□부엌　台所
□방　部屋
□벽　壁
□교실　教室

⑪ 家具、楽器、食器などを表す名詞

□가구　家具
□냉장고　冷蔵庫
□비디오　ビデオ
□사진기　写真機、カメラ
□카메라　カメラ
□선풍기　扇風機
□에어컨　エアコン
□세탁기　洗濯機
□컴퓨터　コンピュータ
□텔레비전　テレビ
□라디오　ラジオ
□시디　シーディー(CD)
□청소기　掃除機
□핸드폰　携帯電話
□휴대전화　携帯電話
□전화기　電話機
□침대　ベッド、寝台
□옷장　衣装だんす
□테이블　テーブル
□식탁　食卓
□책상　机
□소파　ソファー
□의자　いす
□책장　本棚、本箱
□칠판　黒板
□그림　絵、絵画
□악기　楽器
□피아노　ピアノ
□바이올린　バイオリン
□북　太鼓
□기타　ギター
□수저　スプーンと箸
□숟가락　スプーン、さじ
□젓가락　箸
□칼　包丁、ナイフ
□컵　コップ、カップ
□잔　杯、カップ
□냄비　鍋
□그릇　①器、②杯、わん

⑫ 服、日常生活用品などを表す名詞

□신문　新聞
□소설　小説
□만화　漫画
□책　本
□교과서　教科書
□공책　ノート
□노트　ノート
□전자사전　電子辞書
□사전　辞典、辞書
□필통　筆箱
□볼펜　ボールペン
□연필　鉛筆
□가위　ハサミ
□지우개　消しゴム
□가방　かばん
□구두　くつ
□운동화　運動靴、スニーカー
□신발　履物、靴
□넥타이　ネクタイ
□모자　帽子
□목걸이　ネックレス
□시계　時計
□안경　眼鏡
□액세서리　アクセサリー
□우산　傘
□거울　鏡
□등산복　登山服
□등산화　登山靴
□바지　ズボン
□반바지　半ズボン
□반지　指輪
□블라우스　ブラウス
□수영복　水着
□스웨터　セーター
□스타킹　ストッキング
□양말　靴下
□양복　背広、洋服
□옷　服
□와이셔츠　ワイシャツ
□운동복　運動着、体操着
□원피스　ワンピース
□재킷　ジャケット
□한복　韓国服、ハンボク
□청바지　ジーパン
□치마　スカート
□코트　コート
□티셔츠　Tシャツ
□점퍼　ジャンパー
□손수건　ハンカチ
□수건　タオル、手ぬぐい
□빨래　洗濯、洗濯物
□샴푸　シャンプー
□비누　石鹸
□면도　ひげそり
□사진　写真
□필름　フィルム
□상자　箱
□소포　小包
□엽서　葉書
□우표　切手
□편지　手紙
□봉투　封筒
□봉지　紙袋、袋
□영화　映画
□영화표　映画チケット
□표　チケット、切符
□달력　カレンダー
□일기　日記
□잡지　雑誌
□지도　地図
□수첩　手帳
□장갑　手袋
□전화　電話
□주머니　ポケット、袋

□지갑　財布
□열쇠　かぎ(鍵)
□칫솔　歯ブラシ
□치약　歯磨き粉
□학생증　学生証
□화장품　化粧品
□로션　ローション
□종이　紙
□휴지　①紙くず、②ちり紙
□휴지통　ゴミ箱
□쓰레기　ごみ、くず
□현금　現金
□돈　お金
□달러　ドル
□동전　コイン、硬貨
□카드　カード
□통장　通帳
□소화제　消化剤
□약　薬
□물건　物、品物
□여권　旅券、パスポート
□인형　人形
□메뉴　メニュー
□불　①火、②明かり
□유리　ガラス

⑬ スポーツなどを表す名詞

□농구　バスケットボール
□배구　バレーボール
□야구　野球
□축구　サッカー
□탁구　卓球
□태권도　テコンドー(跆拳道)
□테니스　テニス
□스케이트　スケート
□스키　スキー
□수영　水泳
□무용　舞踊
□골프　ゴルフ
□낚시　釣り
□등산　登山
□공　ボール、球
□눈사람　雪だるま
□눈싸움　雪合戦
□팀　チーム
□게임　ゲーム
□경기　競技
□공연　公演
□대회　大会
□스포츠　スポーツ
□월드컵　ワールドカップ
□올림픽　オリンピック

⑭ 乗り物などを表す名詞

□기차　汽車、列車
□열차　列車
□버스　バス
□고속버스　高速バス
□차　車
□자동차　自動車、車
□택시　タクシー
□자전거　自転車
□지하철　地下鉄
□비행기　飛行機
□배　船
□교통　交通
□교통사고　交通事故

⑮ 季節、時間などを表す名詞

□봄　春
□여름　夏
□가을　秋
□겨울　冬
□계절　季節
□사계절　四季
□철　季節
□장마철　梅雨時、長雨の季節
□일월　一月
□이월　二月
□삼월　三月
□사월　四月
□오월　五月
□유월　六月
□칠월　七月
□팔월　八月
□구월　九月
□시월　十月
□십일월　十一月
□십이월　十二月
□월요일　月曜日
□화요일　火曜日
□수요일　水曜日
□목요일　木曜日
□금요일　金曜日
□토요일　土曜日
□일요일　日曜日
□요일　曜日
□일주일　一週間
□주　週
□주말　週末
□하루　一日
□이틀　二日
□사흘　三日
□나흘　四日
□작년　昨年
□올해　今年
□내년　来年
□그저께　おととい、一昨日
□어제　きのう、昨日
□오늘　今日、本日
□내일　明日
□모레　あさって、明後日
□매일　毎日
□매주　毎週
□어젯밤　昨夜
□새벽　夜明け、明け方、暁
□아침　朝
□낮　昼
□점심　①昼時、②昼食
□점심시간　昼食時間、昼休み
□저녁　①夕方、夜、②夕食
□밤　夜
□지난달　先月
□지난번　前回、この間
□지난주　先週
□오전　午前
□오후　午後
□요즘　最近、このごろ
□종일　終日、一日中
□공휴일　公休日
□연휴　連休
□휴가　休暇
□휴일　休日
□옛날　昔
□과거　過去
□현재　現在
□지금　いま
□미래　未来
□처음　最初、初め
□시작　始まり、始め、スタート
□나중　あと、のちほど
□마지막　最後、終わり
□끝　終わり

□그날　その日、当日
□그동안　その間、その後
□그때　その時
□다음　次
□이번　今度、今回
□오래간만　久しぶり
□오랜만　久しぶり
□오랫동안　長い間
□잠깐　ちょっとの間、ちょっと
□잠시　しばし、しばらく
□조금　少し、ちょっと
□기간　期間
□동안　間、期間
□나이　年、年齢
□연세　お年
□날　日
□날짜　日、日にち、日付
□때　時、時間、機会
□며칠　何日
□언제　いつ
□이제　今、もう
□반　半、半分、30分
□순서　順序、順番
□제일　一番、第一
□시간　時間
□평일　平日
□방학　休み（学校の長期の）
□학기　学期
□학년　学年
□한번　一度
□후　あと、のち
□설날　元日、元旦
□추석　秋夕、中秋節
□크리스마스　クリスマス

⑯ 日常生活にかかわることを表す名詞

□감기　風邪
□기침　咳
□다이어트　ダイエット
□냄새　におい
□땀　汗
□몸살　疲れ病
□배탈　腹痛
□열　熱
□병　病気、病
□스트레스　ストレス
□잠　眠り、睡眠
□상처　傷
□주사　注射
□증세　症状
□화　怒り
□힘　力
□식사　食事
□설거지　皿洗い
□아침　朝食
□점심　昼食、昼飯
□저녁　夕食
□결혼식　結婚式
□생신　お誕生日（誕生日の尊敬語）
□생일　誕生日
□명절　祝日（民俗的な）
□잔치　宴、祝宴
□축제　祝祭、祭り
□파티　パーティー
□선물　プレゼント
□포장　包装
□배달　配達
□상품　商品
□여행　旅行
□해외여행　海外旅行
□산책　散歩、散策
□소풍　遠足
□출장　出張
□행사　行事

□ 회의　会議
□ 약속　約束
□ 예약　予約
□ 연락처　連絡先
□ 이름　名前
□ 성함　お名前、姓名
□ 이메일　イーメール(e-mail)
□ 인터넷　インターネット
□ 홈페이지　ホームページ
□ 전화번호　電話番号
□ 주소　住所
□ 이사　引越し
□ 짐　荷物
□ 정보　情報
□ 동아리　サークル(大学などの)
□ 모임　集まり、会合
□ 데이트　デート
□ 소개　紹介
□ 박수　拍手
□ 대화　対話
□ 소식　便り、消息、知らせ
□ 덕분　おかげ
□ 도움　助け、支援
□ 감동　感動
□ 기분　気分、気持ち
□ 느낌　感じ、印象
□ 마음　心
□ 꿈　夢
□ 생각　考え、思い
□ 성격　性格
□ 추억　思い出、追憶
□ 행복　幸福
□ 분위기　雰囲気
□ 인상　印象
□ 자유　自由
□ 표현　表現
□ 사이　間、仲
□ 거짓말　うそ
□ 가격　価格
□ 값　値段
□ 무료　無料
□ 공짜　ただ、無料
□ 요금　料金
□ 얼마　いくら
□ 할인　割引
□ 쇼핑　ショッピング
□ 월급　月給
□ 월세　月払いの家賃
□ 무역　貿易
□ 양　量
□ 가요　歌謡
□ 노래　歌
□ 독서　読書
□ 드라마　ドラマ
□ 춤　踊り
□ 디자인　デザイン
□ 광고　広告
□ 패션　ファッション
□ 유행　流行
□ 인기　人気
□ 화장　化粧
□ 금연　禁煙
□ 취미　趣味
□ 계획　計画
□ 결과　結果
□ 경험　経験
□ 능력　能力
□ 단점　短所、欠点
□ 장점　長所
□ 관계　関係
□ 관심　関心
□ 목적　目的
□ 규칙　規則
□ 과학　科学
□ 문화　文化
□ 미술　美術
□ 음악　音楽
□ 수학　数学

□역사　歴史
□수업　授業
□숙제　宿題
□시간표　時間割
□시험　試験
□점수　点数、点
□입학　入学
□전공　専攻、専門
□유학　留学
□발표　発表
□제목　表題、タイトル
□종류　種類
□자료　資料
□방법　方法
□서류　書類
□서비스　サービス
□신청서　申込用紙、申請書
□합격　合格
□글　文、文章
□한자　漢字
□메모　メモ
□메시지　メッセージ
□답장　返信、返事
□방송　放送
□기사　記事
□내용　内容
□뉴스　ニュース
□문장　文章
□뜻　意味
□의미　意味
□문제　問題

・・・・・・・・・・・

□과　課
□그램　グラム
□반　①半、半分、30分、②班、クラス、組
□번호　番号
□사이즈　サイズ
□전　前
□줄　列
□크기　大きさ
□중　中、内
□프로그램　プログラム
□정도　程度、くらい、ほど
□대부분　大部分、ほとんど
□물론　もちろん、無論
□보통　普通、一般的に
□최고　最高
□모양　形、格好、様子
□특징　特徴
□부탁　頼み、依頼、願い
□웬일　何ごと、どういうこと
□이유　理由
□비밀　秘密
□고장　故障
□사고　事故
□실수　ミス、しくじり
□생활　生活
□질　質
□사물　物事、事物
□재료　材料
□이용　利用
□습관　習慣
□인구　人口
□일상생활　日常生活
□직업　職業
□직장　職場
□댁　お宅
□하숙　下宿

合格資料 21 TOPIKⅠ出題の代名詞リスト

□ 여기　ここ
□ 거기　そこ
□ 저기　あそこ
□ 어디　どこ
□ 이것　これ
□ 그것　それ
□ 저것　あれ
□ 무엇　何
□ 뭐　何
□ 이거　これ
□ 그거　それ
□ 저거　あれ
□ 이곳　ここ
□ 그곳　そこ
□ 저곳　あそこ
□ 이쪽　こちら
□ 그쪽　そちら
□ 저쪽　あちら
□ 이분　この方
□ 그분　その方
□ 저분　あの方
□ 나　私、僕
□ 저　私、わたくし
□ 너　きみ、お前
□ 우리　私たち、我々
□ 저희　私ども
□ 누구　誰
□ 아무　誰(も、でも)
□ 당신　あなた
□ 여러분　みなさん
□ 자기　自分、自身
□ 이　これ
□ 그　①彼、②それ
□ 저　あれ

合格資料 22 TOPIKⅠ出題の動詞リスト

□ 가다　行く
□ 오다　①来る、②降る
□ 그치다　やむ、終わる
□ 가르치다　教える
□ 배우다　学ぶ、習う
□ 공부하다　勉強する
□ 가져가다　持っていく
□ 가져오다　持ってくる
□ 가지다　持つ
□ 갖다　持つ、有する
□ 건너가다　渡っていく
□ 건너다　渡る
□ 걷다　歩く
□ 걸어가다　歩いていく
□ 걸어오다　歩いてくる
□ 달리다　走る、駆ける
□ 뛰다　走る
□ 나가다　出る、出かける
□ 나오다　出る、出てくる
□ 갈아타다　乗り換える
□ 타다　乗る
□ 걸다　かける
□ 걸리다　かかる
□ 관광하다　観光する
□ 구경하다　見物する
□ 끝나다　終わる
□ 끝내다　終える
□ 마치다　終わる、終える
□ 내려가다　降りていく
□ 내려오다　降りてくる
□ 내리다　下がる、下る、降りる、降る
□ 오르다　上がる、登る

□ 올라가다　上がっていく、登っていく
□ 올라오다　上がってくる、登ってくる
□ 기뻐하다　喜ぶ
□ 슬퍼하다　悲しむ
□ 즐거워하다　興じる、喜ぶ
□ 즐기다　楽しむ
□ 깨다　割る、壊す
□ 깨지다　壊れる、破れる
□ 그리다　描く
□ 쓰다　①書く、②(帽子)かぶる、③(眼鏡)かける、④(傘)さす、⑤使う
□ 쓰이다　①書かれる、②使われる
□ 끼다　①(霧、雲、煙が)かかる、②(手袋、指輪を)はめる
□ 나다　出る、生じる
□ 생기다　生じる、できる
□ 나타나다　現れる
□ 다녀오다　行ってくる
□ 다니다　通う、勤める
□ 감다　①(目を)閉じる、②(髪を)洗う
□ 빨다　洗濯する、洗う
□ 씻다　洗う
□ 닫다　閉める
□ 닫히다　閉まる
□ 돌아가다　帰る、戻る
□ 돌아오다　帰ってくる
□ 들어가다　入る
□ 들어오다　入ってくる
□ 따라가다　ついていく、従う
□ 따라오다　ついてくる
□ 마시다　飲む
□ 먹다　食べる
□ 드시다　召し上がる
□ 잡수시다　召し上がる
□ 말씀하다　おっしゃる
□ 말하다　話す、語る
□ 이야기하다　話す
□ 얘기하다　話す
□ 떠들다　騒ぐ、大声でしゃべる
□ 듣다　聞く
□ 묻다　尋ねる、問う
□ 물어보다　聞いてみる
□ 만나다　会う
□ 뵙다　お目にかかる
□ 바꾸다　①変える、②交換する
□ 바뀌다　変わる
□ 보다　見る
□ 보이다　①見える、②見せる
□ 붙다　つく、くっつく
□ 붙이다　貼る
□ 받다　もらう
□ 주다　①やる、あげる、②くれる
□ 드리다　あげる、差し上げる
□ 벗다　脱ぐ
□ 입다　着る
□ 신다　履く
□ 보내다　送る
□ 부치다　(手紙・小包を)出す、送る
□ 바라다　願う、望む
□ 원하다　願う、望む
□ 목욕하다　風呂に入る
□ 샤워하다　シャワーを浴びる
□ 세수하다　顔を洗う
□ 도착하다　到着する、着く
□ 떠나다　発つ、離れる
□ 출발하다　出発する
□ 대답하다　答える
□ 질문하다　質問する
□ 끄다　消す
□ 켜다　(電気、テレビなどを)つける
□ 틀다　(ラジオを)つける、(蛇口を)ひねる
□ 다치다　傷つく、怪我をする
□ 수술하다　手術する
□ 입원하다　入院する
□ 치료하다　治療する
□ 서다　①立つ、②止まる
□ 앉다　座る
□ 고르다　選ぶ

□ 선택하다　選択する
□ 세일하다　セールする
□ 쇼핑하다　ショッピングする
□ 싫어하다　嫌う、嫌いだ
□ 좋아하다　好きだ、好む
□ 자다　寝る
□ 잠자다　寝る
□ 주무시다　お休みになる
□ 울다　泣く
□ 울리다　泣かす
□ 웃기다　笑わす
□ 웃다　笑う
□ 알다　知る、わかる
□ 알리다　知らせる、告げる
□ 모르다　知らない、分からない
□ 열다　開ける
□ 열리다　開く
□ 잃다　なくす、失う
□ 잃어버리다　なくしてしまう、失う
□ 잊다　忘れる
□ 잊어버리다　忘れてしまう
□ 시키다　①注文する、②させる
□ 주문하다　注文する
□ 찾아가다　訪ねていく
□ 찾아오다　訪ねてくる
□ 죽다　死ぬ
□ 살다　①住む、②暮らす、③生きる
□ 태어나다　生まれる
□ 늘다　増える
□ 줄다　①減る、②縮む
□ 눕다　寝る、横になる
□ 일어나다　起きる
□ 놀다　遊ぶ
□ 쉬다　休む
□ 일하다　働く
□ 출근하다　出勤する
□ 퇴근하다　退勤する
□ 세우다　止める
□ 운전하다　運転する
□ 주차하다　駐車する
□ 맞다　①当たる、②正しい
□ 틀리다　①間違える、②違う
□ 데리다　連れる、率いる
□ 모시다　①ご案内する、②仕える
□ 안내하다　案内する
□ 모으다　集める
□ 모이다　集まる
□ 못하다　できない、下手だ
□ 잘하다　①上手だ、②よく～する
□ 사다　買う
□ 팔다　売る
□ 팔리다　売られる
□ 덮다　覆う、閉じる
□ 펴다　①広げる、開く、②伸ばす
□ 화나다　腹が立つ、むかつく
□ 화내다　腹を立てる、怒る
□ 굽다　焼く
□ 끓이다　沸かす
□ 볶다　いためる、炒る
□ 썰다　刻む、切る
□ 자르다　切る
□ 붓다　①注ぐ、②腫れる
□ 담그다　漬ける、浸す
□ 깎다　①削る、②むく
□ 읽다　読む
□ 적다　書く、したためる
□ 지나다　①過ぎる、②通る
□ 지내다　過ごす
□ 찾다　①さがす、②引き出す
□ 추다　踊る
□ 춤추다　踊る
□ 차다　蹴る
□ 치다　打つ、(球技を)する
□ 도와주다　手伝う、助ける
□ 돕다　助ける、手伝う
□ 놓다　置く
□ 두다　置く
□ 올려놓다　載せる、上に置く

□옮기다　移す
□움직이다　動く、動かす
□감사하다　感謝する
□생각하다　考える、思う
□걱정하다　心配する
□결정하다　決定する
□계산하다　計算する
□기억하다　記憶する、覚える
□긴장되다　緊張する
□꾸다　夢を見る
□노력하다　努力する
□느끼다　感じる
□놀라다　驚く
□선물하다　プレゼントする
□소개하다　紹介する
□결혼하다　結婚する
□고치다　直す、正す
□구하다　求める、探す
□사용하다　使用する
□이용하다　利用する
□사랑하다　愛する
□사인하다　サインする
□설명하다　説明する
□신청하다　申請する、申し込む
□실례하다　失礼する
□연습하다　練習する
□외출하다　外出する
□운동하다　運動する
□이해하다　理解する
□인사하다　あいさつする
□인터뷰하다　インタビューする
□전하다　伝える
□정리하다　整理する
□정하다　定める、決める
□조사하다　調査する、調べる
□조심하다　注意する、気をつける
□졸업하다　卒業する
□준비하다　準備する
□축하하다　祝う
□촬영하다　撮影する
□청소하다　掃除する
□초대하다　招待する
□취직하다　就職する
□취소하다　取り消す
□확인하다　確認する
□환영하다　歓迎する
□화장하다　化粧する
□계시다　いらっしゃる
□기다리다　待つ
□기르다　育てる、飼う
□꺼내다　取り出す
□나누다　分ける、交わす、分かつ
□나빠지다　悪くなる、悪化する
□남기다　残す
□내다　①出す、②空ける
□넘다　越える、過ぎる
□넘어지다　転ぶ、倒れる
□넣다　入れる
□누르다　押す、押さえる
□버리다　①捨てる、②(～て)しまう
□닦다　磨く
□닮다　似る、似通う
□되다　①(に)なる、②(ても)いい
□들다　持つ、上げる
□떨어지다　落ちる
□마르다　乾く
□막히다　詰まる
□만들다　作る
□만지다　触る
□매다　締める、結ぶ
□메다　①担ぐ、②詰まる
□밀리다　溜まる、滞る
□바르다　塗る、つける
□벌다　稼ぐ、もうける
□부르다　①歌う、②呼ぶ
□불다　吹く
□빌리다　借りる
□빼다　①抜く、②取り除く

□싸다　包む
□싸우다　けんかをする、戦う
□쌓이다　積もる、積まれる
□씹다　かむ
□안다　抱く、かかえる
□어울리다　①似合う、②交わる
□위하다　～のためにする
□잡다　つかむ、握る
□찍다　①撮る、②(判子を)押す
□차리다　支度をする
□지키다　守る
□짓다　①(文章を)作る、②建てる、③炊く
□통하다　通じる
□풀다　解く、ほどく
□피다　咲く
□피우다　(たばこを)吸う、(花を)咲かせる
□하다　する

合格資料 23 TOPIKⅠ出題の形容詞リスト

□가깝다　近い
□멀다　遠い
□가볍다　軽い
□무겁다　重い
□간단하다　簡単だ
□복잡하다　複雑だ、混雑している
□쉽다　易しい、簡単だ
□어렵다　難しい
□같다　同じだ
□다르다　異なる、違う
□똑같다　まったく同じだ
□비슷하다　似ている
□건강하다　健康だ、元気だ
□아프다　痛い、(体の具合が)悪い
□고프다　空腹だ
□배고프다　空腹だ
□배부르다　満腹だ
□곱다　きれいだ、美しい
□아름답다　美しい、きれいだ
□예쁘다　きれいだ、美しい
□귀엽다　かわいい
□그렇다　そうだ
□아니다　違う、～ではない
□괜찮다　大丈夫だ、構わない
□미안하다　すまない
□죄송하다　申し訳ない、恐縮だ
□기쁘다　うれしい
□슬프다　悲しい
□즐겁다　楽しい
□까맣다　真っ黒い
□하얗다　真っ白い
□깨끗하다　清潔だ、きれいだ
□더럽다　汚い
□나쁘다　悪い
□좋다　良い、いい
□싫다　嫌いだ、いやだ
□낮다　低い
□높다　高い
□넓다　広い
□좁다　狭い
□느리다　遅い
□빠르다　速い
□덥다　暑い
□춥다　寒い
□두껍다　厚い
□얇다　(厚さが)薄い
□뜨겁다　熱い
□차갑다　冷たい
□많다　多い
□적다　少ない
□맑다　①晴れている、②清い
□흐리다　曇っている

□맛없다　まずい
□맛있다　美味しい
□비싸다　(値段が)高い
□싸다　安い
□싱겁다　(味が)薄い
□짜다　塩辛い、しょっぱい
□달다　甘い
□쓰다　苦い
□밝다　明るい
□어둡다　暗い
□시끄럽다　うるさい、騒がしい
□조용하다　静かだ
□작다　小さい
□크다　大きい
□재미없다　面白くない
□재미있다　面白い
□길다　長い
□짧다　短い
□편하다　①便利だ、②楽だ
□힘들다　大変だ、つらい
□없다　ない、いない
□있다　ある、いる
□노랗다　黄色い
□빨갛다　赤い
□파랗다　青い
□맵다　辛い
□시다　すっぱい
□멋있다　素敵だ、格好いい
□잘생기다　美人だ、イケメンだ、ハンサムだ
□따뜻하다　暖かい
□시원하다　涼しい
□어리다　幼い
□젊다　若い
□안전하다　安全だ
□위험하다　危ない、危険だ
□급하다　急だ、急いでいる
□늦다　①遅い、②遅れる
□고맙다　ありがたい
□무섭다　怖い、恐ろしい
□바쁘다　忙しい
□반갑다　うれしい、懐かしい
□부지런하다　勤勉だ、まめだ
□외롭다　寂しい
□착하다　善良だ、優しい
□친절하다　親切だ
□친하다　親しい
□피곤하다　疲れている
□안녕하다　元気だ、無事だ
□유명하다　有名だ
□이상하다　変だ、おかしい
□중요하다　重要だ、大切だ
□필요하다　必要だ
□부드럽다　やわらかい、やさしい
□심하다　ひどい、激しい
□알맞다　適する、ふさわしい
□어떻다　どうだ
□이렇다　こうだ

合格資料 24 TOPIK I 出題の副詞/接続語リスト

□그래서　それで、だから
□그러나　しかし
□그러니까　だから
□그러면　それでは、では
□그런데　ところで、ところが
□그럼　では
□그렇지만　けれども、だが
□그리고　そして
□왜냐하면　なぜなら
□하지만　だが、けれども
□가끔　たまに、ときどき
□자주　度々、よく

□늘　いつも
□언제나　いつも
□항상　いつも、常に
□가장　いちばん、最も
□갑자기　急に
□미리　前もって、あらかじめ
□같이　一緒に
□함께　一緒に、共に
□거의　ほとんど
□다　みんな、すべて、全部
□모두　みんな、すべて、全部
□곧　①すぐ、②まもなく
□바로　ちょうど、まさに
□다시　もう一度、また、再び
□또　また
□많이　たくさん、多く
□매우　とても、たいへん、非常に
□무척　たいへん、とても、非常に
□아주　とても、たいへん、非常に
□참　とても、実に
□너무　あまり、非常に
□빨리　速く、早く
□일찍　早く、早目に
□천천히　ゆっくり
□벌써　もう、すでに
□아직　まだ
□아까　先ほど、さっき
□이따가　あとで、のちほど
□못　できない、不出来だ
□안　～しない、～くない
□먼저　まず、先に
□우선　まず、とりあえず
□간단히　簡単に
□계속　ずっと
□그냥　そのまま、ただ
□그만　つい、うっかり
□깜짝　びっくり
□꼭　必ず、きっと、ぜひ
□더　もっと、もう
□따로　ほかに、別々に
□또는　または
□똑바로　まっすぐ
□별로　別に、さほど、たいして
□새로　新たに、新しく
□서로　互いに
□아마　たぶん、おそらく
□안녕히　安らかに、無事に
□어서　どうぞ、さあ
□얼마나　どれぐらい、どんなに
□없이　～なしに
□열심히　一生懸命、熱心に
□왜　なぜ
□잘　よく、うまく
□잘못　誤って、間違って
□전혀　まったく、全然
□정말　本当に
□조용히　静かに
□주로　おもに
□직접　直接
□특별히　特別に
□특히　特に
□보통　普通、一般的に
□물론　もちろん、無論
□푹　ぐっすり、ゆっくり
□약간　若干
□좀　ちょっと、少し
□금방　たった今、すぐ
□오래　長く、久しく
□언제　いつ
□어제　きのう、昨日
□이제　今、もう
□잠시　しばし、しばらく
□조금　少し、ちょっと
□지금　いま
□자꾸　何度も、しきりに

合格資料 25 TOPIKⅠ出題の数詞リスト

□일　一、1
□이　二、2
□삼　三、3
□사　四、4
□오　五、5
□육　六、6
□칠　七、7
□팔　八、8
□구　九、9
□십　十、10
□이십　二十、20
□삼십　三十、30
□사십　四十、40
□오십　五十、50
□육십　六十、60
□칠십　七十、70
□팔십　八十、80
□구십　九十、90
□백　百
□천　千
□만　万
□하나　一つ、1
□둘　二つ、2
□셋　三つ、3
□넷　四つ、4
□다섯　五つ、5
□여섯　六つ、6
□일곱　七つ、7
□여덟　八つ、8
□아홉　九つ、9
□열　十、10
□스물　二十、20
□서른　三十、30
□마흔　四十、40
□쉰　五十、50
□예순　六十、60
□일흔　七十、70
□여든　八十、80
□아흔　九十、90
□몇　いくつ、何

合格資料 26 TOPIKⅠ出題の冠形詞(連体詞)リスト

□첫째　一番目の
□둘째　二番目の
□셋째　三番目の
□넷째　四番目の
□이　この
□그　その
□저　あの
□어느　どの
□이런　こんな
□그런　そんな
□저런　あんな
□어떤　どんな
□한　一つの
□두　二つの
□세　三つの
□네　四つの
□몇　何、幾つの
□모든　すべての、あらゆる
□무슨　何の
□아무　何の、何かの
□새　新しい
□헌　古い
□다른　他の、別の
□각　それぞれの、いろいろの
□전　全
□약　約

□ 여러　いろいろな、さまざまな

□ 첫　初の、最初の、初めての

合格資料 27 TOPIK I 出題の依存名詞（助数詞）リスト

□ 개월　ヶ月

□ 달　月

□ 년　年

□ 월　月

□ 일　日

□ 분　分

□ 시　時

□ 시간　時間

□ 주　週

□ 가지　種類、種

□ 개　個

□ 과　課

□ 권　冊

□ 대　台（車）

□ 마리　匹、羽、頭

□ 명　名

□ 번　回（回数）、番

□ 병　本（瓶を数える）

□ 분　人、方（人数を数える）

□ 살　歳

□ 세　歳

□ 송이　ふさ（房）、輪（花）

□ 원　ウォン

□ 장　枚（紙）

□ 쪽　ページ、項

□ 층　階（建物）

□ 통　通（手紙）

□ 편　本（映画を数える）

□ 호　（番）号

□ 그램　グラム

□ 킬로그램　キログラム

□ 미터　メートル

□ 센티미터　センチメートル

□ 킬로미터　キロメートル

□ 씨　さん、氏

□ 거　もの、こと

□ 것　もの、こと

□ 때문　～のため、～のせい

合格資料 28 TOPIK I 出題の感嘆詞リスト

□ 그래　そう（だ）

□ 글쎄요　さあ

□ 네　はい

□ 아니요　いいえ

□ 어머　あら

□ 여보세요　もしもし

□ 예　はい

□ 와　わぁ

□ 응　うん

□ 자　さあ、さて

□ 저　あのう

合格資料 29 TOPIK I 出題の接辞リスト

□ 님　～さん、～様

□ 씩　～ずつ

□ 짜리　（値段、数量）のもの

□ 쯤　～ころ、～くらい

合格資料 30 TOPIKⅠ出題の連語、その他の表現リスト

ㄱ

□가방을 들다　かばんを持つ
□감기에 걸리다　風邪をひく
□값이 비싸다　値段が高い
□값이 싸다　値段が安い
□거짓말을 하다　うそをつく
□경치가 좋다　景色がいい
□경험이 많다　経験が多い
□경험이 적다　経験が少ない
□계란을 깨다　卵を割る
□계란이 깨지다　卵が割れる
□계획을 세우다　計画を立てる
□고기를 굽다　肉を焼く
□공을 차다　ボールを蹴る
□그림을 그리다　絵を描く
□기분이 나쁘다　不愉快だ
□기분이 좋다　気持ちがいい
□기침이 나다　咳が出る
□길을 걷다　道を歩く
□길을 내다　道をつくる
□길을 묻다　道を尋ねる
□길이 막히다　道が渋滞する
□껌을 씹다　ガムをかむ
□꿈을 꾸다　夢をみる

ㄴ　ㄷ

□넥타이를 매다　ネクタイを締める
□넥타이를 풀다　ネクタイを外す
□노래를 못하다　歌が下手だ
□노래를 부르다　歌を歌う
□노래를 잘하다　歌が上手だ
□능력이 있다/없다　能力がある/ない
□다리를 건너다　橋を渡る
□달이 밝다　月が明るい
□담배를 끄다　タバコを消す
□담배를 피우다　タバコを吸う
□덕분에　おかげで
□돈을 찾다　お金を引き出す
□돈이 많다/없다　お金が多い/ない

ㅁ

□마음에 들다　気に入る
□마음이 아프다　心が痛む
□마음이 좋다　気だてがやさしい
□말을 걸다　話しかける
□말을 나누다　話を交わす
□맛이 없다　まずい
□맛이 있다　美味しい
□머리가 길다　髪が長い
□머리가 짧다　髪が短い
□머리를 감다　髪を洗う
□머리를 깎다　散髪をする
□며칠 후/전　何日か後/前
□면도를 하다　ひげをそる
□목이 마르다　のどが渇く
□목이 아프다　のどが痛い

ㅂ

□박수를 치다　拍手をする
□밥을 하다　ご飯を炊く
□배가 고프다　お腹がすく
□배가 부르다　満腹だ
□배탈이 나다　お腹を壊す
□벚꽃이 피다　桜が咲く
□병에 걸리다　病気にかかる
□병이 나다　病気になる
□불을 끄다　明かり(火)を消す
□불을 켜다　明かりをつける
□불이 나다　火事が起こる
□빨래를 하다　洗濯をする

ㅅ

□사이가 좋다　仲がいい、親しい
□사이가 나쁘다　仲が悪い

□ 사전을 찾다　辞書を引く
□ 사진을 찍다　写真を撮る
□ 상, 중, 하　上、中、下
□ 상처가 나다　傷がつく
□ 생각을 하다　考える、思う
□ 생각이 나다　思い出す
□ 생일 카드　バースデーカード
□ 생일을 축하하다　誕生日を祝う
□ 세수를 하다　顔を洗う
□ 손을 씻다　手を洗う
□ 손을 잡다　手を握る
□ 시험을 보다　試験を受ける
□ 쓰레기 봉투　ゴミ袋
□ 쓰레기를 버리다　ごみを捨てる

ㅇ

□ 안경을 벗다　眼鏡をはずす
□ 안경을 쓰다　眼鏡をかける
□ 약속을 지키다　約束を守る
□ 여행을 가다　旅行に行く
□ 여행을 떠나다　旅行に出る
□ 옷을 벗다　服を脱ぐ
□ 옷을 빨다　衣服を洗う
□ 월세를 내다　月払いの家賃を払う
□ 웬일이에요?　どうしたんですか
□ 유리를 깨다　ガラスを割る
□ 음식을 만들다　料理をする
□ 음식을 시키다　料理を注文する
□ 음식을 차리다　膳を調える、膳立てをする
□ 이를 닦다　歯を磨く
□ 이름이 나다　有名になる
□ 이메일을 보내다　イーメールを送る
□ 이사를 가다　引っ越す
□ 이사를 오다　引っ越してくる
□ 이야기를 나누다　話を交わす
□ 인기가 있다/없다　人気がある/ない
□ 인기가 좋다　人気がある
□ 인상이 좋다　印象がいい
□ 일을 시키다　仕事をさせる

ㅈ ㅊ ㅋ ㅌ ㅎ

□ 자리를 잡다　席を取る
□ 잠을 자다　寝る
□ 전화를 걸다　電話をかける
□ 전화를 받다　電話を受ける、電話に出る
□ 전화를 하다　電話をする
□ 주사를 맞다　注射を打ってもらう
□ 줄을 서다　列に並ぶ
□ 지갑을 잃어버리다　財布をなくす
□ 짐을 싸다　荷物を包む
□ 차가 밀리다　車が渋滞する
□ 차를 마시다　お茶を飲む
□ 차를 세우다　車を止める
□ 춤을 추다　踊る、舞う
□ 키가 크다　背が高い
□ 키가 작다　背が低い
□ 테니스를 치다　テニスをする
□ 피아노를 치다　ピアノを弾く
□ 해가 뜨다　日が昇る
□ 화장품을 바르다　化粧品を塗る

・・・・・・・・・・・

□ 값을 깎다　値切る
□ 과일을 깎다　果物(の皮)をむく
□ 연필을 깎다　鉛筆を削る

・・・・・・・・・・・

□ 구름이 끼다　雲がかかる
□ 안개가 끼다　霧がかかる
□ 반지를 끼다　指輪をはめる
□ 장갑을 끼다　手袋をはめる

・・・・・・・・・・・

□ 글을 쓰다　文章を書く
□ 모자를 쓰다　帽子をかぶる
□ 우산을 쓰다　傘を差す
□ 돈을 쓰다　お金を使う
□ 약을 쓰다　薬を使う

・・・・・・・・・・・

□ 배를 타다　船に乗る
□ 버스를 타다　バスに乗る
□ 비행기를 타다　飛行機に乗る

□차를 타다　車に乗る

□텔레비전을 켜다　テレビをつける
□텔레비전을 끄다　テレビを消す
□라디오를 틀다　ラジオをつける
□라디오를 끄다　ラジオを消す

□고장이 나다　故障する
□사고가 나다　事故が起きる
□사고를 내다　事故を起こす
□교통사고를 내다　交通事故を起こす

□눈이 내리다　雪が降る
□눈이 오다　雪が降る
□비가 오다　雨が降る
□비가 내리다　雨が降る

□화를 내다　怒る、腹を立てる
□화가 나다　腹が立つ

□약을 먹다　薬を飲む
□국을 먹다　スープを飲む

□코피가 나다　鼻血が出る
□열이 나다　熱が出る
□눈물이 나다　涙が出る

□글을 짓다　文をつくる
□밥을 짓다　ご飯を炊く
□이름을 짓다　名前をつける
□집을 짓다　家を建てる

□물을 끓이다　お湯を沸かす
□국을 끓이다　スープをつくる
□커피를 끓이다　コーヒーを入れる
□차를 끓이다　お茶を沸かす

□옷을 입다　服を着る
□양복을 입다　背広を着る
□바지를 입다　ズボンをはく
□치마를 입다　スカートをはく
□양말을 신다　靴下を履く
□신발을 신다　履き物を履く
□구두를 신다　靴を履く
□구두를 벗다　靴を脱ぐ

合格資料 31 TOPIK I出題の依存名詞の用例リスト

□개월　: 1개월, 2개월, 3개월…　1ヶ月、2ヶ月、3ヶ月…
□달　: 한 달, 두 달, 세 달…　1ヶ月、2ヶ月、3ヶ月…
□년　: 1년, 2년, 3년…　1年、2年、3年…
□월　: 1월, 2월, 3월…　1月、2月、3月…
□일　: 1일, 2일, 3일…　1日、2日、3日…
□잔　: 커피 한 잔, 두 잔…　コーヒー1杯、2杯…
□가지 : 한 가지, 두 가지…　1種類、2種類…
□개　: 사과 한 개, 두 개, 세 개…　りんご1個、2個、3個…
□권　: 책 한 권, 두 권, 세 권…　本1冊、2冊、3冊…
□대　: 차 한 대, 두 대, 세 대…　車1台、2台、3台…
□마리 : 개 한 마리, 두 마리, 세 마리…　犬1匹、2匹、3匹…
□번　: 한 번, 두 번, 세 번…　回数1回、2回、3回… / 1度、2度、3度…

□병　：맥주 한 병, 두 병, 세 병…　ビール1本、2本、3本…
□분　：선생님 한 분, 두 분…　先生お一人、お二人…
□분　：일 분, 이 분, 삼 분…　1分、2分、3分…
□살　：한 살, 두 살, 세 살…　1歳、2歳、3歳…
□송이：포도 한 송이, 두 송이, 세 송이…　ブドウ一房、二房, 三房…
□송이：장미 한 송이, 두 송이, 세 송이…　バラ一輪、二輪、三輪…
□세　：20세, 30세, 43세…　20歳、30歳、43歳…
□시　：한 시, 두 시, 세 시…　1時、2時、3時…
□시간：한 시간, 두 시간, 세 시간…　1時間、2時間、3時間…
□씨　：민수 씨, 이 혜경 씨　ミンスさん、イヘギョンさん
□원　：십 원, 백 원, 천 원, 만 원…　十ウォン、百ウォン、千ウォン、1万ウォン…
□장　：종이 한 장, 두 장, 세 장…　紙1枚、2枚、3枚…
□주　：이번 주, 다음 주, 지난주…　今週、来週、先週…
□쪽　：120쪽/120페이지　120ページ/120ページ
□층　：건물 1층, 2층, 3층…　建物1階、2階、3階…
□통　：편지 한 통, 두 통, 세 통…　手紙1通、2通、3通…
□편　：영화 한 편, 두 편, 세 편…　映画1本、2本、3本…
□호　：몇 호, 123호…　何号、123号…

合格資料 32 TOPIKⅠ出題の接辞の用例リスト

□ -씩　：조금**씩**, 하나**씩**, 한 사람**씩**…　少しずつ、一つずつ、一人ずつ…
□ -짜리：백 원**짜리**, 천 원**짜리**…　百ウォンのもの、千ウォンのもの…
□ -쯤　：한 시간**쯤**, 한 시**쯤**, 열 시**쯤**…　1時間ぐらい、1時ぐらい、10時ぐらい…
□ -님　：선생**님**, 사장**님**, 과장**님**, 부장**님**…　先生(様)、社長(様)、課長(様)、部長(様)…

TOPIKⅠ 練習用答案用紙

※ 試験時はマークシートですが、練習用答案用紙としてコピーをして使ってください。
正解率が 100%になるまで繰り返し練習をしてください。

問題類型［　　　　　　　　　　　　］

番号	マークシートチェック欄				番号	マークシートチェック欄			
1	[1]	[2]	[3]	[4]	31	[1]	[2]	[3]	[4]
2	[1]	[2]	[3]	[4]	32	[1]	[2]	[3]	[4]
3	[1]	[2]	[3]	[4]	33	[1]	[2]	[3]	[4]
4	[1]	[2]	[3]	[4]	34	[1]	[2]	[3]	[4]
5	[1]	[2]	[3]	[4]	35	[1]	[2]	[3]	[4]
6	[1]	[2]	[3]	[4]	36	[1]	[2]	[3]	[4]
7	[1]	[2]	[3]	[4]	37	[1]	[2]	[3]	[4]
8	[1]	[2]	[3]	[4]	38	[1]	[2]	[3]	[4]
9	[1]	[2]	[3]	[4]	39	[1]	[2]	[3]	[4]
10	[1]	[2]	[3]	[4]	40	[1]	[2]	[3]	[4]
11	[1]	[2]	[3]	[4]	41	[1]	[2]	[3]	[4]
12	[1]	[2]	[3]	[4]	42	[1]	[2]	[3]	[4]
13	[1]	[2]	[3]	[4]	43	[1]	[2]	[3]	[4]
14	[1]	[2]	[3]	[4]	44	[1]	[2]	[3]	[4]
15	[1]	[2]	[3]	[4]	45	[1]	[2]	[3]	[4]
16	[1]	[2]	[3]	[4]	46	[1]	[2]	[3]	[4]
17	[1]	[2]	[3]	[4]	47	[1]	[2]	[3]	[4]
18	[1]	[2]	[3]	[4]	48	[1]	[2]	[3]	[4]
19	[1]	[2]	[3]	[4]	49	[1]	[2]	[3]	[4]
20	[1]	[2]	[3]	[4]	50	[1]	[2]	[3]	[4]
21	[1]	[2]	[3]	[4]	51	[1]	[2]	[3]	[4]
22	[1]	[2]	[3]	[4]	52	[1]	[2]	[3]	[4]
23	[1]	[2]	[3]	[4]	53	[1]	[2]	[3]	[4]
24	[1]	[2]	[3]	[4]	54	[1]	[2]	[3]	[4]
25	[1]	[2]	[3]	[4]	55	[1]	[2]	[3]	[4]
26	[1]	[2]	[3]	[4]	56	[1]	[2]	[3]	[4]
27	[1]	[2]	[3]	[4]	57	[1]	[2]	[3]	[4]
28	[1]	[2]	[3]	[4]	58	[1]	[2]	[3]	[4]
29	[1]	[2]	[3]	[4]	59	[1]	[2]	[3]	[4]
30	[1]	[2]	[3]	[4]	60	[1]	[2]	[3]	[4]

1 短文の主題を選ぶ問題

무엇에 대한 이야기입니까? 〈보기〉와 같이 알맞은 것을 고르십시오.
何に対する話ですか。〈例〉のように適切なものを選びなさい。

〈보기〉

저는 대학생입니다. 언니는 회사에 다니고 있습니다.

❶ 직업 ② 가족 ③ 교통 ④ 언니

1. ☐

여름에는 덥습니다. 겨울에는 아주 춥습니다.

① 계절 ② 장소 ③ 시간 ④ 인사

2. ☐

회사에 갈 때는 버스를 탑니다. 그러나 바쁠 때는 택시도 탑니다.

① 일 ② 정류장 ③ 고향 ④ 교통

3. ☐

사과가 있습니다. 포도도 있습니다.

① 취미 ② 식사 ③ 과일 ④ 음식

4. ☐

오전에는 흐리겠습니다. 오후부터 비가 내리겠습니다.

① 우산 ② 날씨 ③ 계절 ④ 날짜

5. ☐

오래간만에 산에 올랐습니다. 기분이 좋았습니다.

① 소풍 ② 기분 ③ 등산 ④ 건강

▶解説は319ページへ

6. ☐ 부모님은 고향에 계십니다. 저와 동생은 서울에서 학교에 다닙니다.

① 가족　② 직업　③ 공부　④ 고향

7. ☐ 저는 불고기를 좋아해요. 오빠는 냉면을 좋아해요.

① 시장　② 식당　③ 음료수　④ 음식

8. ☐ 저는 미국에서 왔습니다. 제 친구는 프랑스에서 왔습니다.

① 외국　② 나라　③ 친구　④ 고향

9. ☐ 언니는 중국어를 배웁니다. 저는 한국어를 배웁니다.

① 학교　② 공부　③ 외국어　④ 나라

10. ☐ 저는 박민수입니다. 제 여자 친구는 김영미입니다.

① 주소　② 이름　③ 날짜　④ 약속

11. ☐ 주말에는 탁구를 칩니다. 그리고 가끔 배구도 합니다.

① 토요일　② 취미　③ 직업　④ 운동

12. ☐ 점심에 냉면을 먹었습니다. 아주 맛있었습니다.

① 음료수　② 과일　③ 음식　④ 여름

13. ☐ 지금은 비가 안 와요. 오후에는 올 것 같아요.

① 날짜　② 날씨　③ 시간　④ 봄

▶解説は320ページへ

14. ☐

내 눈은 큽니다. 그러나 코와 입은 작습니다.

① 팔 ② 가슴 ③ 허리 ④ 얼굴

15. ☐

나는 언제나 치마를 입습니다. 언니는 청바지만 입습니다.

① 가족 ② 언니 ③ 옷 ④ 물건

16. ☐

도서관에서 숙제를 했습니다. 집에서는 음악을 들었습니다.

① 공부 ② 가을 ③ 장소 ④ 취미

17. ☐

제주도에 갔습니다. 한라산에도 오르고 낚시도 했습니다.

① 낚시 ② 등산 ③ 여행 ④ 교통

18. ☐

저는 고양이를 좋아합니다. 개는 별로 좋아하지 않습니다.

① 칫솔 ② 동물 ③ 식사 ④ 취미

19. ☐

나는 아침에 밥을 먹습니다. 언니는 빵을 먹습니다.

① 오전 ② 빵 ③ 밥 ④ 식사

20. ☐

지갑에 천 원짜리가 세 장 있습니다. 백 원짜리도 두 개 있습니다.

① 요금 ② 값 ③ 가게 ④ 돈

21. ☐

인형을 만들었습니다. 생일에 동생에게 주었습니다.

① 선물 ② 인형 ③ 생일 ④ 가족

▶解説は321ページへ

22. ☐

손님이 오셨습니다. 나는 "안녕하세요?" 하고 말했습니다.

① 저녁 ② 아침 ③ 인사 ④ 여행

23. ☐

우리 누나는 대학생입니다. 형은 회사원입니다.

① 학교 ② 회사 ③ 주소 ④ 일

24. ☐

나는 이민수입니다. 친구들은 나를 "민수야" 하고 부릅니다.

① 노래 ② 음악 ③ 이름 ④ 친구

25. ☐

여러 가게가 있습니다. 야채 가게도 있고 옷 가게도 있습니다.

① 야채 ② 시장 ③ 물건 ④ 병원

26. ☐

집에서 역까지는 버스를 탑니다. 회사까지는 지하철을 탑니다.

① 교통 ② 역 ③ 직업 ④ 운동

27. ☐

오늘은 어머니가 태어난 날입니다. 그래서 선물을 했습니다.

① 파티 ② 가족 ③ 부모 ④ 생일

28. ☐

나는 낚시를 좋아합니다. 형은 등산을 좋아합니다.

① 바다 ② 계절 ③ 취미 ④ 산

29. ☐

바람이 불어요. 비는 안 와요.

① 날짜 ② 날씨 ③ 계절 ④ 오늘

▶解説は321ページへ

2 短文の空所に入る語句を選ぶ問題

〈보기〉와 같이 빈칸에 들어갈 가장 알맞은 것을 고르십시오.
〈例〉のように空欄に入る最も適切なものを選びなさい。

〈보기〉

저는 (　　　　)에 갔습니다. 우표를 샀습니다.

① 약국　② 식당　③ 교실　❹ 우체국

1. (　　　　)이/가 없습니다. 그래서 여행을 못 갑니다.

① 돈　② 선물　③ 날짜　④ 계절

2. 신문을 읽습니다. 모르는 한자는 (　　　　)에서 찾습니다.

① 교과서　② 사전　③ 공책　④ 만화

3. (　　　　) 앞에 꽃집이 있습니다. 빵집도 있습니다.

① 근처　② 아래　③ 은행　④ 장소

4. (　　　　)에서 버스를 기다립니다. 버스는 5분 뒤에 옵니다.

① 공항　② 역　③ 약국　④ 정류장

5. 서점에 갔습니다. (　　　　)을/를 두 권 샀습니다.

① 술　② 물　③ 책　④ 맥주

▶解説は322ページへ

6. ☐

(　　　　)에서 장미 두 송이를 샀습니다. 아주 예쁩니다.

① 꽃집　② 미술관　③ 공원　④ 신발 가게

7. ☐

오늘 (　　　　)에 갔습니다. 일본으로 소포를 부쳤습니다.

① 옷 가게　② 우체국　③ 공항　④ 사무실

8. ☐

어제 저녁에 극장에 갔습니다. (　　　　)이 많았습니다.

① 음식　② 영화　③ 요금　④ 사람

9. ☐

학교 (　　　　)에는 가게가 많습니다. 서점이 제일 많습니다.

① 가운데　② 골목　③ 근처　④ 계단

10. ☐

(　　　　)에 갔습니다. 냉면을 시켰습니다.

① 빵집　② 미술관　③ 박물관　④ 식당

11. ☐

감기에 걸렸습니다. 그래서 (　　　　)에서 약을 사서 먹었습니다.

① 역　② 집　③ 약국　④ 시장

12. ☐

(　　　　)이/가 많습니다. 언니가 세 명, 오빠가 두 명 있습니다.

① 부모　② 형제　③ 선배　④ 친척

▶解説は323ページへ

2 短文の空所に入る語句を選ぶ問題

13. ☐

언니는 (　　　　)이/가 많습니다. 그렇지만 아직 결혼을 안 했습니다.

① 나이　② 돈　③ 시간　④ 친구

14. ☐

나는 (　　　　)에 들어갔습니다. 사과를 샀습니다.

① 꽃집　② 빵집　③ 신발 가게　④ 과일 가게

15. ☐

친구 (　　　　)에 놀러 갔습니다. 밥도 먹고 같이 공부도 했습니다.

① 서점　② 도서관　③ 집　④ 시장

16. ☐

오늘은 공부를 했습니다. (　　　　)는/은 영화를 볼 겁니다.

① 어제　② 내일　③ 그저께　④ 내년

17. ☐

어제는 민수 생일이었습니다. 책을 (　　　　)로/으로 주었습니다.

① 선물　② 파티　③ 돈　④ 서점

18. ☐

여기는 (　　　　)이/가 편리합니다. 역에서 가깝고 버스도 많습니다.

① 열차　② 자동차　③ 정류장　④ 교통

19. ☐

매일 아침 (　　　　)을/를 봅니다. 제일 먼저 날씨를 확인합니다.

① 만화　② 잡지　③ 신문　④ 일기

▶解説は323ページへ

20. ☐

시간이 없어서 밥을 못 먹었습니다. 그래서 배가 (　　　　).

① 바쁩니다　② 기쁩니다　③ 고픕니다　④ 나쁩니다

21. ☐

매일 아침부터 밤 늦게까지 일을 합니다. 그래서 아주 (　　　　).

① 반갑습니다　② 편합니다　③ 부지런합니다　④ 피곤합니다

22. ☐

어제 영화를 봤습니다. 영화가 (　　　　) 많이 울었습니다.

① 재미있어서　② 조용해서　③ 맛없어서　④ 슬퍼서

23. ☐

강아지를 기릅니다. 아주 (　　　　).

① 적습니다　② 귀엽습니다　③ 무섭습니다　④ 친절합니다

24. ☐

밥을 많이 먹었습니다. 그래서 배가 (　　　　).

① 가볍습니다　② 나쁩니다　③ 부릅니다　④ 무겁습니다

25. ☐

민수 씨가 짐을 들어 주었습니다. 참 (　　　　).

① 시끄럽습니다　② 반갑습니다　③ 피곤합니다　④ 고맙습니다

26. ☐

겨울입니다. 날씨가 아주 (　　　　).

① 따뜻합니다　② 춥습니다　③ 시원합니다　④ 덥습니다

3 読解編（I）

▶解説は324ページへ

2 短文の空所に入る語句を選ぶ問題

27.

진달래가 많이 피었습니다. 참 (　　　　).

① 파랗습니다　② 깨끗합니다　③ 밝습니다　④ 예쁩니다

28.

집이 (　　　　). 그래서 이사를 하고 싶습니다.

① 넓습니다　② 가깝습니다　③ 즐겁습니다　④ 좁습니다

29.

방이 (　　　　). 그래서 불을 켭니다.

① 어둡습니다　② 어렵습니다　③ 더럽습니다　④ 뜨겁습니다

30.

택시보다 지하철이 (　　　　). 그러니까 지하철을 타십시오.

① 깁니다　② 친합니다　③ 빠릅니다　④ 느립니다

31.

자동차 소리가 너무 (　　　　). 그래서 음악을 들을 수가 없습니다.

① 시끄럽습니다　② 적습니다　③ 조용합니다　④ 어둡습니다

32.

하루종일 서서 일을 했습니다. 그래서 아주 (　　　　).

① 피곤합니다　② 편합니다　③ 젊습니다　④ 바쁩니다

33.

민수 씨는 키가 크고 (　　　　). 그리고 운동도 잘합니다.

① 무섭습니다　② 멋있습니다　③ 짧습니다　④ 맛없습니다

▶解説は324ページへ

34. 나는 화가입니다. 그림을 (　　　).

① 씁니다　② 그립니다　③ 합니다　④ 일합니다

35. 전화를 했습니다. 그런데 아무도 전화를 (　　　) 않습니다.

① 듣지　② 걸지　③ 받지　④ 하지

36. 감기에 걸렸습니다. 오늘은 약을 (　　　) 쉬겠습니다.

① 먹고　② 드시고　③ 넣고　④ 주고

37. 친구와 약속을 했습니다. 친구를 (　　　) 있습니다.

① 기르고　② 기다리고　③ 부르고　④ 지키고

38. 어제 산 바지가 작습니다. 그래서 가게에 가서 (　　　) 싶습니다.

① 입고　② 버리고　③ 바꾸고　④ 벗고

39. 날씨가 덥습니다. 창문을 (　　　) 싶습니다.

① 알고　② 닫고　③ 끄고　④ 열고

40. 나는 회사원입니다. 회사에서 (　　　).

① 출근합니다　② 갑니다　③ 잡니다　④ 일합니다

▶解説は325ページへ

2 短文の空所に入る語句を選ぶ問題

41. ☐
친구를 기다리고 있습니다. 그런데 친구가 (   ) 않습니다.

① 걷지　② 놀지　③ 불지　④ 오지

42. ☐
매일 밤 늦게까지 일을 했습니다. 오늘은 좀 (   ) 싶습니다.

① 마시고　② 일하고　③ 쉬고　④ 알리고

43. ☐
여기는 꽃집입니다. 예쁜 꽃을 (   ) 있습니다.

① 기르고　② 만들고　③ 빌리고　④ 팔고

44. ☐
그 영화는 아주 재미있습니다. 그래서 다시 (   ) 싶습니다.

① 가고　② 쓰고　③ 보고　④ 벗고

45. ☐
오늘은 날씨가 맑고 따뜻합니다. 밖으로 (   ) 싶습니다.

① 나가고　② 구경하고　③ 앉고　④ 만지고

46. ☐
약국에 갔습니다. 그런데 문이 (   ) 있었습니다.

① 닫혀　② 열려　③ 깨져　④ 그려

47. ☐
저녁에 모임이 있습니다. 친구와 (   ) 같이 가려고 합니다.

① 마셔서　② 알려서　③ 따라가서　④ 만나서

▶解説は325ページへ

48. 근처 식당에 갔습니다. 사람들이 (　　　　) 줄을 서 있었습니다.

① 짧게　　② 크게　　③ 길게　　④ 빠르게

49. 아까 밥을 먹었습니다. 그런데 (　　　　) 배가 고픕니다.

① 서로　　② 아마　　③ 전혀　　④ 벌써

50. 바빠서 지금은 시간이 없습니다. (　　　　) 만납시다.

① 처음　　② 자주　　③ 아까　　④ 이따가

51. (　　　　) 갑시다. 약속 시간에 늦겠어요.

① 먼저　　② 천천히　　③ 일찍　　④ 빨리

52. 나는 (　　　　) 운동을 합니다. 주말에도 혼자 연습을 합니다.

① 우선　　② 잠시　　③ 매일　　④ 곧

53. 오늘 민수 씨를 (　　　　) 만났습니다. 아주 멋있는 사람이었습니다.

① 요즘　　② 벌써　　③ 오래　　④ 처음

54. 오늘은 (　　　　) 일어났습니다. 그래서 열 시에 아침을 먹었습니다.

① 이제　　② 아직　　③ 늦게　　④ 일찍

▶解説は326ページへ

55. ☐

(　　　) 영수 씨를 만났습니다. 그런데 바빠서 얘기를 못 했습니다.

① 조금　② 아까　③ 다시　④ 오래

56. ☐

오늘은 (　　　) 덥습니다. 그래서 에어컨을 틀었습니다.

① 무척　② 거의　③ 전혀　④ 별로

57. ☐

나는 (　　　) 영화를 봅니다. 일 주일에 두 번 극장에 갑니다.

① 다　② 자주　③ 매우　④ 갑자기

58. ☐

동생은 내일부터 시험입니다. 그래서 (　　　) 공부를 합니다.

① 조용히　② 간단히　③ 특별히　④ 열심히

59. ☐

민수는 지금 집에 없습니다. (　　　) 친구를 만나러 나갔습니다.

① 아까　② 아직　③ 벌써　④ 이따가

60. ☐

언니는 책을 사러 나갔습니다. 30분 뒤에 (　　　) 전화 주십시오.

① 새로　② 미리　③ 다시　④ 서로

61. ☐

아직 1월입니다. 그런데 벚꽃이 (　　　) 피었습니다.

① 벌써　② 항상　③ 가끔　④ 우선

▶解説は327ページへ

62. ☐ 앞에서 교통사고가 났습니다. 그래서 자동차가 (　　　) 서 있습니다.

① 가볍게　② 느리게　③ 빠르게　④ 길게

63. ☐ 오늘 병원에 갔습니다. 다음 주에도 (　　　) 가야 합니다.

① 벌써　② 똑바로　③ 또　④ 처음

64. ☐ 오늘은 (　　　) 춥지 않습니다. 코트를 벗어도 됩니다.

① 약간　② 매우　③ 따로　④ 별로

65. ☐ (　　　) 먹읍시다. 10분 뒤에 버스가 출발하니까요.

① 아직　② 꼭　③ 일찍　④ 빨리

66. ☐ 아침에 일어나서 (　　　) 신문을 읽습니다. 그리고 밥을 먹습니다.

① 일찍　② 물론　③ 모두　④ 먼저

67. ☐ 오늘 한국 드라마를 (　　　) 보았습니다. 정말 재미있었습니다.

① 가끔　② 우선　③ 가장　④ 처음

68. ☐ 아침부터 (　　　) 덥습니다. 그래서 선풍기를 틀었습니다.

① 거의　② 이제　③ 무척　④ 그냥

▶解説は327ページへ

3 情報文の内容を確認する問題

1. 다음을 읽고 맞지 않는 것을 고르십시오.
次を読んで正しくないものを選びなさい。

> 우리대학교
> 한국어 전공 4학년
> 김　민　수
>
> 집 : 100-715 서울특별시 중구 명동 2가 34
> 핸드폰 : 010-987-6543
> E-mail : k-minsu@hanmail.com

① 우리대학교에 다닙니다.
② 전공은 4학년입니다.
③ 전화 번호는 휴대전화 번호입니다.
④ 사는 곳은 명동입니다.

2. 다음을 읽고 맞지 않는 것을 고르십시오.

〈서울 빌딩 안내〉

4층	노래방
3층	치과
2층	커피숍
1층	식당

① 식사는 1층에서 할 수 있습니다.
② 커피 마시는 곳은 2층입니다.
③ 이를 치료하는 곳은 3층입니다.
④ 노래방에서는 음악을 듣습니다.

▶解説は328ページへ

3. 다음을 읽고 맞지 않는 것을 고르십시오.

☐

아리랑 공연 안내

- 언제 : 10월 5일~10월 18일
  화~금 18시 50분 /
  토~일 14시 30분, 18시 30분
- 어디 : 서울극장
- 얼마 : 30,000원

① 이 공연은 2주일 동안 합니다.
② 이 공연은 평일에는 한 번 합니다.
③ 이 공연은 매일 합니다.
④ 표는 한 장에 삼만 원입니다.

4. 다음을 읽고 맞지 않는 것을 고르십시오.

☐

경민 씨.

차가 막혀서 약속 시간에 늦을 것 같습니다.
먼저 극장으로 가서 기다려 주십시오.
저도 극장으로 직접 가겠습니다.

-미영-

① 두 사람은 극장에서 만날 겁니다.
② 두 사람은 따로 극장에 갑니다.
③ 미영 씨는 약속 시간에 못 갑니다.
④ 미영 씨는 먼저 극장으로 갈 겁니다.

▶解説は328ページへ

5. 다음을 읽고 맞지 않는 것을 고르십시오.

☐

제53회 남산초등학교 운동회

◎시간 : 201×년 10월 9일(토)

9 : 30 ~ 14 : 30

※점심시간 11 : 50 ~ 12 : 50

◎장소 : 남산초등학교 운동장

① 오전 아홉 시에 모입니다. ② 점심 시간은 한 시간입니다.

③ 운동회는 오후에 끝납니다. ④ 운동회는 토요일에 열립니다.

6. 다음을 읽고 맞지 않는 것을 고르십시오.

☐

영수증

201×. 7. 13 11 : 37

수박	1개	10,000원
콜라	2병	2,000원
종이컵	10개	1,000원
합계		13,000원

가나다 슈퍼마켓

① 슈퍼마켓에서 과일을 샀습니다.

② 음료수는 안 샀습니다.

③ 종이컵은 한 개에 백 원입니다.

④ 콜라를 빼면 모두 만 천 원입니다.

▶解説は329ページへ

7. 다음을 읽고 맞지 <u>않는</u> 것을 고르십시오.

12월						
일	월	화	수	목	금	토
			1	2	3	4 민수 생일
5	6 시험	7 시험	8	9	10	11
12	13	14	15	16	17 방학	18
19	20	21	22	23	24	25 크리스마스
26	27	28	29 파티	30	31	

① 17일부터는 학교에 가지 않습니다.
② 6일과 7일에는 시험이 있습니다.
③ 25일에는 크리스마스 파티를 합니다.
④ 민수 생일은 토요일입니다.

8. 다음을 읽고 맞지 <u>않는</u> 것을 고르십시오.

> **먹는 약**
>
> 날짜 : 201×. 10. 20
>
> 이름 : 이민영(32세)
>
> 하루 1, 2, ③번
>
> 식사 전, [식사 후]
>
> 가나다 약국

① 10월 20일에 약국에 갔습니다. ② 하루에 세 번 약을 먹습니다.
③ 밥을 먹고 약을 먹습니다. ④ 약을 먹고 식사를 합니다.

▶解説は329ページへ

9. 다음을 읽고 맞지 않는 것을 고르십시오.

<가을 등산 안내>

날짜 : 201×년 10월 17일(일)

장소 : 북한산

모이는 시간 : 09 : 00

모이는 곳 : 지하철3호선 불광역 9번 출구 앞

준비할 것 : 점심과 물

① 일요일에 북한산에 올라갈 겁니다.
② 지하철 역 출구 앞에서 모일 겁니다.
③ 점심과 물을 가져 가야 합니다.
④ 오전 아홉 시에 북한산으로 출발합니다.

10. 다음을 읽고 맞지 않는 것을 고르십시오.

□□□-□□□ 보내는 사람
인천시 동구 화수동 119번지
김 민 수

□□□-□□□ 받는 사람
서울시 서대문구 충정로2가 23번지
이 영 미

① 김민수가 편지를 보냅니다.
② 이영미가 편지를 썼습니다.
③ 편지는 인천에서 서울로 보냅니다.
④ 이영미가 편지를 받습니다.

▶解説は330ページへ

11. 다음을 읽고 맞지 않는 것을 고르십시오.

2박3일 설악산 버스 여행

5월14일(금요일) 16일(일요일)

서울 오전8시 출발 설악산 오후 2시 출발

참가비 160,000원

서울여행사로 전화해 주십시오.

TEL) 02-2280-7491

① 설악산에는 금요일 오전에 출발합니다.

② 설악산에는 이틀 동안 있습니다.

③ 설악산에서는 일요일에 돌아옵니다.

④ 설악산으로 여행을 갑니다.

12. 다음을 읽고 맞지 않는 것을 고르십시오.

〈회사 식당 점심 메뉴〉

월	자장면	(2,800원)
화	비빔밥	(2,800원)
수	불고기	(3,800원)
목	볶음밥	(2,800원)
금	갈비탕	(3,800원)

시간 : 오전 11 : 30 ~ 오후 2 : 00

① 식당은 오전 열한 시 반에 문을 엽니다.

② 볶음밥보다 갈비탕이 비쌉니다.

③ 불고기보다 비빔밥이 쌉니다.

④ 식당은 세 시간 동안 문을 엽니다.

▶解説は330ページへ

13. 다음을 읽고 맞지 않는 것을 고르십시오.

초대장

2월에 이사를 했습니다.
그래서 새 집에서 친구들과 저녁을 먹고 싶습니다.
꼭 놀러 오십시오.

언제 : 4월 3일 토요일 저녁 6시
어디 : 새로 이사한 집
(1호선 성북역 4번 출구에서 200m 서울아파트 4동 1234호)

-경민-

① 경민 씨는 토요일에 친구들과 놀러 가려고 합니다.
② 경민 씨 집에 친구들이 모일 겁니다.
③ 경민 씨가 친구들을 저녁에 초대합니다.
④ 경민 씨는 성북역 근처의 아파트로 이사를 했습니다.

14. 다음을 읽고 맞지 않는 것을 고르십시오.

서울 → 부산

	(출발시간)		(도착시간)	요금
KTX	13 : 00	→	15 : 55	51,200원
새마을호	14 : 00	→	18 : 50	41,100원

① KTX가 더 빠릅니다.
② 새마을호가 더 쌉니다.
③ 새마을호가 시간이 더 걸립니다.
④ 열차보다 비행기가 더 편합니다.

▶解説は331ページへ

15. 다음을 읽고 맞지 않는 것을 고르십시오. 〈既出32回〉

① 경복궁은 똑바로 가야 합니다.
② 시청은 오 번으로 가야 합니다.
③ 여기에서 세 곳으로 나갈 수 있습니다.
④ 오른쪽으로 나가면 남대문시장이 있습니다.

16. 다음을 읽고 맞지 않는 것을 고르십시오. 〈既出35回〉

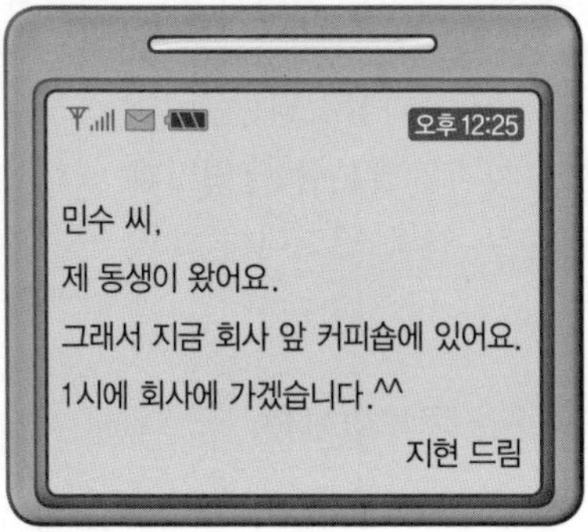

① 지현 씨의 동생이 왔습니다.
② 커피숍은 회사 안에 있습니다.
③ 지현 씨는 한 시에 회사에 갑니다.
④ 지현 씨는 민수 씨에게 메시지를 썼습니다.

▶解説は331ページへ

4 文の内容と一致するものを選ぶ問題

1. 다음의 내용과 같은 것을 고르십시오.
次の内容と同じものを選びなさい。

> 제 취미는 쇼핑을 하는 것입니다. 주말에는 백화점이나 시장에 가서 여러 가지 물건을 삽니다. 특히 옷을 많이 삽니다.

① 나는 주말에 옷을 사는 것이 취미입니다.
② 나는 옷 가게에서 일합니다.
③ 나는 백화점에서만 쇼핑을 합니다.
④ 나는 옷을 사는 것을 좋아합니다.

2. 다음의 내용과 같은 것을 고르십시오.

> 집에서 학교까지 교통이 아주 편리합니다. 갈아타지 않고 지하철로 한 번에 학교까지 갈 수 있습니다. 시간은 20분밖에 걸리지 않습니다. 지하철역에서 학교 정문까지는 걸어서 3분 정도 걸립니다.

① 집에서 학교까지는 아주 가깝습니다.
② 지하철역에서 학교까지는 3분쯤 달립니다.
③ 집에서 학교까지는 20분쯤 걸립니다.
④ 갈아타지 않으면 20분 더 걸립니다.

3. 다음의 내용과 같은 것을 고르십시오.

> 이 건물 1층에는 빵집과 세탁소가, 2층에는 약국과 커피숍이, 3층에는 치과와 사무실이 있습니다.

① 2층 약국에서 커피를 팝니다.
② 빵집과 세탁소는 같은 가게입니다.
③ 이 건물에는 사무실이 세 개 있습니다.
④ 약을 살 때는 2층으로 갑니다.

▶解説は332ページへ

4. 다음의 내용과 같은 것을 고르십시오.

> 바쁠 때는 택시를 탑니다. 그러나 아침 저녁으로 길이 막힐 때는 지하철을 탑니다. 그래서 회사에 갈 때나 집에 돌아올 때는 늘 지하철을 탑니다.

① 회사에 늦을 때는 지하철을 탑니다.
② 길이 막혀서 바쁠 때는 택시를 탑니다.
③ 아침에 출근할 때는 언제나 지하철을 탑니다.
④ 저녁을 먹으러 갈 때는 지하철을 탑니다.

5. 다음의 내용과 같은 것을 고르십시오.

> 지난달에 동대문역 근처로 이사를 했습니다. 동대문 근처에 오실 때는 저희 집에도 놀러 오십시오. 전화번호와 이메일 주소는 바뀌지 않았습니다.

① 동대문 근처로 오면 집에서 놀 수 있습니다.
② 이사를 했지만 전화번호는 같습니다.
③ 동대문역 근처에서 집을 이사했습니다.
④ 이사를 하면 이메일 주소도 바뀝니다.

6. 다음의 내용과 같은 것을 고르십시오.

> 이번 주 화요일이 여동생 생일입니다. 그래서 나는 여동생에게 줄 인형을 샀습니다. 작지만 귀여운 고양이 인형입니다. 다음에는 돈을 모아서 더 좋은 선물을 사 주려고 합니다.

① 나는 생일 선물로 고양이 인형을 샀습니다.
② 나는 여동생에게 선물을 주었습니다.
③ 나는 작지만 귀여운 인형을 좋아합니다.
④ 나는 다음에 더 좋은 인형을 사려고 합니다.

▶解説は332ページへ

7. 다음의 내용과 같은 것을 고르십시오.

☐

> 어젯밤에는 열한 시에 잤습니다. 여섯 시에 저녁을 먹고 텔레비전을 보았습니다. 그리고 학교 숙제를 끝내고 음악도 들었습니다. 자기 전에 목욕을 했습니다.

① 나는 매일 밤 열한 시에 잡니다.
② 나는 어젯밤에 목욕을 하고 잤습니다.
③ 나는 텔레비전을 보면서 음악을 들었습니다.
④ 나는 음악을 들으면서 숙제를 했습니다.

8. 다음의 내용과 같은 것을 고르십시오.

☐

> 나는 주말마다 등산을 갑니다. 가끔 친구와 같이 갈 때도 있지만 거의 혼자 갑니다. 산에 올라가서 맑은 공기를 마시면 기분이 아주 좋습니다.

① 주말에 등산을 가끔 갑니다.
② 등산을 갈 때는 혼자 갈 때가 많습니다.
③ 주말마다 친구와 함께 등산을 갑니다.
④ 산에는 맑은 공기가 많습니다.

9. 다음의 내용과 같은 것을 고르십시오.

☐

> 우리 동네에는 가게가 많습니다. 그래서 필요한 것은 무엇이나 살 수 있습니다. 가게는 밤 늦게까지 문을 엽니다. 일요일에도 쉬지 않습니다.

① 필요한 것은 밤 늦게 사러 갑니다.
② 가게는 밤 늦게 문을 열어 줍니다.
③ 가게가 많아서 일요일에도 쉬지 않습니다.
④ 필요한 것은 일요일에도 살 수 있습니다.

▶解説は333ページへ

10. 다음의 내용과 같은 것을 고르십시오.

☐

> 나는 매일 아침 일찍 일어나서 근처 산에 올라갑니다. 아침 일찍 산에 오르는 사람들이 많습니다. 사람들은 산에서 이야기도 하고 운동도 합니다. 나도 한 시간쯤 운동을 하고 내려옵니다.

① 나는 매일 산에서 운동을 합니다.
② 사람들은 산에 매일 올라갑니다.
③ 산에서 내려올 때는 한 시간쯤 걸립니다.
④ 아침에 일찍 일어날 때는 산에 올라갑니다.

11. 다음의 내용과 같은 것을 고르십시오.

☐

> 그저께 밤에 버스에 스마트폰을 놓고 내렸습니다. 그렇지만 어제 아침에 친구한테서 연락이 올 때까지 전혀 몰랐습니다. 버스 회사에서 친절하게 친구에게 전화를 해 주어서 쉽게 찾을 수 있었습니다.

① 스마트폰을 잃어버린 곳을 몰랐습니다.
② 어제 친구가 스마트폰을 찾아 주었습니다.
③ 버스 회사에서 친구에게 연락해 주었습니다.
④ 그저께 밤에 친구가 스마트폰을 잃어버렸습니다.

12. 다음의 내용과 같은 것을 고르십시오.

☐

> 사진을 찍을 때 한국 사람들은 "김치", 일본 사람들은 "치즈" 하고 말합니다. 그 말을 할 때 얼굴이 웃는 것처럼 보이기 때문입니다.

① 김치를 먹으면 얼굴이 웃는 것처럼 보입니다.
② 치즈를 먹으면 얼굴이 웃는 것처럼 보입니다.
③ "김치", "치즈" 하고 말하면 얼굴이 웃는 것처럼 보입니다.
④ 한국 사람은 김치를, 일본 사람은 치즈를 좋아합니다.

▶解説は333ページへ

4 文の内容と一致するものを選ぶ問題

13. 다음의 내용과 같은 것을 고르십시오.

> 어제 동네에 새로 생긴 도서관에 처음 갔습니다. 직원 언니가 친절하게 안내를 해 주었습니다. 책을 세 권 빌려 왔습니다. 시간이 있으면 자주 이용하려고 합니다.

① 동네에는 도서관이 하나밖에 없습니다.
② 직원이 웃으면서 안내를 해 줍니다.
③ 언니가 책을 세 권 빌려 주었습니다.
④ 이제부터는 동네 도서관에 자주 가고 싶습니다.

14. 다음의 내용과 같은 것을 고르십시오.

> 오늘 집 근처 슈퍼마켓에서 회원 카드를 만들었습니다. 이 카드가 있으면 현금을 내지 않고도 물건을 살 수 있습니다. 또 물건 값도 할인해 주니까 현금을 내는 것보다 싸게 살 수 있습니다.

① 현금을 내면 회원 카드를 만들 수 있습니다.
② 현금을 내면 물건 값을 할인해 줍니다.
③ 현금을 내면 싸게 살 수 있습니다.
④ 돈이 없어도 회원 카드로 물건을 살 수 있습니다.

15. 다음의 내용과 같은 것을 고르십시오.

> 역에 내려서 5번 출구로 나오십시오. 출구에서 왼쪽으로 50m쯤 가면 1층에 꽃집이 있는 건물이 있습니다. 그 건물 2층에 커피숍이 있습니다. 거기서 열한 시에 만납시다.

① 역 출구에서는 꽃집과 커피숍이 보입니다.
② 꽃집은 커피숍 옆 건물에 있습니다.
③ 만나기로 한 곳은 역에서 가깝습니다.
④ 꽃집이 있는 건물 앞에서 열한 시에 만납니다.

▶解説は334ページへ

16. 다음의 내용과 같은 것을 고르십시오.

☐

> 매일 아침 일찍 일어나서 한 시간쯤 걷습니다. 낮에는 일이 바빠서 운동할 시간이 없습니다. 주말에는 축구를 하거나 야구를 하거나 합니다. 건강을 위해서 열심히 운동을 하려고 합니다.

① 주말에 축구나 야구를 하는 것이 취미입니다.
② 매일 한 시간쯤 걷는 것이 좋습니다.
③ 낮에는 바빠서 운동을 못 합니다.
④ 몸이 약해서 운동을 열심히 합니다.

17. 다음의 내용과 같은 것을 고르십시오.

☐

> 나는 서울에 있는 회사에 취직을 하게 되었습니다. 그래서 오늘 서울에 왔습니다. 짐이 많아서 서울역에서 하숙집까지 택시를 타고 왔습니다. 다음 주부터는 회사에 나가야 합니다.

① 서울에 올 때는 늘 짐이 많습니다.
② 회사에 가려고 서울역에서 택시를 탔습니다.
③ 오늘부터 회사에 취직을 합니다.
④ 다음 주부터 회사에 출근합니다.

18. 다음의 내용과 같은 것을 고르십시오.

☐

> 요즘은 인터넷을 이용해서 간단히 물건을 살 수 있습니다. 국내에서는 물론 해외에서도 살 수 있습니다. 나는 가끔 해외의 서점에서 책을 주문합니다. 그밖에 메일을 보낼 수도 있고 전화처럼 이야기도 할 수 있습니다.

① 인터넷으로 간단히 책을 살 수 있습니다.
② 인터넷으로 친구와 메일을 주고 받습니다.
③ 인터넷으로 친구에게 전화를 합니다.
④ 인터넷으로 사면 할인이 됩니다.

▶解説は335ページへ

第4章
読解編(Ⅱ)

TOPIK Ⅰ			
区分	問題数	試験時間	配点
聞き取り	30問	40分	100点
読解	40問	60分	100点
計	70問	100分	200点

読解に関する問題(Ⅱ)

❶ 読解に関する問題(Ⅱ)の出題類型と内容

読解に関する問題(Ⅱ)後半は、

❶ 短い文章を読んでその中心になる考えを選ぶ問題が3問、

❷ 文を順序通りに並べたものを選ぶ文整序問題が2問、

❸ 文章を読んで、文中の空所に入れる語句や文を選ぶ問題1問と文章の内容と一致するもの(ほかに文の目的・理由、文の主題、文の要点を問うものも含む)を選ぶ問題1問の組み合わせで計20問、

合計25問(配点合計約63点)が出題される。

区分	読解問題(Ⅱ)の類型と内容	問題数と配点
1	**文の中心となる考えを選ぶ問題** 短い文を読んで、その中心になる考えは何かを選ぶ。	3問×2~3点
2	**文整序問題** 4つの文を提示し、順序通りに並べたものを選ぶ	2問×2~3点
3	**文の内容理解を確認する問題** 一つの文章を読んで、①文中の空所に入れる語句を選ぶ問題と②文章の内容と一致する選択肢を選ぶ問題の組み合わせになっている。 空所補充問題は語句や文章を入れるもの選ぶ内容、内容一致選択の問題は内容一致を選ぶもの以外に文を書いた目的や理由、文の主題、文の要点などを問う形で出題される。	20問×2~3点
3つの問題類型に、問題総数25問、配点合計約63点で出題。		

❷ 問題類型別分析と対策

問題類型 1　文の中心となる考えを選ぶ問題

文章を読んでその文の中心となる考えを選ぶ問題が3問出題される。つまり話し手の考えや気持ち、または話している主旨は何かを探す問題で内容一致選択問題とほぼ同じパターンの問題である。

文の内容と選択肢が正しく理解できる読解力が求められる。読解問題に共通する課題として確かな語彙力と文法力を身につけておかなければならない。

類題

다음을 읽고 중심 생각을 고르십시오.

> 친구들이 다 축구를 좋아합니다. 그래서 같이 모여서 축구를 자주 합니다. 이번 주 일요일에도 축구를 하려고 합니다. 친구들이 모두 운동을 좋아해서 좋습니다.

① 친구들과 같이 축구를 하고 싶습니다.
② 친구들은 모두 축구를 잘합니다.
③ 친구들의 취미가 같아서 좋습니다.
④ 친구들은 일요일에 자주 모입니다.

解説

次を読んで中心になる考えを選びなさい。

> 友達はみんなサッカーが好きです。それで一緒に集まってよくサッカーをします。今週の日曜日にもサッカーをしようと思います。友達がみんな運動が好きなのでいいです。

① 友達と一緒にサッカーがしたいです。
② 友達はみんなサッカーが上手です。
❸ 友達の趣味が同じなのでいいです。
④ 友達は日曜日によく集まります。

▸▸▸大体40字～70字、3つ～5つの短い文で構成された問題文が出題されている。文章の内容の趣旨は何かに注目して選択肢を選ぼう。

合格資料 33 「文の中心となる考えを選ぶ問題」の既出例

※1) 収録された既出問題の台本は各回の一部である。2) 解説は336ページへ。

既出	問題文
37回	저는 휴일에 친구 집에 가려고 합니다. 친구와 같이 드라마를 보려고 합니다. 이야기도 많이 할 겁니다. ① 저는 집에서 드라마를 보고 싶습니다. ② 저는 친구에게 이야기를 하러 갈 겁니다. ③ 저는 친구와 드라마 이야기를 할 겁니다. ④ 저는 친구와 함께 휴일을 지내고 싶습니다.
41回	저는 아침에 일어나서 라디오를 켜고 음악을 듣습니다. 음악을 들으면 기분이 좋습니다. 그래서 청소할 때나 공부할 때 음악을 자주 듣습니다. ① 저는 청소하는 것을 좋아합니다. ② 저는 음악 듣는 것이 즐겁습니다. ③ 저는 음악 공부를 하고 싶습니다. ④ 저는 아침에 라디오를 듣고 싶습니다.
47回	저는 노래를 못합니다. 그런데 제 친구는 노래를 정말 잘합니다. 저도 그 친구처럼 되고 싶습니다. ① 저는 가수가 되고 싶습니다. ② 저는 노래를 잘하고 싶습니다. ③ 저는 친구의 노래를 듣고 싶습니다. ④ 저는 친구와 노래를 부르고 싶습니다.
52回	저는 주말에 항상 민수 씨와 테니스를 칩니다. 그런데 민수 씨가 일 때문에 외국에 갔습니다. 저는 민수 씨가 빨리 오면 좋겠습니다. ① 저는 테니스를 배우려고 합니다. ② 저는 외국에서 일을 하려고 합니다. ③ 저는 민수 씨와 테니스를 치고 싶습니다. ④ 저는 민수 씨와 같이 외국에 가고 싶습니다.
60回	저는 오늘 친구를 만났습니다. 친구를 일 년 동안 못 만나서 보고 싶었습니다. 우리는 밤 늦게까지 이야기했습니다. ① 저는 친구를 만나서 좋았습니다. ② 저는 집에 일찍 가고 싶었습니다. ③ 저는 친구를 많이 사귀고 싶습니다. ④ 저는 친구가 저를 좋아하면 좋겠습니다.

問題類型2 文の正しい順番を決める整序問題

短文を4つ提示し、論理的、時間的に正しく配列されたものはどれかを選ぶ文整序の問題が2問出題される。この形態の問題は次のように論理的な順序や接続詞、指示語、時間の流れなどに注意して解くようにする。

❶ 順番の最初に来る文は選択肢からヒントが得られる。選択肢の配列では最初の文になるものを2つ提示し、選択させてくれる。

❷ 論理的な順序が求められるものは最初の文が見つかったら、次は「なぜ、何を、どのように」に該当する文を確認する。

❸ 接続語「그리고, 또」や「그러나, 그런데, 하지만, 그렇지만」などの対等や否定のことばがあるところは2番目や3番目の文になる可能性が高い。

❹ 接続語「그래서」などのように結論に結びつきやすいことばがあるところは最後の文になる確率が高い。

既出 64回

다음을 순서대로 맞게 나열한 것을 고르십시오.

(가) 저는 종이컵을 많이 썼습니다.
(나) 이제부터 그 컵을 쓰려고 합니다.
(다) 그래서 가지고 다닐 컵을 샀습니다.
(라) 그런데 종이컵은 바로 쓰레기가 됩니다.

① (가)-(다)-(나)-(라)　② (가)-(라)-(다)-(나)
③ (나)-(다)-(라)-(가)　④ (나)-(라)-(가)-(다)

正解 ❷

解説 次を順序通りに正しく配列したものを選びなさい。

(가) 私は紙コップをたくさん使いました。
(나) これからはそのコップを使おうと思います。
(다) だから持ち歩けるコップを買いました。
(라) ところが紙コップはすぐごみになります。

問題類型 3　文章の内容を確認する問題

TOPIK Ⅰの本試験の読解問題は31番～70番までの40問構成で出題されるが、そのうちの問題番号49番～56番までと問題番号59番～70番までは文章の内容を確認する問題で構成されている。

この形式の問題は一つの文章を読んで、文中の空所に入れる語句を選ぶ問題1問、文の内容と一致するものを選ぶ問題(または文の主題や文を書いた目的・理由を探す問題)1問の2問ずつの組み合わせで20問が出題される。読解全体の40問中半分がこの形式で出題されている。

空所に入るものを選ぶ空所補充問題の選択肢としては主に連体形語句や慣用表現、副詞語、接続語などの語句や文章が出てくる。

指示文の組み合わせ別に出題問題をまとめると次のように分類できる。

❶ 空所補充(語句) + 内容一致の問題
❷ 空所補充(文章) + 内容一致の問題
❸ 文の目的・理由 + 内容一致の問題
❹ 空所補充(語句) + 主題把握の問題
❺ 空所補充(語句) + 空所補充(語句)の問題
❻ 空所補充(語句) + 重要内容把握の問題

※ 20の問題指示文中、①語句の空所補充が9問、②文章の空所補充が1問、③文の内容一致(要点把握含む)が8問、④文の主題把握が1問、⑤文の目的の把握が1問の割合で構成されている。選択の指示文が異なるものも数問あるが、49番～70番までの文章内容を確認する問題は基本的に「空所補充(語句)+内容一致の問題」の組み合わせで出題されている。確かな語彙力と文法力に支えられた文章の読解力が求められる。

以下は本試験問題49番～56番、59番～70番までの問題の指示文をまとめたものである。試験回数によって順番の入れ替わりなど若干の違いはあるが、大体このような問題指示文の組み合わせで出題される。出題問題の組み合わせと流れを把握する上で参考にしてもらいたい。

【49～50】の問題

49. ㉠에 들어갈 알맞은 말을 고르십시오.
㉠に入る適切な語句を選びなさい。

50. 이 글의 내용과 같은 것을 고르십시오.

この文の内容と同じものを選びなさい。

➡ 49番は空所に入る適切な語句を選ぶ穴埋め問題、50番は問題文と内容が一致する選択肢を選ぶ問題で構成されている。この内容一致選択の問題は類似している問題まで含めると読解問題全体の約4割を占めている。

【51〜52】の問題

51. ㉠에 들어갈 알맞은 말을 고르십시오.

52. 무엇에 대한 이야기인지 고르십시오.
何についての話なのかを選びなさい。

➡ 51番の穴埋め問題は空所に入る適切な語句を選ぶ問題、52番は問題文の主題を把握する問題で構成されている。この52番の主題把握の問題は34回の試験までにあった「文のタイトルを選ぶ問題」の代わりに35回の試験から新しく設けられている。

【53〜54】の問題

53. ㉠에 들어갈 알맞은 말을 고르십시오.

54. 이 글의 내용과 같은 것을 고르십시오.

➡ 53番は空所に入る適切な語句を選ぶ穴埋め問題、54番は問題文と内容が一致する選択肢を選ぶ問題で構成されている。

【55〜56】の問題

55. ㉠에 들어갈 알맞은 말을 고르십시오.

56. 이 글의 내용과 같은 것을 고르십시오.

➡ 55番は空所に入る適切な語句を選ぶ穴埋め問題、56番は問題文と内容が一致する選択肢を選ぶ問題で構成されている。

【59〜60】の問題

59. 다음 문장이 들어갈 곳을 고르십시오.
次の文章が入るところを選びなさい。

60. 이 글의 내용과 같은 것을 고르십시오.

➡ 59番は四つの空所を設け、例の文章を入れるのに最も適切な空所を選ぶ問題、60番は問題文と内容が一致する選択肢を選ぶ問題で構成されている。

【61〜62】の問題

61. ㉠에 들어갈 알맞은 말을 고르십시오.

62. 이 글의 내용과 같은 것을 고르십시오.

➡61番の穴埋め問題は空所に入る適切な語句を選ぶ問題、52番は問題文の内容と一致する選択肢を選ぶ問題で構成されている。

【63～64】の問題

63 유미 씨는 왜 이 글을 썼습니까?
ユミさんはなぜこの文章を書きましたか。

64. 이 글의 내용과 같은 것을 고르십시오.

➡メール形式の文章が2問出題される。63番はメール文をなぜ書いたのか、文の内容を把握してその目的や理由を探す問題、64番は問題文と内容が一致する選択肢を選ぶ問題で構成されている。

【65～66】の問題

65. ㉠에 들어갈 알맞은 말을 고르십시오.

66. 이 글의 내용과 같은 것을 고르십시오.

➡65番は空所に入る適切な語句を選ぶ穴埋め問題、66番は問題文と内容が一致する選択肢を選ぶ問題で構成されている。

【67～68】の問題

67. ㉠에 들어갈 알맞은 말을 고르십시오.

68. ㉡에 들어갈 알맞은 말을 고르십시오.
㉡に入る適切な語句を選びなさい。

➡ここの問題は2問とも語句の空所補充問題で構成されている。ただ68番は単純に語彙の穴埋めではなく、前後の文脈に合う語尾や慣用表現が用いられた選択肢を選ぶもので、文法的な理解力が問われる問題構成になっている。

【69～70】の問題

69. ㉠에 들어갈 알맞은 말을 고르십시오.

70. 이 글의 내용으로 알 수 있는 것은 무엇입니까?
この文の内容からわかるものは何ですか。

➡69番は空所に入る適切な語句を選ぶ穴埋め問題、70番は文の重要な内容を把握する問題で構成されている。この70番の問題の形式は問題の内容としては文の内容一致選択の問題とほぼ変わらない。

1 【空所補充(語句)+内容一致】問題の例

既出
34回

다음 글을 읽고 물음에 답하십시오.

> 이 책에는 손잡이가 그려진 문이 두 개 있습니다. '똑똑' 문을 두드리면 파란 방이 나옵니다. 파란 방에는 '야옹' 소리를 내는 고양이가 있습니다. 그 옆에 있는 문을 두드리면 빨간 방에서 호랑이가 '어흥' 하고 나옵니다. 이 책은 동물도 만나고 동물의 (㉠) 수 있는 재미있는 장난감 책입니다.

1. ㉠에 들어갈 알맞은 말을 고르십시오.

① 방도 만들　② 소리도 들을
③ 문을 두드릴　④ 손잡이를 그릴

2. 이 글의 내용과 같은 것을 고르십시오.

① 파란 방에는 호랑이가 있습니다.
② 이 책에는 문이 두 개 있습니다.
③ 빨간 방에서는 '야옹' 소리가 납니다.
④ 이 책을 두드리면 손잡이가 나옵니다.

解説

次を読んで問いに答えなさい。

> この本には取っ手の描かれたドアが二つあります。とんとんとドアをノックすると青い部屋が出てきます。青い部屋には ニャーと声を出す猫がいます。その横にあるドアをノックすると赤い部屋で虎がウオーと(吠えながら)出て来ます。この本は動物にも会い、動物の (㉠)ことができる面白いおもちゃの本です。

1. ㉠に入る適切な語句を選びなさい。

① 部屋も作る　❷ 声も聞く
③ ドアをノックする　④ 取っ手を描く

2. この文の内容と同じものを選びなさい。

① 青い部屋には虎がいます。
❷ この本にはドアが二つあります。
③ 赤い部屋ではニャーという音がします。
④ この本をノックすると取っ手が出ます。

既出
52回

다음 글을 읽고 물음에 답하십시오.

저는 혼자 여행하는 것을 좋아합니다. 보통 여행 기간이나 장소를 정하지 않고 여행을 떠납니다. 유명한 관광지보다는 작은 마을을 다닙니다. 저는 운전을 하면서 여행하는데 예쁜 경치가 보이면 내려서 구경합니다. 여행하는 곳이 (㉠)오랫동안 지낼 때도 있습니다.

1. ㉠에 들어갈 알맞은 말을 고르십시오.

① 좋으면　　② 좋지만
③ 좋아도　　④ 좋은데

2. 이 글의 내용과 같은 것을 고르십시오.

① 저는 여행할 때 직접 운전을 합니다.
② 저는 여러 사람과 함께 여행을 합니다.
③ 저는 여행 기간을 정한 후에 여행합니다.
④ 저는 여행할 때마다 유명한 관광지에 갑니다.

解説

次を読んで問いに答えなさい。

私は一人で旅行するのが好きです。たいてい旅行期間や場所を決めないで旅に出かけます。有名な観光地よりは小さい村に行きます。私は運転をしながら旅行しますが、美しい景色が見えると降りて見物します。旅行しているところが(㉠)長く過ごすこともあります。

1. ㉠に入る適切な語句を選びなさい。

❶ よければ　　② よいけど
③ よくても　　④ よいが

2. この文の内容と同じものを選びなさい。

❶ 私は旅行する時、直接運転をします。
② 私は色々な人と一緒に旅行をします。
③ 私は旅行の期間を決めてから旅行します。
④ 私は旅行するたびに有名な観光地に行きます。

▸▸▸ 本試験49～70番までの間にこのように内容一致問題との組み合わせになっている空所補充問題が8問程度出題される。空所補充問題は基本的に前後の文を文脈に合うように繋げられる語彙力を問う問題がベースになっている。しかし、この問題のように文脈に合う適切な語尾、または慣用表現と結合した表現はどれかを選ぶ形としても2～3問出題される。

既出
31回

다음 글을 읽고 물음에 답하십시오.

사람은 주로 소리를 내서 이야기를 합니다. (㉠)벌은 다른 방법으로 이야기를 합니다. 벌은 소리를 낼 수 없기 때문에 춤으로 이야기를 전달합니다. 벌은 꿀을 찾으면 꿀의 위치나 꿀의 양을 춤으로 나타냅니다. 다른 벌들이 멀리에서도 그 벌이 움직이는 것을 보고 꿀의 위치나 양을 알 수 있습니다.

1. ㉠에 들어갈 알맞은 말을 고르십시오.

① 하지만　　② 그러면
③ 그러니까　　④ 왜냐하면

2. 이 글의 내용과 같은 것을 고르십시오.

① 벌은 소리로 이야기를 전합니다.
② 벌은 춤으로 꿀의 위치를 알립니다.
③ 벌은 이야기를 멀리 전할 수 없습니다.
④ 벌은 꿀을 찾으면 특별한 소리를 냅니다.

解説

次を読んで問いに答えなさい。

人は主に声を出して話をします。(㉠)蜂は他の方法で話をします。蜂は声を出すことができないので踊りで話を伝えます。蜂は蜂蜜を見つけると蜂蜜の位置や蜂蜜の量を踊りで表します。他の蜂たちが遠くからもその蜂が動いているのを見て蜂蜜の位置や量が分かります。

1. ㉠に入る適切な語句を選びなさい。

❶ しかし　　② それでは
③ だから　　④ なぜなら

2. この文の内容と同じものを選びなさい。

① 蜂は音で話を伝えます。
❷ 蜂は踊りで蜂蜜の位置を知らせます。
③ 蜂は話を遠く伝えることができません。
④ 蜂は蜂蜜を見つけると特別な音を出します。

▸▸▸この組わせの空所補充問題では接続語を入れる問題が毎回2問程度出題される。p.117合格資料−24の「TOPIK I出題の副詞/接続語リスト」を覚えておこう。

4
読解編
(Ⅱ)

2 【空所補充(語句)+主題把握】問題の例

既出
35回

다음 글을 읽고 물음에 답하십시오.

몇십 년 후에는 자동차가 하늘로 다닐 것입니다. 그러면 그 자동차를 만드는 사람이 필요합니다. 그리고 하늘에 자동차가 있으면 하늘에서 일하는 교통경찰도 있어야 합니다. 지금은 이런 사람들을 (㉠) 없습니다. 하지만 앞으로는 이런 사람들을 자주 볼 수 있을 것입니다.

1. ㉠에 들어갈 알맞은 말을 고르십시오. (3점)

① 만날 수　② 보낼 수
③ 가르칠 수　④ 기다릴 수

2. 무엇에 대한 이야기인지 고르십시오. (2점)

① 미래의 집　② 미래의 직업
③ 내가 만든 자동차　④ 내가 좋아하는 자동차

解説

次を読んで問いに答えなさい。

何十年後には自動車が空を走るようになるでしょう。そうなるとその自動車を作る人が必要です。そして空に自動車があれば空で働く交通警察官もいなければなりません。いまはこういう人たちに(㉠)はできません。しかし、これからはこういう人たちによく会えるようになるでしょう。

1. ㉠に入る適切な語句を選びなさい。

❶ 会うこと　② 送ること
③ 教えること　④ 待つこと

2. 何についての話なのか選びなさい。

① 未来の家　❷ 未来の職業
③ 私が作った自動車　④ 私の好きな自動車

▸▸▸この組わせの問題が1問出題される。この形式の問題は34回の試験までにあった「文のタイトルを選ぶ問題」に代わって35回の試験から新しく設けられたものである。

3 【空所補充(文章)+内容一致】問題の例

類題

다음 글을 읽고 물음에 답하십시오.

> 경민 씨가 다리를 다쳐서 병원에 입원했습니다. (㉠) 다리를 움직일 수가 없어서 종일 앉아 있거나 누워 있습니다. (㉡) 경민 씨는 아주 좋아했습니다. (㉢) 조금 뒤에 민수 씨도 왔습니다. 민수 씨는 과자와 주스를 사 가지고 왔습니다. (㉣) 같이 재미있는 이야기를 하니까 경민 씨도 기분이 좋아진 것 같았습니다.

1. 다음 문장이 들어갈 곳을 고르십시오.

> 그래서 잡지와 만화를 가지고 만나러 갔습니다.

① ㉠　　② ㉡　　③ ㉢　　④ ㉣

2. 이 글의 내용과 같은 것을 고르십시오.

① 경민 씨는 민수 씨를 만나서 기분이 좋았습니다.
② 경민 씨는 종일 앉아서 잡지와 만화를 읽습니다.
③ 민수 씨는 과자와 주스를 잘 먹습니다.
④ 경민 씨가 입원해서 만나러 갔습니다.

解説

次を読んで問いに答えなさい。

> キョンミンさんが脚を怪我して病院に入院しました。(㉠)脚を動かす事ができなくて、一日中座っていたり横になったりしていました。(㉡)キョンミンさんはとても喜びました。(㉢)少し後でミンスさんも来ました。ミンスさんはお菓子とジュースを買ってきました。(㉣)一緒に面白い話をしたので、キョンミンさんも気分が良くなったようでした。

1. 次の文章が入る所を選びなさい。

> それで雑誌と漫画を持って会いに行きました。

① ㉠　　❷ ㉡　　③ ㉢　　④ ㉣

2. この文の内容と同じものを選びなさい。

① キョンミンさんは、ミンスさんに会って気分が良かったです。
② キョンミンさんは一日座って、雑誌と漫画を読んでいます。
③ ミンスさんはお菓子とジュースをよく食べます。
❹ キョンミンさんが入院したので会いに行きました。

▸▸▸四つの空所を設け、例の文章を入れるのに適切な空所を選ぶ問題と問題文と内容が一致する選択肢を探す問題の組み合わせで構成されている。

4 【文の目的・理由＋内容一致】問題の例

既出
35回

다음을 읽고 물음에 답하십시오.

받는사람	sarang@parang.com; koreal@empan.com; minsu@bola.com;
	ok1213@maver.com; tree@maver.com
제 목	유학생 농구 대회
보낸사람	yumi@parang.com

농구 대회에 참가 신청을 해 주셔서 감사합니다.
이번 주 토요일 오전 10시에 운동장에서 대회가 시작됩니다.
경기에 참가하는 선수들은 9시까지 와 주시기 바랍니다.
비가 오면 학생회관 옆에 있는 체육관에서 경기를 하겠습니다.
그럼, 토요일에 뵙겠습니다.

학생회장 김유미 올림

1. 유미 씨는 왜 이 글을 썼습니까?
   ① 대회 날짜를 바꾸려고
   ② 대회 참가 신청을 받으려고
   ③ 대회 참가 신청을 취소하려고
   ④ 대회 시간과 장소를 알려 주려고

2. 이 글의 내용과 같은 것을 고르십시오.
   ① 체육관은 운동장 옆에 있습니다.
   ② 비가 오면 농구 대회를 하지 않습니다.
   ③ 농구 대회 참가자는 10시까지 와야 합니다.
   ④ 날씨가 좋으면 운동장에서 농구 대회를 할 겁니다.

解説

次を読んで問いに答えなさい。

　バスケットボール大会に参加申し込みをしていただき、有難うございます。今週の土曜日の午前10時に運動場で大会が始まります。競技に参加する選手は9時までに来てください。雨の場合は学生会館の隣にある体育館で競技をします。では土曜日にお会いしましょう。

1. ユミさんはなぜこの文を書きましたか。
   ① 大会の（開催）日を変えようと
   ② 大会の参加申し込みを受けようと
   ③ 大会の参加申し込みを取り消そうと
   ❹ 大会の時間と場所を知らせようと

2. この文の内容と同じものを選びなさい。

① 体育館は運動場の隣にあります。
② 雨が降ればバスケットボール大会は開きません。
③ バスケットボール大会の参加者は10時までに来なければなりません。
❹ 天気が良ければ運動場でバスケットボール大会を開きます。

5 【空所補充(語句)+空所補充(語句)】問題の例

既出 35回

다음 글을 읽고 물음에 답하십시오.

문제를 풀기 어려울 때는 책상 앞에만 앉아 있지 마십시오. 계속 앉아 있으면 좋은 생각이 (㉠) 않습니다. 그럴 때는 일어나서 걷는 것이 좋습니다. 걸으려고 꼭 밖으로 (㉡). 집 안도 좋고 사무실 안도 괜찮습니다.

1. ㉠에 들어갈 알맞은 말을 고르십시오.

① 나지　② 많지
③ 없어지지　④ 달라지지

2. ㉡에 들어갈 알맞은 말을 고르십시오.

① 나가려고 합니다　② 나갈 수 있습니다
③ 나가지 않아도 됩니다　④ 나가지 않기로 합니다

解説

次を読んで問いに答えなさい。

問題を解きにくい時は机の前にばかり座っていないでください。ずっと座っていると良い考えが(㉠)ないです。そういう時は立ちあがって歩いたほうが良いです。歩こうとして必ず外に(㉡)。家の中でも良いし、事務室の中でもいいです。

1. ㉠に入る適切な語句を選びなさい。

❶ 思い浮ば　② 多く　③ なくなら　④ 変わら

2. ㉡に入る適切な語句を選びなさい。

① 出ようと思います　② 出ることができます
❸ 出なくても良いです　④ 出ないことにします

6 【空所補充(語句)+重要な内容把握】問題の例

既出
64回

다음 글을 읽고 물음에 답하십시오.

> 몇 달 전, 우리 집 앞에서 떨고 있는 작고 마른 강아지를 보았습니다. 저는 그 강아지가 너무 불쌍해 보였습니다. 저는 강아지를 집으로 데려 와 먹을 것을 주고 잠도 재워 주었습니다. 그때부터 주인을 찾고 있는데 아직도 주인이 나타나지 않습니다. 그 강아지는 이제 (㉠) 저의 좋은 친구가 되었습니다. 강아지와 헤어지기 싫습니다.

1. ㉠에 들어갈 알맞은 말을 고르십시오.

① 잠이 많아져서　　② 주인을 찾아서
③ 크고 건강해져서　　④ 계속 떨고 있어서

2. 이 글의 내용으로 알 수 있는 것을 고르십시오.

① 저는 강아지의 주인을 만났습니다.
② 저는 이 강아지를 잃어버렸습니다.
③ 저는 이 강아지를 키우는 것이 싫습니다.
④ 저는 길에서 데려온 강아지를 키우고 있습니다.

解説

次を読んで問いに答えなさい。

> 数か月前、我が家の前で震えている小さくて痩せた子犬を見つけました。私はその子犬がとてもかわいそうに見えました。私は子犬を家に連れてきて食べ物を与え、泊めてあげました。その時から飼い主を探していますが、いまだに飼い主が現れません。その子犬はもう(㉠)私のいい友達になりました。子犬と別れたくありません。

1. ㉠に入る適切な語句を選びなさい。

① よく寝るようになって　　② 飼い主を探して
❸ 大きく元気になって　　④ ずっと震えていて

2. この文の内容でわかることは何ですか。

① 私は子犬の飼い主に会いました。
② 私はこの子犬をなくしてしまいました。
③ 私はこの子犬を育てるのが嫌です。
❹ 私は道(家の前)で連れて(拾って)きた子犬を育てています。

▶▶▶ 잠을 재워 주다：泊めてやる。재우다：①寝かせる、②泊める
잠이 많다：よく寝る、長時間寝る。

合格資料 34 空所補充問題に頻出の副詞語リスト

□가끔　たまに、ときどき
□자주　度々、よく
□늘　いつも
□언제나　いつも
□항상　いつも、常に
□가장　いちばん、最も
□갑자기　急に
□미리　前もって、あらかじめ
□거의　ほとんど
□곧　①すぐ、②まもなく
□바로　ちょうど、まさに
□다시　もう一度、また、再び
□많이　たくさん、多く
□매우　とても、たいへん、非常に
□무척　たいへん、とても、非常に
□아주　とても、たいへん、非常に
□너무　あまり、非常に
□빨리　速く、早く
□일찍　早く、早目に
□천천히　ゆっくり
□벌써　もう、すでに
□아직　まだ
□아까　先ほど、さっき
□이따가　あとで、のちほど
□먼저　まず、先に
□우선　まず、とりあえず
□계속　ずっと
□그냥　そのまま、ただ
□그만　つい、うっかり
□꼭　必ず、きっと、ぜひ
□더　もっと、もう、
□따로　ほかに、別々に
□똑바로　まっすぐ
□별로　別に、さほど、たいして
□새로　新たに、新しく
□서로　互いに
□아마　たぶん、おそらく
□얼마나　どれぐらい、どんなに
□열심히　一生懸命、熱心に
□전혀　まったく、全然
□조용히　静かに
□주로　おもに
□직접　直接
□특별히　特別に
□특히　特に
□물론　もちろん、無論
□푹　ぐっすり、ゆっくり
□약간　若干
□금방　たった今、すぐ
□오래　長く、久しく
□이제　今、もう
□잠시　しばし、しばらく
□느리게　のろく、ゆっくり
□늦게　遅く

合格資料 35 空所補充問題に頻出の接続語リスト

□그래도　それでも、でも
□그래서　それで
□그러나　しかし
□그러니까　だから
□그러면　それでは、では
□그런데　ところで、ところが
□그럼　では
□그렇지만　けれども、だが
□그리고　そして
□왜냐하면　なぜなら
□하지만　だが、けれども

1 文の中心となる考えを選ぶ問題

1. 다음을 읽고 중심 생각을 고르십시오.
次を読んで中心となる考えを選びなさい。

> 나는 내 방이 없습니다. 중학생인 동생과 같이 방을 쓰고 있습니다. 자는 시간도 다르고 좋아하는 것도 다릅니다. 그래서 불편합니다. 나도 내 방이 있었으면 좋겠습니다.

① 나와 동생은 취미가 같지 않습니다.
② 나는 동생이 좋아하는 것을 싫어합니다.
③ 나는 동생과 같은 시간에 자고 싶습니다.
④ 나는 내 방을 가지고 싶습니다.

2. 다음을 읽고 중심 생각을 고르십시오.

> 지금 살고 있는 집은 직장에서 멉니다. 아침에 일찍 일어나야 하고 차를 타는 시간이 길어서 피곤합니다. 그래서 직장에서 가까운 곳으로 이사를 하려고 합니다.

① 나는 아침 일찍 직장에 가야 합니다.
② 나는 일찍 일어나기 때문에 피곤합니다.
③ 나는 직장 근처에 살려고 합니다.
④ 나는 직장 근처에서 이사할 겁니다.

3. 다음을 읽고 중심 생각을 고르십시오.

> 다음 주 월요일에 시골에서 할머니가 오십니다. 아주 오래간만에 오십니다. 그래서 참 기쁩니다. 빨리 할머니를 만나고 싶습니다.

① 할머니가 오시기 때문에 기쁩니다.
② 오래간만에 할머니를 만났습니다.
③ 시골에서 할머니를 만나려고 합니다.
④ 월요일에 할머니를 만나러 갈 겁니다.

▶解説は337ページへ

4. 다음을 읽고 중심 생각을 고르십시오.

> 나는 어제 숙제 때문에 세 시간밖에 못 잤습니다. 오늘도 늦게까지 수업이 있고 내일 시험 준비도 해야 합니다. 그래서 아주 피곤합니다.

① 어제는 열심히 숙제를 했습니다.
② 요즘 너무 바빠서 피곤합니다.
③ 빨리 시험 준비를 하고 싶습니다.
④ 세 시간밖에 못 자서 자고 싶습니다.

5. 다음을 읽고 중심 생각을 고르십시오.

> 나는 친구의 결혼식 사진을 봤습니다. 사진 속의 두 사람이 참 예뻤습니다. 예쁜 옷을 입고 웃고 있었습니다. 나도 결혼할 사람이 있었으면 좋겠습니다.

① 친구 부부의 사진이 예쁩니다.
② 친구 결혼식에서 사진을 찍었습니다.
③ 예쁜 옷을 입고 사진을 찍고 싶습니다.
④ 나도 결혼하고 싶습니다.

6. 다음을 읽고 중심 생각을 고르십시오.

> 민수 씨는 공부를 잘하고 운동도 잘합니다. 노래도 잘 부릅니다. 그리고 성격도 좋아서 친구들이 아주 많습니다.

① 민수 씨는 친구들과 자주 노래를 부릅니다.
② 민수 씨 친구들은 공부도 운동도 잘합니다.
③ 민수 씨는 성격이 좋은 친구들이 많습니다.
④ 민수 씨는 친구들에게 인기가 좋습니다.

▶解説は337ページへ

1 文の中心となる考えを選ぶ問題

7. 다음을 읽고 중심 생각을 고르십시오.

☐

> 미영 씨는 늘 카메라를 가지고 다닙니다. 거리나 가게에서 재미있는 것이나 예쁜 것을 보면 사진을 찍습니다. 사람이나 동물은 별로 찍지 않습니다.

① 미영 씨는 늘 거리나 가게 사진을 찍습니다.
② 미영 씨는 사진 찍는 것을 좋아합니다.
③ 미영 씨는 동물 사진을 가끔 찍습니다.
④ 미영 씨는 늘 예쁘게 사진을 찍으려고 합니다.

8. 다음을 읽고 중심 생각을 고르십시오.

☐

> 나는 한국어를 배우러 일본에서 왔습니다. 학교 근처에서 하숙을 하고 있습니다. 하숙집에서는 매일 한국 음식을 먹습니다. 한국 음식도 맛있지만 가끔 고향 음식이 먹고 싶습니다.

① 일본 음식을 먹고 싶습니다.
② 가끔 맛있는 음식을 먹고 싶습니다.
③ 나는 요리를 배우러 왔습니다.
④ 한국 음식은 좋아하지 않습니다.

9. 다음을 읽고 중심 생각을 고르십시오.

☐

> 나는 낚시를 자주 갑니다. 이번 주말에도 친구와 인천 앞 바다로 낚시를 갑니다. 낚시는 정말 재미있습니다.

① 나는 자주 인천에 갑니다.
② 주말마다 낚시를 가는 것이 즐겁습니다.
③ 나는 낚시를 아주 좋아합니다.
④ 바다 낚시는 재미있습니다.

▶解説は338ページへ

10. 다음을 읽고 중심 생각을 고르십시오.

☐

> 저는 보통 때는 청바지에 운동화를 신고 다닙니다. 물론 넥타이는 매지 않습니다. 그런데 오늘은 친구 결혼식입니다. 그래서 양복을 입고 넥타이도 맸습니다. 아주 불편합니다. 빨리 결혼식이 끝났으면 좋겠습니다.

① 친구 결혼식 시간이 너무 깁니다.
② 넥타이와 양복을 빨리 벗고 싶습니다 .
③ 결혼식에는 좋은 옷을 입고 가야 합니다.
④ 청바지를 입을 때는 넥타이를 매면 안 됩니다.

11. 다음을 읽고 중심 생각을 고르십시오.

☐

> 나는 내 컴퓨터가 없습니다. 가족과 함께 쓰고 있는 것은 있습니다. 그래서 내 것을 사려고 돈을 모으고 있습니다. 다음 달에는 살 수 있을 것 같습니다.

① 나는 컴퓨터를 살 겁니다.
② 나는 돈을 모아서 집을 살 겁니다.
③ 나는 내 컴퓨터가 없어도 됩니다.
④ 내 컴퓨터를 가족이 같이 쓰고 싶어합니다.

12. 다음을 읽고 중심 생각을 고르십시오.

☐

> 유스케 씨는 다음 주에 일본에 돌아갑니다. 나는 서점에 가서 '한국의 산과 바다'라는 책을 샀습니다. 내일 유스케 씨를 만날 때 선물하려고 합니다.

① 유스케 씨는 오늘 책을 샀습니다.
② 유스케 씨는 한국어 책을 좋아합니다.
③ 나는 유스케 씨에게 주려고 책을 샀습니다.
④ 나는 유스케 씨에게 책을 소개했습니다.

▶解説は338ページへ

13. 다음을 읽고 중심 생각을 고르십시오.

> 나는 기분이 안 좋을 때는 운동을 합니다. 운동을 하면 기분 나쁜 일을 빨리 잊을 수 있습니다. 그리고 다시 즐겁게 일을 할 수 있습니다.

① 기분 나쁘지만 즐겁게 운동을 하고 싶습니다.
② 기분 나쁜 일은 운동을 해서 잊습니다.
③ 기분 나쁜 일은 빨리 잊어야 합니다.
④ 기분 나쁠 때 하는 운동은 좋지 않습니다.

14. 다음을 읽고 중심 생각을 고르십시오.

> 서울 식당은 음식이 맛있습니다. 그래서 항상 손님이 많습니다. 특히 주말에는 예약을 안 하면 자리가 없을 때가 많습니다.

① 주말에는 서울 식당에서 식사를 합니다.
② 주말에는 예약을 하는 게 좋습니다.
③ 주말에는 서울 식당을 피해야 합니다.
④ 주말에는 자리가 없어서 예약을 못 합니다.

15. 다음을 읽고 중심 생각을 고르십시오.

> 이번 주 토요일부터 여름 방학이 시작됩니다. 방학을 하면 부산에 있는 할머니 댁에 가려고 합니다. 기차표도 사 놓았습니다. 빨리 할머니를 만나고 싶습니다.

① 방학은 토요일에 시작되었습니다.
② 방학을 하면 언제나 할머니 댁에 갑니다.
③ 방학 때 할머니를 만나러 갈 겁니다.
④ 부산에 가는 기차표를 오늘 샀습니다.

▶解説は339ページへ

16. 다음을 읽고 중심 생각을 고르십시오.

> 한국어는 재미있습니다. 나는 매일 한 시간씩 한국어를 공부합니다. 주말에는 한국 영화를 보면서 공부합니다. 어렵지만 한국어로 직접 듣습니다.

① 나는 한국어를 열심히 공부합니다.
② 한국어는 어렵지만 재미있습니다.
③ 주말에는 한국 영화를 자주 봅니다.
④ 한국어는 매일 공부해야 합니다.

17. 다음을 읽고 중심 생각을 고르십시오.

> 유학을 가려면 준비해야 할 것이 많습니다. 실수를 하지 않으려면 유학에 필요한 것을 모두 적어 두면 좋습니다. 적은 것을 보면서 준비하면 실수가 적습니다.

① 유학 갈 때는 준비로 아주 바쁩니다.
② 유학을 가서 실수하는 사람이 많습니다.
③ 유학 때 실수를 한 것을 적어 두면 좋습니다.
④ 유학에 필요한 것을 적어 놓고 준비하는 것이 좋습니다.

18. 다음을 읽고 중심 생각을 고르십시오.

> 나는 서울에서 버스로 한 시간쯤 걸리는 곳에 삽니다. 회사가 멀어서 좀 불편합니다. 그렇지만 집이 넓고 주변에 나무도 많아서 좋습니다.

① 버스를 타고 한 시간쯤 가면 나무가 많습니다.
② 회사에서 멀지만 집이 넓어서 마음에 듭니다.
③ 회사는 서울에서 버스로 한 시간쯤 걸립니다.
④ 집이 버스 정류장에서 멀어서 불편합니다.

▶解説は339ページへ

2 文整序完成問題

1. 다음을 순서대로 맞게 나열한 것을 고르십시오.

☐ 次を順序通りに正しく配列したものを選びなさい。

> (가) 비행기 표가 없어서 기차를 탔습니다.
> (나) 우리는 함께 점심을 먹고 바다를 보러 갔습니다.
> (다) 나는 여름에 부산으로 여행을 갔습니다.
> (라) 기차에서 내려서 친구를 만났습니다.

① (가) – (나) – (라) – (다)　② (가) – (라) – (나) – (다)
③ (다) – (가) – (나) – (라)　④ (다) – (가) – (라) – (나)

2. 다음을 순서대로 맞게 나열한 것을 고르십시오.

☐

> (가) 약국에서 약을 사 먹었습니다.
> (나) 오늘은 감기에 걸려서 더 힘들었습니다.
> (다) 그렇지만 시간이 없어서 병원에 못 갔습니다.
> (라) 요즘은 주말에도 쉬지 못해서 피곤합니다.

① (라) – (나) – (다) – (가)　② (라) – (다) – (나) – (가)
③ (나) – (다) – (가) – (라)　④ (나) – (가) – (다) – (라)

3. 다음을 순서대로 맞게 나열한 것을 고르십시오.

☐

> (가) 그리고 그림을 직접 그려 볼 수도 있습니다.
> (나) 요즘 인기가 있는 미술관이 있습니다.
> (다) 여기서는 그림을 손으로 만질 수도 있습니다.
> (라) 그래서 누구든지 그림을 즐길 수 있습니다.

① (가) – (다) – (나) – (라)　② (나) – (다) – (가) – (라)
③ (나) – (가) – (다) – (라)　④ (가) – (나) – (다) – (라)

▶解説は340ページへ

4. 다음을 순서대로 맞게 나열한 것을 고르십시오.

> (가) 두 달이나 남았는데 벌써부터 밤에 잠이 안 옵니다.
> (나) 그래서 어제 비행기 표를 예매했습니다.
> (다) 빨리 방학이 되었으면 좋겠습니다.
> (라) 이번 방학에 서울에 갈 예정입니다.

① (가) – (다) – (나) – (라)　② (라) – (가) – (다) – (나)
③ (라) – (나) – (가) – (다)　④ (가) – (나) – (라) – (다)

5. 다음을 순서대로 맞게 나열한 것을 고르십시오.

> (가) 보통 소포는 비행기나 배로 보낼 수 있습니다.
> (나) 왜냐하면 시간은 걸리지만 더 싸기 때문입니다.
> (다) 그래서 친구 생일 선물은 배로 보냈습니다.
> (라) 비행기는 배보다 빠르지만 비쌉니다.

① (라) – (나) – (가) – (다)　② (가) – (나) – (라) – (다)
③ (가) – (라) – (다) – (나)　④ (라) – (다) – (가) – (나)

6. 다음을 순서대로 맞게 나열한 것을 고르십시오.

> (가) 그런데 집에 와서 입어보니까 좀 작았습니다.
> (나) 집 근처 가게에서 바지를 샀습니다.
> (다) 조금 비쌌지만 색깔이 마음에 들었습니다.
> (라) 그래서 더 큰 것으로 바꾸러 갈 겁니다.

① (가) – (다) – (라) – (나)　② (가) – (나) – (다) – (라)
③ (나) – (라) – (가) – (다)　④ (나) – (다) – (가) – (라)

▶解説は341ページへ

2 文整序完成問題

7. 다음을 순서대로 맞게 나열한 것을 고르십시오.

> (가) 그래서 오전에는 그 친구 집에 전화를 걸지 않습니다.
> (나) 밤 늦게까지 일하고 아침에는 늦게 일어납니다.
> (다) 하지만 제 친구는 밤에 일을 더 많이 합니다.
> (라) 저는 아침에 일을 많이 합니다.

① (라) − (다) − (나) − (가)　② (나) − (다) − (가) − (라)
③ (나) − (가) − (라) − (다)　④ (라) − (가) − (나) − (다)

8. 다음을 순서대로 맞게 나열한 것을 고르십시오.

> (가) 요즘은 인터넷으로 책을 살 수 있습니다.
> (나) 그리고 배달 받을 주소를 적고 주문을 합니다.
> (다) 그러면 2~3일 내에 책을 받을 수 있습니다.
> (라) 사고 싶은 책이 있으면 인터넷으로 책을 찾습니다.

① (가) − (나) − (다) − (라)　② (다) − (가) − (나) − (라)
③ (다) − (나) − (가) − (라)　④ (가) − (라) − (나) − (다)

9. 다음을 순서대로 맞게 나열한 것을 고르십시오.

> (가) 특히 주말 저녁 시간에는 가족들이 많이 옵니다.
> (나) 역 앞 식당은 주말에는 손님이 많습니다.
> (다) 그래서 자리가 없을 때도 있습니다.
> (라) 주말 저녁에 이용하려면 전화로 예약하는 것이 좋습니다.

① (나) − (가) − (다) − (라)　② (라) − (가) − (다) − (나)
③ (라) − (나) − (가) − (다)　④ (나) − (다) − (라) − (가)

▶解説は341ページへ

10. 다음을 순서대로 맞게 나열한 것을 고르십시오.

☐

(가) 요리도 잘 못합니다.
(나) 동생은 지금까지 혼자 생활한 적이 없습니다.
(다) 동생이 외국으로 공부하러 가게 되었습니다.
(라) 어머니께서 매우 걱정하십니다.

① (나) – (가) – (다) – (라)　② (나) – (라) – (가) – (다)
③ (다) – (나) – (가) – (라)　④ (다) – (나) – (라) – (가)

11. 다음을 순서대로 맞게 나열한 것을 고르십시오.

☐

(가) 오늘도 도봉산에 갈 것입니다.
(나) 가족이 모두 등산을 좋아해서 정말 좋습니다.
(다) 우리 가족은 등산을 좋아합니다.
(라) 그래서 같이 산에 자주 갑니다.

① (다) – (가) – (나) – (라)　② (다) – (라) – (가) – (나)
③ (라) – (나) – (가) – (다)　④ (라) – (다) – (나) – (가)

12. 다음을 순서대로 맞게 나열한 것을 고르십시오.

☐

(가) 한국을 떠난 지 삼 년이 되었습니다.
(나) 그 친구가 다음주에 놀러 옵니다.
(다) 지금은 미국에 살고 있습니다.
(라) 어릴 때부터 친한 친구가 하나 있습니다.

① (라) – (가) – (나) – (다)　② (가) – (나) – (라) – (다)
③ (가) – (라) – (다) – (나)　④ (라) – (다) – (가) – (나)

▶解説は342ページへ

3·1 文の空所補充と内容一致を選ぶ問題①

[1] 다음을 읽고 물음에 답하십시오.
次の文を読んで問いに答えなさい。

> 아침에 출근하려고 지하철을 타면 여러 사람들을 만날 수 있습니다. 책을 읽고 있는 여자와 음악을 듣고 있는 학생이 있습니다. 컴퓨터로 일을 하는 사람도 있고 핸드폰으로 뉴스를 보거나 이메일을 보내거나 하는 사람도 있습니다. 아침마다 지하철에서 만나는 재미있는 사람들 때문에 (　㉠　) 하루를 시작할 수 있습니다.

1. ㉠에 들어갈 알맞은 말을 고르십시오.
☐ ㉠に入る適当な言葉を選びなさい。

① 무거운　　② 즐거운　　③ 어두운　　④ 무서운

2. 이 글의 내용과 같은 것을 고르십시오.
☐ この文の内容と同じものを選びなさい。

① 지하철을 타면 책을 읽거나 음악을 듣습니다.
② 핸드폰은 뉴스를 보거나 이메일을 보낼 때 사용합니다.
③ 지하철에서 여러 사람들을 보는 것은 즐겁습니다.
④ 지하철에는 특히 재미있는 사람들이 많이 탑니다.

[2] 다음을 읽고 물음에 답하십시오.

> 한국에 온 지 이제 일 년이 되었습니다. 처음에는 한국말도 못하고 아는 사람도 없어서 (　㉠　). 고향에 돌아가고 싶었습니다. 그렇지만 외로울 때는 음악을 듣거나 고향 친구들과 인터넷 전화로 이야기하면서 열심히 공부했습니다. 열심히 노력한 덕분에 한국말을 잘할 수 있게 되었습니다. 친구도 많이 생겨서 지금은 한국 생활이 즐겁습니다.

▶解説は342ページへ

1. ㉠에 들어갈 알맞은 말을 고르십시오.

☐ ① 아주 슬펐습니다 ② 울어야 합니다
③ 무척 힘들었습니다 ④ 열심히 뛰었습니다

2. 이 글의 내용과 같은 것을 고르십시오.

☐ ① 한국에 와서 일 년 동안 열심히 공부했습니다.
② 친구들과 같이 인터넷 전화로 공부합니다.
③ 한국 생활이 너무 즐거워서 외롭습니다.
④ 누구나 열심히 노력하면 한국말을 할 수 있습니다.

[3] 다음을 읽고 물음에 답하십시오.

내 취미는 사진을 찍는 것입니다. 요즘은 친구들에게 보내고 싶어서 고향에 있을 때보다 더 많이 사진을 찍습니다. 사진은 내가 말로 이야기할 수 없는 것도 잘 (㉠). 그래서 나는 사진 찍는 것을 좋아합니다. 바쁠 때도 매일 두세 장의 사진을 찍습니다. 그리고 가족이나 친구들에게 이메일로 보냅니다. 사진을 보고 즐거워하는 것을 보면 정말 기쁩니다. 한국에 있는 동안 재미있는 사진을 많이 찍고 싶습니다.

1. ㉠에 들어갈 알맞은 말을 고르십시오.

☐ ① 찾아 줍니다 ② 보내 줍니다 ③ 찍어 줍니다 ④ 표현해 줍니다

2. 이 글의 내용과 같은 것을 고르십시오.

☐ ① 바쁠 때는 사진을 찍습니다.
② 매일 사진을 찍어서 친구들에게 보냅니다.
③ 고향에 있을 때는 사진을 찍지 않았습니다.
④ 가족이나 친구 사진을 보면 즐겁습니다.

▶解説は343ページへ

[4] 다음을 읽고 물음에 답하십시오.

손님 여러분께 알립니다. 여기서는 담배를 피우면 안 됩니다. 그리고 음식을 드셔도 안 됩니다. 사신 책을 바꾸시려면 3일 안에 오시기 바랍니다. (㉠) 책을 바꿀 수 없습니다. 물어 볼 것이 있으면 저희 직원들에게 물어 보십시오. 그럼 좋은 책을 많이 읽으시기 바랍니다.

1. ㉠에 들어갈 알맞은 말을 고르십시오.

☐

① 3일이 지나지 않으면　② 영수증이 없으면

③ 직원이 없으면　④ 손님이 있으면

2. 이 글의 내용과 같은 것을 고르십시오.

☐

① 직원에게 물어서 좋은 책을 읽으십시오.

② 서점 앞에서 담배를 피우면 안 됩니다.

③ 산 책은 3일이 지나면 바꿀 수 없습니다.

④ 음식을 먹을 때는 직원에게 물어 보십시오.

[5] 다음을 읽고 물음에 답하십시오.

오늘 친구와 옷을 사러 백화점에 갔습니다. 백화점이 요즘 세일 기간이라서 시장보다 더 쌉니다. 백화점에는 사람이 정말 많았습니다. 우리는 (㉠) 티셔츠가 있는 가게로 들어갔습니다. 거기서 친구는 파란색, 나는 녹색 티셔츠를 하나씩 샀습니다. 파란색이 친구에게는 잘 어울렸습니다. 나는 주말에 친구들과 놀러 갈 때 이 옷을 입으려고 합니다.

1. ㉠에 들어갈 알맞은 말을 고르십시오.

☐

① 점원이 친절한　② 사람이 많은

③ 시장에서 본　④ 마음에 드는

▶解説は344ページへ

2. 이 글의 내용과 같은 것을 고르십시오.
☐
① 백화점의 세일 기간에는 시장은 쉽니다.
② 주말에 녹색 티셔츠를 입고 놀러 갈 겁니다.
③ 친구가 산 파란색이 녹색보다 아주 좋았습니다.
④ 친구는 놀러 갈 때 파란색 티셔츠를 입고 갈 겁니다.

[6] 다음을 읽고 물음에 답하십시오.

> 경민 씨는 요즘 몸이 안 좋은 것을 느낍니다. 운동도 하고 규칙적인 생활을 해야 하는데 (㉠) 때문입니다. 아직 담배를 피우고 있고, 회사 일이 끝난 후에는 친구들과 자주 밤늦게까지 식사를 하거나 술을 마시거나 합니다. 그래서 배가 더 나오는 것 같습니다. 경민 씨의 생활은 정말 문제가 많습니다.

1. ㉠에 들어갈 알맞은 말을 고르십시오.
☐
① 운동을 안 했기　　② 먹거나 마시거나 했기
③ 그렇게 하지 않았기　　④ 잠을 안 잤기

2. 이 글의 내용과 같은 것을 고르십시오.
☐
① 경민 씨는 문제가 많아서 아직 담배를 피웁니다.
② 경민 씨는 밤늦게까지 술을 마시고 운동을 합니다.
③ 경민 씨는 배가 나와서 몸이 요즘 안 좋습니다.
④ 경민 씨는 문제가 많은 생활을 하고 있습니다.

▶解説は344ページへ

[7] 다음을 읽고 물음에 답하십시오.

> 나는 사계절 중에서 봄을 제일 좋아합니다. 예쁜 꽃이 피고 날씨도 따뜻하기 때문입니다. 여름은 싫어합니다. 덥고 비가 많이 오는 것이 싫습니다. (　㉠　) 여름 방학이 있어서 조금은 재미있습니다. 가을은 날씨가 시원해서 좋아합니다. 겨울은 추워서 싫지만 눈이 올 때 눈사람을 만드는 것은 재미있습니다. 또 긴 방학이 있어서 즐겁습니다.

1. ㉠에 들어갈 알맞은 말을 고르십시오.

□

① 그러면　　② 그래서　　③ 그리고　　④ 그렇지만

2. 이 글의 내용과 같은 것을 고르십시오.

□

① 여름 방학이 되면 덥고 비가 많이 옵니다.
② 여름과 겨울은 싫지만 봄과 가을은 좋아합니다.
③ 겨울 방학에 눈사람을 만들 수 있어서 즐겁습니다.
④ 따뜻한 봄에는 예쁜 꽃이 많이 핍니다.

[8] 다음을 읽고 물음에 답하십시오.

> 나는 비행기를 타고 여러 나라를 다니면서 일을 합니다. 서 있는 시간이 많기 때문에 다리도 아프고 피곤합니다. (　㉠　) 저는 이 일을 아주 좋아합니다. 이 일을 하려면 사람들에게 항상 친절해야 합니다. 외국어도 잘해야 합니다. 매일 바쁘고 힘들지만 나를 좋아해주는 사람들이 많기 때문에 행복합니다.

1. ㉠에 들어갈 알맞은 말을 고르십시오.

□

① 그렇지만　　② 그런데　　③ 왜냐하면　　④ 그럼

▶解説は345ページへ

2. 이 글의 내용과 같은 것을 고르십시오.

① 외국어를 잘하려면 바쁘고 힘듭니다.
② 바쁘고 힘들 때가 가장 행복합니다.
③ 여러 나라를 다니면서 일하는 것은 피곤합니다.
④ 외국어를 못하면 이 일은 못 합니다.

[9] 다음을 읽고 물음에 답하십시오.

> 옛날 아이들은 밥과 김치가 가장 좋은 음식이었고 간식도 엄마가 만들어 준 것을 먹었습니다. (㉠) 요즘 아이들은 컵라면, 햄버거, 피자, 아이스크림과 같이 요리하지 않고 빨리 맛있게 먹을 수 있는 음식을 좋아합니다. 이 음식들은 맛있지만 많이 먹으면 건강에 좋지 않습니다. 음식을 먹을 때는 맛도 중요하지만 건강을 생각하면서 먹는 것이 좋습니다.

1. ㉠에 들어갈 알맞은 말을 고르십시오.

① 그리고　　② 그러나　　③ 그러면　　④ 그러니까

2. 이 글의 내용과 같은 것을 고르십시오.

① 아이들에게는 밥과 김치가 가장 좋습니다.
② 간식은 많이 먹으면 건강에 좋지 않습니다.
③ 햄버거와 피자는 빨리 먹으면 맛있습니다.
④ 음식은 건강을 생각해서 먹어야 합니다.

▶解説は345ページへ

3·2 文の空所補充と内容一致を選ぶ問題②

[1] 다음을 읽고 물음에 답하십시오.
次の文を読んで問いに答えなさい。

> 나는 운동하는 것이 취미입니다. (㉠) 시간이 있을 때마다 자전거를 타는데 혼자서 생각할 시간을 가질 수 있기 때문에 좋습니다. (㉡) 또 수영이나 등산도 자주 합니다. (㉢) 산에 올라가면 맑은 공기를 마실 수 있기 때문에 좋습니다. 수영은 일주일에 두 번, 월요일이나 수요일 또는 화요일이나 목요일에 합니다. 물에서 할 수 있는 운동이기 때문에 좋아합니다. (㉣)

1. 다음 문장이 들어갈 곳을 고르십시오.
☐ 次の文章が入る所を選びなさい。

> 등산은 한 달에 한 번쯤 갑니다.

① ㉠　② ㉡　③ ㉢　④ ㉣

2. 이 글의 내용과 같은 것을 고르십시오.
☐ この文の内容と同じものを選びなさい。

① 혼자서 생각하려고 운동을 합니다.
② 맑은 공기를 마시려고 산에 올라갑니다.
③ 주말에는 수영을 안 합니다.
④ 혼자 있고 싶을 때는 자전거를 탑니다.

[2] 다음을 읽고 물음에 답하십시오.

> (㉠) 청량리역에서 기차로 두 시간쯤 걸려서 춘천역에 도착했습니다. (㉡) 춘천은 조용하고 분위기가 좋은 도시였습니다. 자전거를 타고 구경을 하면서 사진을 많이 찍었습니다. (㉢) 저녁에는 춘천에 살고 있는 친구를 만나서 호텔 근처에서 같이 식사를 했습니다. 다음 날에는 춘천 주변을 구경하고 집으로 돌아왔습니다. (㉣)

▶解説は346ページへ

1. 다음 문장이 들어갈 곳을 고르십시오.

지난 주말에 춘천으로 여행을 갔습니다.

① ㉠　　② ㉡　　③ ㉢　　④ ㉣

2. 이 글의 내용과 같은 것을 고르십시오.

① 춘천역까지 자전거로 두 시간쯤 걸립니다.
② 같이 식사를 한 친구는 춘천에 살고 있습니다.
③ 조용하고 분위기 좋은 곳에서 식사를 했습니다.
④ 친구를 만나서 사진을 많이 찍었습니다.

[3] 다음을 읽고 물음에 답하십시오.

(㉠) 오늘은 한국어능력시험 결과가 나오는 날이었습니다. 어젯밤에는 너무 긴장이 되어서 잠도 오지 않았습니다. (㉡) 나는 너무 기뻐서 선생님과 친구들에게 전화를 했습니다. (㉢) 이번에 시험에 합격한 것은 다 선생님과 친구들 덕분입니다. (㉣) 내가 처음에 한국어를 잘 못해서 무척 힘들 때 나를 도와주었기 때문입니다.

1. 다음 문장이 들어갈 곳을 고르십시오.

시험에 떨어질까 봐 걱정을 많이 했는데 결과는 합격이었습니다.

① ㉠　　② ㉡　　③ ㉢　　④ ㉣

2. 이 글의 내용과 같은 것을 고르십시오.

① 선생님과 친구들이 많이 도와 주었습니다.
② 선생님과 친구들이 무척 기뻐했습니다.
③ 너무 기뻐서 잠을 못 잤습니다.
④ 시험에 합격해서 너무 긴장했습니다.

▶解説は347ページへ

[4] 다음을 읽고 물음에 답하십시오.

(㉠) 취미가 있는 사람은 취미가 없는 사람보다 건강하게 오래 살 수 있습니다. (㉡) 그리고 취미가 같은 친구들과 만나서 즐거운 시간을 보낼 수도 있습니다. (㉢) 여러분도 건강하게 살고 싶으면 취미를 가져 보십시오. (㉣)

1. 다음 문장이 들어갈 곳을 고르십시오.

☐

취미 생활을 하면서 스트레스를 풀 수 있기 때문입니다.

① ㉠　② ㉡　③ ㉢　④ ㉣

2. 이 글의 내용과 같은 것을 고르십시오.

☐

① 스트레스를 풀지 못하면 오래 살 수 없습니다.
② 서로 취미를 소개하면 즐거운 시간을 보낼 수 있습니다.
③ 건강하게 살고 싶으면 취미가 있는 것이 좋습니다.
④ 사람들은 취미와 관계없이 오래 살고 싶어합니다.

[5] 다음을 읽고 물음에 답하십시오. 〈既出30回〉

소금은 맛이 짭니다. (㉠) 그런데 짠맛은 단맛을 더 잘 알 수 있게 해 줍니다. (㉡) 그래서 과일이 달지 않을 때 소금을 조금 사용합니다. (㉢) 그러면 수박이 더 달고 맛있어집니다. (㉣)

1. 다음 문장이 들어갈 곳을 고르십시오.

☐

수박이 맛이 없으면 소금과 함께 드셔 보십시오.

① ㉠　② ㉡　③ ㉢　④ ㉣

▶解説は347ページへ

2. 이 글의 내용과 같은 것을 고르십시오.

① 소금은 여러 가지 맛이 납니다.
② 소금이 없을 때 수박을 사용합니다.
③ 소금은 짜기 때문에 조금만 먹습니다.
④ 소금은 단맛을 더 잘 알 수 있게 합니다.

[6] 다음을 읽고 물음에 답하십시오. 〈既出32回〉

(㉠) 오미자차를 차갑게 해서 마시면 땀이 많이 나는 사람에게 좋습니다. (㉡) 감기에 걸렸을 때는 오미자차를 따뜻하게 해서 마시는 것이 좋습니다. (㉢) 오미자차가 감기에 걸리지 않고 기침도 하지 않게 해 줍니다. 이렇게 오미자차는 어느 계절에 마셔도 건강에 좋은 차입니다. (㉣)

1. 다음 문장이 들어갈 곳을 고르십시오.

오미자차는 마시는 방법에 따라 효과가 달라집니다.

① ㉠　　② ㉡　　③ ㉢　　④ ㉣

2. 이 글의 내용과 같은 것을 고르십시오.

① 이 차는 감기에 효과가 있습니다.
② 이 차는 겨울에 마시는 것이 더 좋습니다.
③ 땀이 많이 날 때 이 차를 마시면 안 됩니다.
④ 이 차를 차갑게 해서 마시면 기침을 하지 않습니다.

▶解説は348ページへ

3·3 文の空所補充と主題を選ぶ問題

[1] 다음을 읽고 물음에 답하십시오.
次の文を読んで問いに答えなさい。

> 나는 한식을 좋아합니다. 그래서 회사 근처 식당에 자주 갑니다. 그 식당에는 불고기, 냉면, 김치찌개, 된장찌개, 비빔밥, 볶음밥, 갈비탕이 있습니다. 김치찌개하고 비빔밥은 좀 맵습니다. 제 친구는 고기를 좋아합니다. 생선은 싫어합니다. 그래서 (㉠) 자주 먹습니다. 나는 된장찌개를 자주 먹습니다. 여러분은 어떻습니까?

1. ㉠에 들어갈 알맞은 말을 고르십시오.
□ ㉠に入る適当な言葉を選びなさい。

① 냉면을　　② 김치찌개를
③ 갈비탕을　　④ 볶음밥을

2. 무엇에 대한 이야기인지 고르십시오.
□ 何についての話なのか選びなさい。

① 근처 식당의 메뉴
② 친구가 좋아하는 음식 맛
③ 내가 좋아하는 음식
④ 내가 한식을 좋아하는 이유

[2] 다음을 읽고 물음에 답하십시오.

> 이사하기 전에는 이것저것 해야 할 일이 많습니다. 실수하지 않으려면 (㉠) 일을 모두 적어 보십시오. 적은 것을 보고 15일 전부터 준비하면 이사가 훨씬 쉬울 겁니다.

▶解説は348ページへ

1. ㉠에 들어갈 알맞은 말을 고르십시오.

☐ ① 이사 갈 집에 필요한

② 이사 준비에 필요한

③ 돈을 찾을 때 필요한

④ 짐을 쌀 때 필요한

2. 무엇에 대한 이야기인지 고르십시오.

☐ ① 이사 때 자주 하는 실수

② 이사 전에 적어 두어야 할 것

③ 실수 없이 이사 하는 방법

④ 실수를 적게 해야 하는 이유

[3] 다음을 읽고 물음에 답하십시오.

> 서울 근처에는 등산하기에 좋은 산이 많습니다. 서울에서 멀지 않지만 조용하고 아름다운 자연을 볼 수 있습니다. 산을 오르면서 길 옆에 핀 꽃과 나무를 즐길 수 있습니다. 산 길에서 만난 사람들과도 즐겁게 대화를 (　㉠　) 있습니다. 한 달에 한 번이라도 피곤한 일상생활을 떠나서 산에 올라 보십시오.

1. ㉠에 들어갈 알맞은 말을 고르십시오.

☐ ① 가르칠 수　　② 나눌 수

③ 떠날 수　　④ 보낼 수

▶解説は349ページへ

2. 무엇에 대한 이야기인지 고르십시오.

☐ ① 자연을 즐기는 방법
② 좋은 산에 가야 하는 이유
③ 산에서 만나는 즐거움
④ 등산의 좋은 점

[4] 다음을 읽고 물음에 답하십시오.

올해에는 영어를 더 열심히 공부하려고 합니다. 중학교 때부터 영어를 배웠지만 아직도 영어를 잘 못합니다. 그래서 이번 여름 방학에는 영국으로 한 달 동안 (㉠) 가려고 합니다. 그리고 돌아올 때는 유럽을 여행하고 올 생각입니다. 그래서 요즘 지도를 보면서 여행할 나라에 대해서 여러 가지 공부를 하고 있습니다.

1. ㉠에 들어갈 알맞은 말을 고르십시오.

☐ ① 영어를 배우러
② 열심히 공부하러
③ 유학을 준비하러
④ 여행을 즐기러

2. 무엇에 대한 이야기인지 고르십시오.

☐ ① 여름 방학에 할 일
② 올해의 계획
③ 유럽 여행의 준비
④ 영어를 배우는 이유

▶解説は349ページへ

[5] 다음을 읽고 물음에 답하십시오.

> 오늘은 아주 바쁩니다. 할 일이 아주 많습니다. 친구 결혼식에 가야 합니다. 결혼식에 가기 전에 은행에 가서 전화 요금을 내야 합니다. 그리고 백화점에 가서 (　㉠　) 후에 미영 씨를 만나서 같이 가려고 합니다. 결혼식이 끝나고 집에 돌아온 후에 방 청소를 해야 합니다. 내일 친구들이 놀러 옵니다. 그래서 자기 전에 내일 친구들이 먹을 음식을 준비해야 합니다.

1. ㉠에 들어갈 알맞은 말을 고르십시오.

☐

① 머리를 자른　　② 사진을 찍은

③ 반찬을 산　　④ 선물을 산

2. 무엇에 대한 이야기인지 고르십시오.

☐

① 오늘 해야 할 일

② 초대와 음식 준비

③ 친구의 결혼식

④ 오늘 일어난 일

4

読解編（Ⅱ）

▶解説は350ページへ

3・4 文の目的と内容一致を選ぶ問題

[1] 다음을 읽고 물음에 답하십시오.
次の文を読んで問いに答えなさい。

받는사람	minsu728@nene.com
제　목	새해 복 많이 받으세요
보낸사람	jinukim@norang.net

민수씨, 새해 복 많이 받으세요.
올해도 일은 바쁘세요? 지난해에는 별로 만나지도 못했네요.
앞으로는 자주 연락도 하고 가끔 만나서 식사도 하고 싶어요.
새해에도 늘 건강하고 좋은 일이 많이 있기를 바랍니다.
안녕히 계세요.

김진우

1. 진우 씨는 왜 이 글을 썼습니까?

① 만나서 식사를 하려고
② 자주 연락을 하고 싶어서
③ 만나지 못해서 미안해서
④ 새해 인사를 하려고

2. 이 글의 내용과 같은 것을 고르십시오.

① 작년에는 너무 바빠서 식사할 시간이 없었습니다.
② 민수의 건강이 좋아지기를 바라고 있습니다.
③ 두 사람은 만날 날짜를 정하려고 합니다.
④ 두 사람은 작년에는 자주 못 만났습니다.

▶解説は350ページへ

[2] 다음을 읽고 물음에 답하십시오.

받는사람 hiroko-you@sanpada.com

제　목 연락 주세요

보낸사람 yusuke@parangkot.net

히로코 씨

이번 여름 방학에 다음과 같은 모임이 있어요. 시간이 있으면 히로코 씨와 같이 참가하고 싶은데 어떠세요? 읽어보고 연락 주세요.

· · · · · · · ·

「유학생과 함께하는 모임」은 강원도 춘천에서 2박 3일 동안 유학생과 한국 학생이 함께하는 여름 캠프를 개최합니다. 둘이 산책하기, 게임하기, 한국 노래 부르기, 한국말로 편지 쓰기 등 다양한 프로그램이 있습니다. 참가비는 7만 원입니다.

ㅇ시간 : 20××. 8. 10. ~ 8. 12.

ㅇ장소 : 강원도 춘천 유학생 여름 캠프

유스케

1. 유스케 씨는 왜 이 글을 썼습니까?

① 여름 캠프의 내용을 물어 보고 싶어서

② 여름 캠프 참가 신청을 받으려고

③ 여름 캠프에 같이 참가하고 싶어서

④ 여름 캠프의 장소와 날짜를 알리려고

2. 이 글의 내용과 같은 것을 고르십시오.

① 유학생은 참가비를 내지 않아도 됩니다.

② 칠만 원에 둘이 참가할 수 있습니다.

③ 참가자는 8월 10일까지 신청해야 합니다.

④ 여름 캠프에는 한국 학생도 참가합니다.

▶解説は351ページへ

[3] 다음을 읽고 물음에 답하십시오.

받는사람 suji-kore@hannuri.net

제 목 이수지 선생님께

보낸사람 sayuri412@yahomail.com

안녕하십니까? 한 학기 동안 잘 가르쳐 주셔서 감사합니다.
저도 이제 한국말을 조금은 할 수 있게 되었습니다.
내일부터 일주일 동안 부산에 여행을 다녀올 겁니다.
여행을 가서 그동안 배운 한국어를 많이 쓸 겁니다.
다음 주에 돌아와서 다시 연락하겠습니다. 안녕히 계십시오.

사유리 올림

1. 사유리 씨는 왜 이 글을 썼습니까?

① 한국말을 쓰면서 여행하게 된 것이 기뻐서
② 한국말을 가르쳐 준 선생님에게 감사해서
③ 다음 주에 연락할 시간을 확인하려고
④ 여행 가는 것을 알리려고

2. 이 글의 내용과 같은 것을 고르십시오.

① 사유리 씨는 내일 여행을 갈 겁니다.
② 사유리 씨는 한국말을 아주 잘합니다.
③ 선생님이 사유리 씨에게 보낸 편지입니다.
④ 사유리 씨는 여행을 다녀와서 연락을 했습니다.

▶解説は352ページへ

[4] 다음을 읽고 물음에 답하십시오.

받는사람 young-m@kenari.net

제 목 내일 만나요

보낸사람 hemi203@chamsaram.com

영민 씨에게

음악 동아리 친구들과 내일 네 시에 남산 커피숍에서 만나기로 했어요. 영민 씨도 오세요.

250번 버스를 타고 서울호텔 앞에서 내려서 길을 건너세요.

길을 건너서 우리극장 쪽으로 조금 가면 남산 커피숍이 있어요.

혜미

1. 혜미 씨는 왜 이 글을 썼습니까?

① 동아리 친구들을 소개하고 싶어서

② 친구들에게 약속 장소를 알려 주려고

③ 영민 씨에게 커피를 사 주려고

④ 영민 씨도 부르고 싶어서

2. 이 글의 내용과 같은 것을 고르십시오.

① 영민 씨도 오기로 했습니다.

② 혜미 씨는 친구들과 만날 약속이 있습니다.

③ 커피숍은 극장 옆에 있습니다.

④ 버스 정류장 앞에 커피숍이 있습니다.

▶解説は352ページへ

3·5 文の空所補充問題

[1] 다음을 읽고 물음에 답하십시오.
次の文を読んで問いに答えなさい。

> 히로코 씨는 작년에 한국에 왔습니다. 그동안 친구도 많이 (㉠) 여행도 많이 했습니다. 한국어도 열심히 공부해서 일상생활에서 쓰는 말은 잘할 수 있게 되었습니다. 한국이 좋아서 한국에서 취직을 하려고 합니다. 그래서 요즘 직장을 (㉡) 다니고 있습니다.

1. ㉠에 알맞은 것을 고르십시오.
㉠に当てはまるものを選びなさい。

① 모이고　② 만들려고　③ 생기고　④ 즐거워하고

2. ㉡에 알맞은 것을 고르십시오.
㉡に当てはまるものを選びなさい。

① 구하러　② 구하기 때문에
③ 구하려고 해도　④ 구한 후에

[2] 다음을 읽고 물음에 답하십시오.

> 오늘은 유미 씨가 일본에서 돌아오는 날입니다. 그래서 공항에 갔습니다.유미 씨는 생일에 내가 선물로 사 준 옷을 입고 출구를 나왔습니다. 오래간만에 만나서 아주 (㉠). 집으로 (㉡) 공항 커피숍에서 커피를 마시면서 그동안 지낸 이야기를 했습니다.

1. ㉠에 알맞은 것을 고르십시오.

① 반가웠습니다　② 즐거웠습니다
③ 슬퍼했습니다　④ 웃겼습니다

▶解説は353ページへ

2. ㉡에 알맞은 것을 고르십시오.

☐ ① 간 후에 ② 가기 전에

③ 갈 때 ④ 갈까 봐

[3] 다음을 읽고 물음에 답하십시오.

민수는 오늘 오후에 혜영 씨랑 만날 약속이 있습니다. 영화를 보고 멋있는 식당에서 식사를 하기로 했습니다. 제일 (㉠)에 드는 양복을 입고 가려고 세탁소에 가서 양복을 찾아왔습니다. 그런데 바지가 다른 사람의 것이었습니다. 민수는 (㉡) 세탁소에 전화를 걸었습니다.

1. ㉠에 알맞은 것을 고르십시오.

☐ ① 마음 ② 기분

③ 분위기 ④ 생각

2. ㉡에 알맞은 것을 고르십시오.

☐ ① 화가 나서 ② 화를 내려고

③ 화가 났는데 ④ 화를 내니까

[4] 다음을 읽고 물음에 답하십시오.

저는 이월에 학교를 졸업하여 삼월부터 회사에 다니고 있습니다. 아직 일을 잘 몰라서 (㉠) 때가 많이 있습니다. 그러나 하고 싶은 일이기 때문에 열심히 배우고 노력하려고 합니다. 빨리 다른 사람에게 물어보지 않아도 (㉡).

▶解説は354ページへ

1. ㉠에 알맞은 것을 고르십시오.

☐ ① 생각할　② 외출할　③ 기억할　④ 힘들

2. ㉡에 알맞은 것을 고르십시오.

☐ ① 잘해야 합니다　② 잘할 수 있었으면 좋겠습니다
③ 잘해야 됩니다　④ 잘하는 게 좋겠습니다.

[5] 다음을 읽고 물음에 답하십시오.

> 지금부터 시험을 보겠습니다. 시험 시간은 한 시간입니다.
> 책상 위에는 연필과 지우개, 그리고 시계는 (㉠). 스마트폰은 끄고 학생증을 꺼내 놓으십시오. 질문이 있을 때는 조용히 손을 드십시오. 일찍 끝나도 옆 사람과 (㉡) 자면 안 됩니다.

1. ㉠에 알맞은 것을 고르십시오.

☐ ① 놓게 됩니다　② 놓으면 됩니다
③ 놓아야 됩니다　④ 놓아도 됩니다

2. ㉡에 알맞은 것을 고르십시오.

☐ ① 떠들어서　② 떠들거나　③ 떠들지만　④ 떠들면서

[6] 다음을 읽고 물음에 답하십시오.

> 나는 감기에 걸린 것 같습니다. 어젯밤부터 열이 나고 콧물도 나옵니다. 기침도 심합니다. 그래서 병원에 가서 주사를 (㉠) 약도 받아 왔습니다. 약은 하루에 세 번, 식사한 후에 (㉡). 약을 먹을 때는 운전을 하면 안 됩니다. 푹 쉬면서 잠을 자고 싶습니다.

▶解説は354ページへ

1. ㉠에 알맞은 것을 고르십시오.

☐ ① 맞고　　② 놓고

③ 받고　　④ 누르고

2. ㉡에 알맞은 것을 고르십시오.

☐ ① 먹을까 합니다　　② 먹는 게 좋겠습니다

③ 먹어도 됩니다　　④ 먹어야 합니다

[7] 다음을 읽고 물음에 답하십시오.

> 나는 학생 때 4년 동안 꽃집에서 아르바이트를 (　㉠　). 일주일에 세 번 오후 한 시부터 밤 8시까지 일을 했습니다. 그때 정말 많은 꽃과 꽃 이름을 배웠습니다. 손님들이 밝은 얼굴로 꽃을 (　㉡　) 사 갈 때는 무척 기뻤습니다.

1. ㉠에 알맞은 것을 고르십시오.

☐ ① 할까 합니다　　② 한 적이 있습니다

③ 해야 됩니다　　④ 기로 했습니다

2. ㉡에 알맞은 것을 고르십시오.

☐ ① 잘라서　　② 길러서

③ 골라서　　④ 불러서

▶解説は355ページへ

3·6 文の空所補充と内容把握問題

[1] 다음을 읽고 물음에 답하십시오.
次の文を読んで問いに答えなさい。

> 나는 일본 후쿠오카에 삽니다. 다음 주에 서울에 가려고 합니다. 그런데 서울행 비행기표를 살 수 없었습니다. 그래서 다른 방법으로 가기로 했습니다. 후쿠오카에서 부산까지 배로 가서 부산에서 서울까지는 기차로 가기로 했습니다. 비행기를 타는 것도 좋지만 시간이 걸려도 가끔 (　㉠　) 것도 좋을 것 같습니다.

1. ㉠에 들어갈 알맞은 말을 고르십시오.
☐ ㉠に入る適当な言葉を選びなさい。

① 서울까지 이용하는
② 이렇게 여행하는
③ 가는 길을 바꿔 보는
④ 기차를 타 보는

2. 이 글의 내용으로 알 수 있는 것은 무엇입니까?
☐ この文の内容でわかることは何ですか。

① 서울행 비행기는 늘 붐빕니다.
② 부산까지는 배로만 갈 수 있습니다.
③ 비행기를 타지 않고도 서울에 갈 수 있습니다.
④ 가끔 비행기를 타지 않는 것이 좋습니다.

▶解説は355ページへ

[2] 다음을 읽고 물음에 답하십시오.

> 나는 지도를 보는 것을 좋아합니다. 지도를 보면서 머리 속으로 (㉠) 것이 즐겁습니다. 정말 여행을 가는 것처럼 기차나 버스 시간도 조사하고, 그 지방의 유명한 곳도 공부합니다. 나는 지도를 보면서 머리 속으로 여행을 할 때가 제일 행복합니다.

1. ㉠에 들어갈 알맞은 말을 고르십시오.

① 그림을 그려 보는

② 걸어 보는

③ 여행을 하는

④ 차를 타고 내리는

2. 이 글의 내용으로 알 수 있는 것은 무엇입니까?

① 여행 전에 지도로 계획을 세우는 것이 좋습니다.

② 머리 속으로 유명한 곳을 찾아갈 때가 행복합니다.

③ 차 시간을 조사해 두면 여행 갈 때 도움이 됩니다.

④ 지도를 보기만 해도 여행 기분을 맛볼 수 있습니다.

[3] 다음을 읽고 물음에 답하십시오.

> 나는 대학을 졸업하고 삼월부터 회사원이 되었습니다. 아직 회사 일을 잘 모르기 때문에 힘들 때가 많습니다. 특히 회의 준비와 새로운 일을 (㉠) 것이 어렵습니다. 그래서 하기 어려운 일이 있을 때는 다른 사람에게 물어보거나 부탁을 합니다. 다른 사람에게 부탁하지 않아도 될 수 있게 일을 빨리 배우고 싶습니다.

▶解説は356ページへ

1. ㉠에 들어갈 알맞은 말을 고르십시오.

① 찾아보는
② 계획하는
③ 신청하는
④ 반대하는

2. 이 글의 내용으로 알 수 있는 것은 무엇입니까?

① 일이 힘들 때는 다른 사람에게 묻습니다.
② 회의와 새로운 일은 모두 함께 준비해야 합니다.
③ 다른 사람에게 부탁하기가 어렵습니다.
④ 빨리 회사 일을 잘할 수 있었으면 좋겠습니다.

[4] 다음을 읽고 물음에 답하십시오.

> 안경을 살 때는 유행만 따르지 않고 자기 얼굴 모양에 맞는 것으로 고르는 것이 좋습니다. 왜냐하면 유행하는 안경이 꼭 (㉠) 것은 아니기 때문입니다. 그래서 안경을 살 때는 안경점에서 여러 가지 안경을 써 보고 골라야 합니다. 또한 안경은 머리 모양이나 옷과도 잘 어울리는 것을 고르는 것이 좋습니다.

1. ㉠에 들어갈 알맞은 말을 고르십시오.

① 나에게 안 맞는
② 나에게 어울리는
③ 나에게 안 어울리는
④ 나에게 불편한

▶解説は356ページへ

2. 이 글의 내용으로 알 수 있는 것은 무엇입니까?

□

① 유행에 맞는 안경은 안 어울릴 때가 많습니다.

② 안경은 옷에 어울리게 바꿔서 써야 합니다.

③ 유행하는 안경을 살 때는 써 보고 사는 것이 좋습니다.

④ 유행보다 자기에게 맞는 안경을 고르는 것이 좋습니다.

[5] 다음을 읽고 물음에 답하십시오.

> 내 꿈은 초등학교 선생님이 되는 것입니다. 어렸을 때부터 가르치는 일이 좋아서 동네 아이들을 (㉠) 이것저것 가르치기도 했습니다. 선생님이 되면 아이들의 친구도 되어 주고 언니, 오빠도 되어 주면서 좋은 선생님이 될 겁니다. 저는 이 꿈을 위해서 오늘도 도서관에서 열심히 공부하고 있습니다.

1. ㉠에 들어갈 알맞은 말을 고르십시오.

□

① 시켜 놓고

② 모아 놓고

③ 잡아 놓고

④ 세워 놓고

2. 이 글의 내용으로 알 수 있는 것은 무엇입니까?

□

① 초등학교 선생님은 친구 같은 선생님이 좋습니다.

② 꿈이 있는 선생님이 좋은 선생님입니다.

③ 어렸을 때도 가르치는 것을 좋아했습니다.

④ 도서관에서 좋은 선생님이 된 꿈을 꾸었습니다.

▶解説は357ページへ

第5章
模擬試験編

TOPIK Ⅰ			
区分	問題数	試験時間	配点
聞き取り	30問	40分	100点
読解	40問	60分	100点
計	70問	100分	200点

제1회 한국어능력시험 I 모의시험
第1回　韓国語能力試験 I 模擬試験

TOPIK I

듣기 • 읽기

수험번호 (Registration No.)		
이름 (Name)	한국어 (Korean)	
	영　어 (English)	

유의사항
Information

1. 시험 시작 지시가 있을 때까지 문제를 풀지 마십시오.
試験開始の指示があるまで問題を解かないでください。

2. 수험번호와 이름을 정확하게 적어 주십시오.
受験番号と氏名は正確に書いてください。

3. 답안지를 구기거나 훼손하지 마십시오.
答案用紙を折ったり汚したりしないでください。

4. 답안지의 이름, 수험번호 및 정답의 기입은 배부된 펜을 사용하여 주십시오.
答案用紙の氏名、受験番号及び正答の記入は必ず配布されたペンを使ってください

5. 정답은 답안지에 정확하게 표시하여 주십시오.
正答は答案用紙に正確に表示してください。

marking example ① ● ③ ④

6. 문제를 읽을 때에는 소리가 나지 않도록 하십시오.
問題を読む時は音を出さないようにしてください。

7. 질문이 있을 때에는 손을 들고 감독관이 올 때까지 기다려 주십시오.
質問がある場合は手を上げて監督官が来るまで待ってください。

TOPIK Ⅰ 듣기 (1번~30번)

聞き取り（1番～30番）1回

▶解答は247ページ、台本は267ページ、解説は358ページへ。

音声のリンク先

※ [1~4] 다음을 듣고 〈보기〉와 같이 물음에 맞는 대답을 고르십시오.

〈보기〉

M1 01

가 : 회사에 가요?
나 : ________________

① 네, 회사에 안 가요. ❷ 네, 회사에 가요.
③ 아니요, 회사에 없어요. ④ 아니요, 회사가 아니에요.

M1 02 **1.** (4점)

① 돈이 많아요. ② 서울역에서 만나요.
③ 만나서 식사를 해요. ④ 월요일에 만나요.

M1 03 **2.** (4점)

① 걸어서 와요. ② 집에서 멀지 않아요.
③ 버스가 좋아요. ④ 자전거로 가요.

M1 04 **3.** (3점)

① 열아홉이에요. ② 스무 살에 가요.
③ 대학교 1학년이에요. ④ 젊지 않아요.

M1 05 **4.** (3점)

① 네, 못 읽어요. ② 아니요, 벌써 읽었어요.
③ 네, 안 읽었어요. ④ 아니요, 안 읽었어요.

※ [5~6] 다음을 듣고 〈보기〉와 같이 다음 말에 이어지는 것을 고르십시오.

〈보기〉

M1 06 가 : 늦어서 미안합니다.
나 : ______________________

❶ 괜찮아요. ② 오래간만이에요.
③ 죄송해요. ④ 축하해요.

M1 07 **5.** (4점)

☐ ① 네, 반갑습니다. ② 정말 죄송합니다.
③ 네, 그렇습니다. ④ 정말 조용합니다.

M1 08 **6.** (3점)

☐ ① 물어 보세요. ② 말씀하세요.
③ 안 계세요. ④ 어서 오세요.

※ [7~10] 여기는 어디입니까? 〈보기〉와 같이 알맞은 것을 고르십시오.

〈보기〉

M1 09 여자 : 우표 두 장 주세요.
남자 : 여기 있어요.

① 백화점 ② 은행 ❸ 우체국 ④ 극장

M1 10 **7.** (3점)

☐ ① 지하철 ② 정류장 ③ 버스 ④ 택시

M1 11 **8.** (3점)

☐ ① 노래방 ② 커피숍 ③ 카페 ④ 식당

M1 12 **9.** (3점)

☐ ① 식당 ② 서점 ③ 교회 ④ 커피숍

M1 13 **10.** (4점)

☐ ① 약국 ② 서점 ③ 도서관 ④ 문구점

※ [11~14] 다음은 무엇에 대해 말하고 있습니까? 〈보기〉와 같이 알맞은 것을 고르십시오.

〈보기〉

M1 14

여자 : 오늘은 무슨 요일이에요?

남자 : 목요일이에요.

① 약속 ② 날짜 ❸ 요일 ④ 시간

M1 15 **11.** (3점)

① 소풍 ② 가격 ③ 패션 ④ 쇼핑

M1 16 **12.** (3점)

① 세탁소 ② 운동 ③ 여행 ④ 취미

M1 17 **13.** (3점)

① 선물 ② 시간 ③ 파티 ④ 부모

M1 18 **14.** (4점)

① 춤 ② 꿈 ③ 취미 ④ 일

※ [15~16] 다음 대화를 듣고 알맞은 그림을 고르십시오. (각 4점)

M1 19 **15.**

①

②

③

④

M1 20 **16.** ①

②

③

④

※ [17～21] 다음을 듣고 〈보기〉와 같이 대화 내용과 같은 것을 고르십시오.

(각 3점)

〈보기〉

M1 21

남자 : 혜영 씨, 이 자전거 언제 샀어요?
여자 : 산 게 아니에요. 언니 자전거를 빌렸어요.

❶ 여자는 자전거를 빌렸습니다.　② 두 사람은 자전거를 빌렸습니다.
③ 두 사람은 자전거를 샀습니다.　④ 남자는 자전거를 샀습니다.

M1 22 **17.** ① 남자는 저녁에 야구를 보러 갈 겁니다.
② 여자는 저녁에 식사 준비를 할 겁니다.
③ 두 사람은 야구를 보러 갈 겁니다.
④ 두 사람은 다음에 저녁을 먹기로 했습니다.

M1 23 **18.** ① 여자는 지금 얼굴색이 안 좋습니다.
② 여자는 일찍 집에 가서 쉬려고 합니다.
③ 남자는 요즘 일은 바쁘지 않습니다.
④ 남자는 지금 피곤합니다.

M1 24 **19.** ① 남자는 서울에서 찍은 사진을 보았습니다.
② 남자는 내일 사진을 가지고 올 겁니다.
③ 여자는 서울에 여행을 다녀왔습니다.
④ 여자는 남자에게 사진을 보여 주었습니다.

M1 25 **20.** ① 여자는 극장에 있습니다.
② 두 사람은 같이 영화 표를 사러 가기로 했습니다.
③ 여자는 일요일에 표를 사러 갈 겁니다.
④ 두 사람은 일요일에 영화를 보러 갑니다.

M1 26 **21.** ① 남자는 전화를 잘못 걸었습니다.
② 이영미 씨는 지금 집에 없습니다.
③ 남자는 영미 씨에게 전화를 바꿔 주었습니다.
④ 이영미 씨는 다시 전화를 걸어 볼 겁니다.

※ [22~24] 다음을 듣고 남자의 중심 생각을 고르십시오. (각 3점)

M1 27 **22.** ① 회의 준비는 내일 아침 일찍 할 겁니다.
② 회의 준비가 안 끝나서 걱정입니다.
③ 밤 늦게까지 일하고 싶지 않습니다.
④ 회의 시간이 바뀌면 좋겠습니다.

M1 28 **23.** ① 수영장에서는 눈병을 조심해야 합니다.
② 수영한 후에는 병원에 가야 합니다.
③ 수업을 쉬고 병원에 가야 합니다.
④ 빨리 병원에 가는 것이 좋습니다.

M1 29 **24.** ① 마라톤 대회를 일찍 끝내야 합니다. 〈既出36回〉
② 마라톤을 하면 길이 막혀서 싫습니다.
③ 마라톤 때문에 길이 좀 막혀도 참아야 합니다.
④ 마라톤은 아침 시간에 하는 것이 좋습니다.

M1 30 **※ [25~26] 다음을 듣고 물음에 답하십시오.**

25. 어떤 이야기를 하고 있는지 고르십시오. (3점)

☐ ① 안내 ② 질문

③ 초대 ④ 부탁

26. 들은 내용과 같은 것을 고르십시오. (4점)

☐ ① 나리타는 춥고 맑은 날씨입니다.

② 나리타에 곧 도착할 예정입니다.

③ 오전에 인천으로 출발했습니다.

④ 나리타까지는 두 시간 반쯤 걸립니다.

M1 31 **※ [27~28] 다음을 듣고 물음에 답하십시오.**

27. 두 사람이 무엇에 대해 이야기를 하고 있는지 고르십시오. (3점)

☐ ① 새로 이사 가는 하숙집 ② 이사를 편하게 하는 방법

③ 좋은 하숙집을 구하는 방법 ④ 이사할 때 주의할 점

28. 들은 내용과 같은 것을 고르십시오. (4점)

☐ ① 학교 근처에 슈퍼마켓이 있습니다.

② 학교까지는 걸어서 20분쯤 걸립니다.

③ 다음주 토요일에 하숙집을 정할 겁니다.

④ 하숙집 방은 밝고 넓습니다.

M1 32 **※ [29~30] 다음을 듣고 물음에 답하십시오.**

29. 남자는 왜 전화를 했습니까? (3점)

☐ ① 둘이서 저녁을 먹으려고 ② 서점에 책을 사러 가려고

③ 여자를 초대하려고 ④ 이사를 도와 주려고

30. 들은 내용과 같은 것을 고르십시오. (4점)

☐ ① 남자는 얼마 전에 이사를 했습니다.

② 남자는 서점에서 일합니다.

③ 여자는 남자를 내일 만날 겁니다.

④ 여자는 금요일에 좋은 일이 있습니다.

TOPIK Ⅰ 읽기 (31번~70번)

読解（31番～70番） 1回

▶解答は247ページ、解説は364ページへ。

※ [31～33] 무엇에 대한 이야기입니까? 〈보기〉와 같이 알맞은 것을 고르십시오.

〈보기〉

나는 열아홉 살입니다. 언니는 스물한 살입니다.

❶ 나이　② 요일　③ 날짜　④ 시간

31. (2점)

나는 축구를 좋아합니다. 동생은 배구를 좋아합니다.

① 형제　② 가족　③ 주말　④ 운동

32. (2점)

나는 콜라를 마셨습니다. 엄마는 커피를 마셨습니다.

① 음료수　② 과일　③ 신발　④ 음식

33. (2점)

나는 부산에서 태어났습니다. 초등학교 때까지 거기서 살았습니다.

① 동네　② 고향　③ 지방　④ 생일

※ [34～39] 〈보기〉와 같이 (　　)에 들어갈 가장 알맞은 것을 고르십시오.

〈보기〉

나는 (　　　　)에 갔습니다. 꽃을 샀습니다.

① 빵집　② 식당　❸ 꽃집　④ 서점

34. (2점)

어떤 음식(　　　) 좋아하세요?

① 한테　② 이　③ 을　④ 에서

35. (2점)

오늘은 화요일입니다. (　　　)는/은 일요일이었습니다.

① 그저께　② 모레　③ 내일　④ 어제

36. (2점)

과일 가게입니다. 과일이 (　　　).

① 재미있습니다　② 즐겁습니다　③ 맵습니다　④ 많습니다

37. (3점)

약속 시간에 늦었습니다. 그래서 (　　　).

① 걸어갑니다　② 갈아탑니다　③ 뛰어갑니다　④ 가져갑니다

38. (3점)

지금 안 계십니다. 한 시에 (　　　) 걸어 주십시오.

① 새로　② 일찍　③ 다시　④ 가끔

39. (2점)

언니는 오늘 치마를 (　　　) 학교에 갔어요.

① 신고　② 입고　③ 벗고　④ 가지고

※ [40～42] 다음을 읽고 맞지 않는 것을 고르십시오.

40. (3점)

무료 음악회 안내

시간 : 201X년 6월 5일 (토), 6일(일)
오후 5시~6시 반

장소 : 종로 파고다 공원

① 주말에 열립니다. ② 이틀 동안 합니다.
③ 파고다 공원에서 합니다. ④ 두 시간 반 동안 합니다.

41. (3점)

*** 영 수 증 ***

품명	단가(원)	수량	금액(원)
치약	2,800	1	2,800
칫솔	2,500	1	2,500
비누	450	5	2,250
합계			7,550
받은 돈			10,000
거스름 돈			2,450

① 점원에게서 만 원을 받았습니다.
② 칫솔과 치약을 한 개씩 샀습니다.
③ 비누는 다섯 개 샀습니다.
④ 물건 값은 모두 칠천오백오십 원입니다.

42. (3점)

점심 식사 메뉴
(11 : 00～14 : 30)

김치찌개	4,000원
볶음밥	3,500원
비빔밥	3,800원

① 볶음밥이 제일 쌉니다.
② 김치찌개가 제일 많이 팔립니다.
③ 비빔밥은 3,800원입니다.
④ 점심 식사는 열한 시부터 할 수 있습니다.

※ [43～45] 다음의 내용과 같은 것을 고르십시오.

43. (2점)

> 제 이름은 유진입니다. 삼 월에 미국에서 왔습니다. 지금 대학교에 다니고 있습니다. 한국말은 아직 잘 못합니다. 숙제가 많아서 힘듭니다.

① 미국에서 온 유진은 한국말을 잘 못합니다.
② 유진은 미국에서 대학교에 다닙니다.
③ 유진은 한국말을 못해서 힘듭니다.
④ 유진은 삼 월부터 한국말 공부를 시작했습니다.

44. (3점)

> 오늘 수업이 끝나고 서점에 갔습니다. 책을 사고 싶었습니다. 하지만 사려고 하는 책이 없었습니다. 내일은 다른 곳에 가 보려고 합니다.

① 오늘 간 서점에서는 책을 안 팝니다.
② 지금은 사고 싶은 책이 없습니다.
③ 사고 싶은 책이 없어도 서점에 갑니다.
④ 내일 다른 서점에 가서 책을 사려고 합니다.

45. (3점)

> 나는 인천으로 자주 바다 낚시를 갑니다. 보통 친구와 차로 갑니다. 그런데 어제는 차가 고장이 나서 오래간만에 버스를 타고 갔습니다.

① 오래간만에 차가 고장이 났습니다.
② 혼자 인천에서 바다 낚시를 즐깁니다.
③ 어제 낚시하러 갈 때 버스를 탔습니다.
④ 나는 차로 바다 낚시를 가는 것이 취미입니다.

※ [46~48] 다음 글을 읽고 중심 생각을 고르십시오.

46. (3점)

> 나는 영어를 잘 못합니다. 그런데 민수 씨는 아주 잘합니다. 나도 영어를 잘했으면 좋겠습니다.

① 나도 민수 씨처럼 영어를 잘하고 싶습니다.
② 나는 민수 씨처럼 영어를 좋아합니다.
③ 민수 씨는 나보다 영어를 잘 못합니다.
④ 민수 씨는 나보다 영어를 좋아합니다.

47. (3점)

☐

> 나는 대학생입니다. 오늘은 수업이 없습니다. 그래서 아침에 늦게 일어났습니다. 집에서 음악을 듣거나 영화를 보면서 쉬려고 합니다.

① 나는 오늘 시간이 많습니다.
② 나는 학생이라서 늘 바쁩니다.
③ 음악을 듣고 영화를 보는 것이 취미입니다.
④ 오늘 오전에는 수업이 없습니다.

48. (2점)

☐

> 나는 냉면을 좋아합니다. 우리 가족도 모두 냉면을 좋아합니다. 그래서 가족과 자주 냉면을 먹으러 갑니다.

① 우리 가족은 모두 같은 음식을 좋아합니다.
② 우리 가족은 자주 냉면을 만들어 먹습니다.
③ 나는 가족과 함께 한국 식당에 갑니다.
④ 나는 가족과 같이 냉면을 먹습니다.

※ [49~50] 다음을 읽고 물음에 답하십시오. (각 2점)

> 지난주에 친구들과 같이 축구를 했습니다. 운동화를 신었는데 발에 맞지 않아서 뛰기가 불편했습니다. 그래서 넘어져서 다리를 (㉠). 빨리 일어나고 싶었지만 너무 아파서 일어날 수 없었습니다. 친구들이 나를 데리고 병원으로 갔습니다. 의사 선생님이 치료를 해 주었습니다. 일주일 정도 치료를 받아야 합니다. 빨리 친구들과 축구를 할 수 있었으면 좋겠습니다.

49. ㉠에 들어갈 알맞은 말을 고르십시오.

☐

① 다쳤습니다　　② 잘랐습니다
③ 아팠습니다　　④ 벗었습니다

50. 이 글의 내용과 같은 것을 고르십시오.

① 다리가 아파서 뛰기가 불편합니다.
② 치료를 받고 다시 축구를 했습니다.
③ 병원에 일주일 동안 입원했습니다.
④ 빨리 다시 축구를 하고 싶습니다.

※ [51~52] 다음을 읽고 물음에 답하십시오.

> 나는 꿈을 거의 안 꿉니다. 그런데 지난주에 이상한 꿈을 꾸었습니다. 날씨가 따뜻한 날 나는 혼자 산에 오르고 있었습니다. 길 옆에는 예쁜 꽃이 피어 있고 나무도 많아서 아름다운 경치였습니다. 아주 즐거운 기분이었습니다. 그때였습니다. 갑자기 나무들 사이로 큰 호랑이가 나타났습니다. 너무 무서워서 (　㉠　)가 없었습니다. 거기서 잠이 깼습니다. 나는 침대 위에 있었습니다.

51. ㉠에 들어갈 알맞은 말을 고르십시오. (3점)

① 움직일 수　② 만질 수　③ 놀랄 수　④ 느낄 수

52. 무엇에 대한 이야기인지 고르십시오. (2점)

① 산에서 일어난 일　　② 나의 꿈 이야기
③ 무서운 호랑이 이야기　　④ 내가 경험한 이야기

※ [53~54] 다음을 읽고 물음에 답하십시오.

> 지난주에 친구들과 부산에 다녀왔습니다. 바다에 가서 수영도 하고 시장에 가서 생선 요리도 먹었습니다. 정말 재미있었습니다. 다음에는 일본에서 가족이 오면 같이 가 보고 싶습니다. 다음 주에는 시험이 있습니다. 그래서 이번 주부터는 시험 준비를 해야 합니다. 시험이 끝나면 (　㉠　) 연락하겠습니다. 즐거운 시간을 보내십시오.

53. ㉠에 들어갈 알맞은 말을 고르십시오. (2점)

☐

① 일찍　② 다시　③ 서로　④ 아직

54. 이 글의 내용과 같은 것을 고르십시오. (3점)

☐

① 일본에서 온 가족과 부산에 갔습니다.
② 시험이 끝나면 즐거운 시간을 보내고 싶습니다.
③ 생선 요리는 맛이 재미있었습니다.
④ 다음 주에 시험이 있어서 공부를 해야 합니다.

※ [55～56] 다음을 읽고 물음에 답하십시오.

> 규칙적으로 운동을 하는 사람은 그렇지 않은 사람보다 건강하게 살 수 있습니다. (㉠) 운동을 하면서 긴장도 풀고 기분 나쁜 일도 잊을 수 있기 때문입니다. 또 취미를 가지고 있는 사람도 건강하게 살 수 있습니다. 좋아하는 일을 열심히 하면서 즐겁게 시간을 보낼 수 있습니다. 여러분도 건강하게 살고 싶으면 운동과 취미를 즐기십시오.

55. ㉠에 들어갈 알맞은 말을 고르십시오. (2점)

☐

① 그러면　② 왜냐하면　③ 그래서　④ 그러니까

56. 이 글의 내용과 같은 것을 고르십시오. (3점)

☐

① 모든 것을 잊고 살면 건강에 좋습니다.
② 취미가 있으면 사람들과 즐겁게 지낼 수 있습니다.
③ 긴장을 풀려면 기분 나쁜 일을 잊어야 합니다.
④ 운동과 취미를 즐기면 건강에 좋습니다.

※ [57～58] 다음을 순서대로 맞게 나열한 것을 고르십시오.

57. (2점)

☐

> (가) 그렇지만 처음 만난 사람 앞에서는 말을 잘 못합니다.
> (나) 그래서 친구들에게 인기가 많습니다.

(다) 그래서 친구가 되는 데 시간이 오래 걸립니다.
(라) 우리 언니는 재미있는 이야기를 잘 합니다.

① (가) – (다) – (나) – (라)　　② (라) – (가) – (다) – (나)
③ (라) – (나) – (가) – (다)　　④ (가) – (나) – (라) – (다)

58. (3점)

(가) 박물관에 가면 그 나라 사람들의 문화를 알 수 있습니다.
(나) 그러면 먼저 그 나라의 박물관에 가 보십시오.
(다) 여러분도 다른 나라의 문화에 대해서 알고 싶습니까?
(라) 그래서 나는 다른 나라에 가면 꼭 박물관에 갑니다.

① (다) – (가) – (라) – (나)　　② (가) – (나) – (라) – (다)
③ (가) – (라) – (다) – (나)　　④ (다) – (라) – (가) – (나)

※ [59~60] 다음을 읽고 물음에 답하십시오.

우리 동네에는 서점이 없어서 아주 불편합니다. (㉠) 책을 한 권 사려고 해도 차로 30분 정도 시간이 걸리는 곳에 있는 서점까지 사러 가야 합니다. (㉡) 서점에서처럼 서서 읽어 보고 살 수는 없지만 필요한 책은 24시간 언제나 주문할 수 있습니다. (㉢) 주문한 것은 직접 집으로 보내 주기 때문에 아주 편리합니다. (㉣)

59. 다음 문장이 들어갈 곳을 고르십시오. (2점)

그래서 책은 거의 인터넷 서점에서 사고 있습니다.

① ㉠　　② ㉡　　③ ㉢　　④ ㉣

60. 이 글의 내용과 같은 것을 고르십시오. (3점)

① 책은 서점에서 읽어 보고 사는 것이 좋습니다.
② 서점이 없어서 필요한 책도 못 살 때가 많습니다.

③ 인터넷으로 주문하면 좀 비싸지만 편리합니다.
④ 서점이 없어도 인터넷으로 책을 살 수 있습니다.

※ [61~62] 다음을 읽고 물음에 답하십시오. (각 2점) 〈既出29回〉

> 보통 아이가 있는 여자들은 저녁에 많이 바쁩니다. 그래서 저녁에 하는 음악회나 영화관에 가고 싶었지만 가기 힘들었습니다. 그런데 요즘에는 오전에 하는 음악회나 밤늦게 하는 영화관도 (㉠) 갈 수 있습니다. 저녁 시간이 아니라 다른 시간을 이용해서 문화 생활을 할 수 있습니다.

61. ㉠에 들어갈 알맞은 말을 고르십시오.

① 오래 봐서 ② 많이 생겨서
③ 아주 가까워서 ④ 가장 유명해서

62. 이 글의 내용과 같은 것을 고르십시오.

① 여자들은 저녁에 음악회에 자주 갑니다.
② 요즘에는 밤늦게 하는 영화관이 없습니다.
③ 요즘은 문화 생활을 하기가 더 쉽습니다.
④ 아이가 있는 여자들은 저녁에 시간이 많습니다.

※ [63~64] 다음을 읽고 물음에 답하십시오.

받는사람 jiyong@ko-seoul.com

제 목 미안하지만, 좀 도와주세요.

보낸사람 yuka@hanul.com

이지영 씨에게
안녕하세요? 유카예요.
다음 주에 학교에서 한국의 문화에 대해 발표해야 하는데 아직 준비를 다 못 했어요. 도서관에 가 봤지만 자료가 너무 많아서 정리할 수 없었어요. 이번 주에 시간이 있으면 좀 도와주시겠어요?
유카

63. 유카 씨는 왜 이 글을 썼습니까? (2점)

① 발표할 내용을 설명하려고
② 자료를 준비해서 발표하려고
③ 준비를 도와 줄 것을 부탁하려고
④ 자료를 정리해서 도와 주려고

64. 이 글의 내용과 같은 것을 고르십시오. (3점)

① 지영 씨는 다음 주에 발표를 하려고 합니다.
② 유카 씨는 아직 발표 준비를 하지 못했습니다.
③ 한국 문화는 정리해서 발표하기가 어렵습니다.
④ 한국의 도서관 자료는 정리가 안 되어 있습니다.

※ [65~66] 다음을 읽고 물음에 답하십시오.

지난주 토요일에 고등학교 때 친구의 결혼식에 다녀 왔습니다. 결혼식이 끝나고 약속이 있어서 명동에 갔습니다. (㉠) 택시를 타지 않고 지하철을 탔습니다. 지하철을 탄 후에 잘못 탄 것을 알았습니다. 그래서 세 번이나 갈아타야 했습니다. 지하철을 타기 전에는 미리 가는 곳을 확인하는 것이 좋겠습니다.

65. ㉠에 들어갈 알맞은 말을 고르십시오. (2점)

① 정류장이 없어서
② 결혼식이 늦게 끝나서
③ 길이 막힐 것 같아서
④ 택시 타는 곳이 없어서

66. 이 글의 내용과 같은 것을 고르십시오. (3점)

① 지하철을 잘못 타서 세 번 갈아탔습니다.
② 미리 가는 곳을 확인했는데 잘못 탔습니다.
③ 결혼식에 늦어서 지하철을 탔습니다.
④ 명동에 갈 때는 미리 확인하고 타야 합니다.

※ [67~68] 다음을 읽고 물음에 답하십시오. (각 3점)

나는 학생 때 커피숍에서 아르바이트를 (㉠). 이 년 동안 일주일에 네 번 오후 다섯 시부터 밤 8시까지 일을 했습니다. 손님들의 주문을 받고 커피를 만들면서 많은 것을 배웠습니다. 일이 끝나고 집에 돌아가서 그날 보고 듣고 (㉡) 것을 매일 일기에 썼습니다.

67. ㉠에 알맞은 말을 고르십시오.

① 할까 합니다
② 한 적이 있습니다
③ 해야 됩니다
④ 하기로 했습니다

68. ㉡에 알맞은 것을 고르십시오.

① 마신
② 시킨
③ 잊은
④ 느낀

※ [69~70] 다음을 읽고 물음에 답하십시오. (각 3점)

나는 요즘 혼자 삽니다. 삼 월에 회사 근처에 집을 구해서 혼자 살기 시작했습니다. 처음에는 혼자 사는 것이 무척 힘들었습니다. 생활비도 많이 들고 식사 준비와 집안 청소, 빨래도 모두 해야 하기 때문입니다. 그래서 혼자 사는 것을 (㉠) 했습니다. 그러나 지금은 다릅니다. 아무한테도 방해 받지 않고 혼자 사는 생활이 즐겁기만 합니다.

69. ㉠에 들어갈 알맞은 말을 고르십시오.

① 슬퍼하기도
② 후회하기도
③ 외로워하기도
④ 즐거워하기도

70. 이 글의 내용으로 알 수 있는 것은 무엇입니까?

① 혼자 사는 것은 불편한 것도 많지만 즐겁습니다.
② 아무도 안 만나니까 마음이 편하고 좋습니다.
③ 집안 일과 식사 준비는 하고 싶지 않습니다.
④ 회사 가까운 곳에서 혼자 사는 것이 좋습니다.

제2회 한국어능력시험 I 모의시험

第2回　韓国語能力試験 I 模擬試験

TOPIK I

듣기 • 읽기

수험번호(Registration No.)		
이름 (Name)	한국어(Korean)	
	영　어(English)	

TOPIK Ⅰ 듣기 (1번~30번)

聞き取り（1番~30番）2回

▶解答は247ページ、台本は271ページ、解説は371ページへ。

音声のリンク先

※ [1~4] 다음을 듣고 〈보기〉와 같이 물음에 맞는 대답을 고르십시오.

〈보기〉

M2 01

가 : 회사에 가요?
나 : ______________________

① 네, 회사에 안 가요.　　❷ 네, 회사에 가요.
③ 아니요, 회사에 없어요.　　④ 아니요, 회사가 아니에요.

M2 02

1. (4점)

① 네, 많아요.　　② 네, 없어요.
③ 아니요, 있어요.　　④ 아니요, 안 작아요.

M2 03

2. (4점)

① 제가 했어요.　　② 제가 할게요.
③ 제가 안 했어요.　　④ 제가 아니에요.

M2 04

3. (3점)

① 네, 과자가 아니에요.　　② 네, 과자가 싫어요.
③ 아니요, 먹었어요.　　④ 아니요, 안 샀어요

M2 05

4. (3점)

① 운동을 했어요.　　② 운동을 좋아해요.
③ 운동을 할래요.　　④ 운동을 했을 거예요.

※ [5~6] 다음을 듣고 〈보기〉와 같이 다음 말에 이어지는 것을 고르십시오.

〈보기〉

M2 06

가 : 늦어서 미안합니다.
나 : ________________

❶ 괜찮아요. ② 오래간만이에요.
③ 죄송해요. ④ 축하해요.

M2 07

5. (4점)

☐ ① 괜찮습니다. ② 안녕히 가세요.
③ 고맙습니다. ④ 또 봐요.

M2 08

6. (3점)

☐ ① 네, 맛이 괜찮아요. ② 네, 맛이 없어요.
③ 네, 알았어요. ④ 네, 잘 먹겠어요.

※ [7~10] 여기는 어디입니까? 〈보기〉와 같이 알맞은 것을 고르십시오.

〈보기〉

M2 09

여자 : 우표 두 장 주세요.
남자 : 여기 있어요.

① 백화점 ② 은행 ❸ 우체국 ④ 극장

M2 10

7. (3점)

☐ ① 백화점 ② 꽃집 ③ 미술관 ④ 서점

M2 11

8. (3점)

☐ ① 서점 ② 도서관 ③ 초등학교 ④ 미술관

M2 12

9. (3점)

☐ ① 운동장 ② 미용실 ③ 호텔 ④ 슈퍼마켓

M2 13

10. (4점)

☐ ① 공원 ② 수영장 ③ 주차장 ④ 공항

※ [11~14] 다음은 무엇에 대해 말하고 있습니까? 〈보기〉와 같이 알맞은 것을 고르십시오.

〈보기〉

M2 14

여자 : 오늘은 무슨 요일이에요?

남자 : 목요일이에요.

① 약속 ② 날짜 ❸ 요일 ④ 시간

M2 15 **11.** (3점)

① 취미 ② 공부 ③ 직업 ④ 외국어

M2 16 **12.** (3점)

① 여행 ② 음식 ③ 과일 ④ 식당

M2 17 **13.** (3점)

① 겨울 ② 전화 ③ 날씨 ④ 계절

M2 18 **14.** (4점)

① 꽃 ② 색깔 ③ 그림 ④ 취미

※ [15~16] 다음 대화를 듣고 알맞은 그림을 고르십시오. (각 4점)

M2 19 **15.**

①

②

③

④

M2 20 **16.** ①

②

③

④

※ [17～21] 다음을 듣고 〈보기〉와 같이 대화 내용과 같은 것을 고르십시오.

(각 3점)

〈보기〉

M2 21

남자 : 혜영 씨, 이 자전거 언제 샀어요?
여자 : 산 게 아니에요. 언니 자전거를 빌렸어요.

❶ 여자는 자전거를 빌렸습니다.　② 두 사람은 자전거를 빌렸습니다.
③ 두 사람은 자전거를 샀습니다.　④ 남자는 자전거를 샀습니다.

M2 22 **17.** ① 여자는 오늘 숙제가 없습니다.
② 남자는 노래를 좋아합니다.
③ 남자는 오늘 노래방에 갈 겁니다.
④ 여자는 도서관에 가려고 합니다.

M2 23 **18.** ① 남자는 목요일에 남대문에 갈 겁니다.
② 남자는 아이를 데리고 여행을 왔습니다.
③ 남자는 호텔을 예약했습니다.
④ 목요일에는 빈 방이 많이 있습니다.

M2 24 **19.** ① 여자는 자전거를 샀습니다.
② 여자는 세 시간 동안 자전거를 탔습니다.
③ 여자는 돈을 빌렸습니다.
④ 자전거는 세 시간 빌릴 수 있습니다.

M2 25 **20.** ① 여자는 자주 발표 준비를 합니다.
② 두 사람은 오후에 만날 겁니다.
③ 여자는 학교에서 식사 준비를 할 겁니다.
④ 여자는 내일 학교에서 발표를 할 겁니다.

M2 26 **21.** ① 여자는 20분쯤 걸어서 다닙니다.
② 여자의 집은 걸어서 20분쯤 걸립니다.
③ 여자는 지하철을 타고 다닙니다.
④ 여자는 남자 집 근처에 삽니다.

※ [22～24] 다음을 듣고 여자의 중심 생각을 고르십시오. (각 3점)

M2 27 **22.** ① 휴가는 설악산에서 보내는 것이 좋습니다.
② 여행 계획은 미리 세워야 합니다.
③ 휴가를 보내기에는 제주도도 괜찮습니다.
④ 자신의 여행 경험을 자랑하고 싶습니다.

M2 28 **23.** ① 오늘은 영화를 보고 싶지 않습니다.
② 오늘 약속을 내일로 바꾸려고 합니다.
③ 같이 영화를 못 봐서 미안합니다.
④ 영화표는 하루 전에 예매해야 합니다.

M2 29 **24.** ① 미술관에 자주 오고 싶습니다 〈既出37回〉
② 미술관 구경은 내일 하고 싶습니다.
③ 오랜만에 여행을 가고 싶습니다.
④ 여행을 가서 구경을 많이 하고 싶습니다.

M2 30 **※ [25～26] 다음을 듣고 물음에 답하십시오.**

25. 어떤 이야기를 하고 있는지 고르십시오. (3점)

⧄ ① 안내　　② 설명
③ 초대　　④ 주문

26. 들은 내용과 같은 것을 고르십시오. (4점)

⧄ ① 사람이 많아서 통장을 못 만들었습니다.
② 비밀 번호는 생일로 해야 합니다.
③ 통장을 만들 때는 비밀 번호가 필요합니다.
④ 내 생일이 통장의 비밀 번호입니다.

M2 31 **※ [27～28] 다음을 듣고 물음에 답하십시오.**

27. 두 사람이 무엇에 대해 이야기를 하고 있는지 고르십시오. (3점)

⧄ ① 옷값을 깎는 방법　　② 몸에 맞는 사이즈
③ 마음에 드는 색깔　　④ 점퍼의 색깔과 사이즈

28. 들은 내용과 같은 것을 고르십시오. (4점)

⧄ ① 남자는 검은색 점퍼를 사러 왔습니다.
② 여자는 처음에 작은 점퍼를 보여 주었습니다.
③ 여자는 처음에 검은색 점퍼를 보여 주었습니다.
④ 남자는 파란색 점퍼가 작아서 안 샀습니다.

M2 32 **※ [29～30] 다음을 듣고 물음에 답하십시오.**

29. 남자는 왜 내일 시간이 없습니까? (3점)

⧄ ① 병원에 가기 때문에　　② 미술관에 가기 때문에
③ 축구를 하기 때문에　　④ 친구를 만나기 때문에

30. 들은 내용과 같은 것을 고르십시오. (4점)

⧄ ① 여자는 오후에 병원에 갔습니다.
② 남자는 오후에 미술관에 갈 겁니다.
③ 두 사람은 내일 축구를 하러 갑니다.
④ 두 사람은 오늘 미술관에 갈 수 없습니다.

TOPIK Ⅰ 읽기 (31번~70번)

読解（31番～70番）2回

▶解答は247ページ、解説は376ページへ。

※ [31～33] 무엇에 대한 이야기입니까? 〈보기〉와 같이 알맞은 것을 고르십시오.

〈보기〉

나는 열아홉 살입니다. 언니는 스물한 살입니다.

❶ 나이　② 요일　③ 날짜　④ 시간

31. (2점)

☐ 나는 영국 사람입니다. 선생님은 한국 사람입니다.

① 나라　② 말　③ 직업　④ 주소

32. (2점)

☐ 제주도에 갔습니다. 바다도 보고 맛있는 음식도 먹었습니다.

① 시골　② 바다　③ 음식　④ 여행

33. (2점)

☐ 나는 봄, 여름, 가을을 좋아합니다. 겨울은 추워서 싫습니다.

① 날씨　② 계절　③ 취미　④ 날짜

※ [34～39] 〈보기〉와 같이 (　　)에 들어갈 가장 알맞은 것을 고르십시오.

〈보기〉

나는 (　　　　)에 갔습니다. 꽃을 샀습니다.

① 빵집　② 식당　❸ 꽃집　④ 서점

34. (2점)

언니(　　　　) 선물을 받았어요.

① 한테서　　② 에서　　③ 부터　　④ 에

35. (2점)

단어의 뜻을 모릅니다. 그때는 (　　　　)를/을 찾아 봅니다.

① 소설　　② 사전　　③ 잡지　　④ 만화

36. (2점)

약속 시간에 늦어서 (　　　　). 버스를 잘못 탔습니다.

① 미안합니다　　② 피곤합니다　　③ 괜찮습니다　　④ 나쁩니다

37. (3점)

아침에는 늘 일찍 일어납니다. 제일 먼저 이를 (　　　　).

① 닫습니다　　② 닦습니다　　③ 빌립니다　　④ 벗습니다

38. (3점)

지금은 일 월입니다. 그런데 (　　　　) 벚꽃이 피었습니다.

① 아직　　② 벌써　　③ 항상　　④ 아까

39. (2점)

비가 와요. 그래서 우산을 (　　　　).

① 꼈어요　　② 했어요　　③ 받았어요　　④ 썼어요

※ [40～42] 다음을 읽고 맞지 않는 것을 고르십시오.

40. (3점)

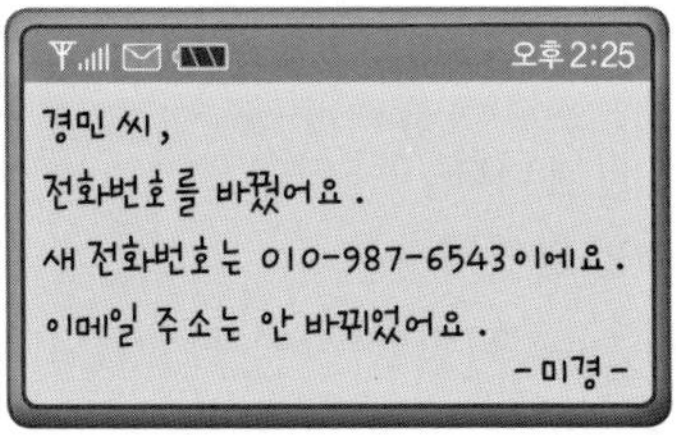

① 경민 씨에게 새 전화번호를 알립니다.
② 경민 씨에게 미경 씨가 전화를 했습니다.
③ 미경 씨 이메일 주소는 전과 같습니다.
④ 미경 씨는 전화번호를 바꿨습니다.

41. (3점)

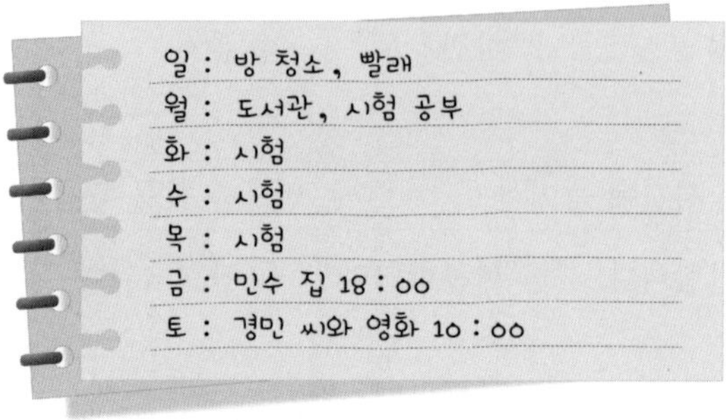

① 화요일에 시험이 시작됩니다.
② 금요일에는 민수를 만납니다.
③ 토요일 오후에는 영화를 봅니다.
④ 일요일에는 청소와 빨래를 합니다.

42. (3점)

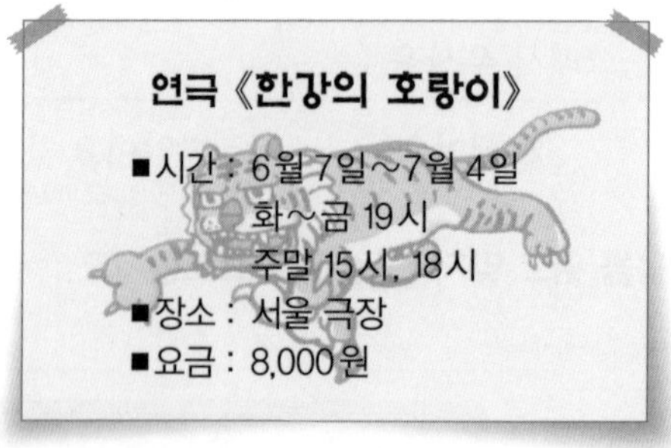

① 연극은 7월에 끝납니다.
② 연극 표는 8,000원입니다.
③ 연극은 평일에는 오후 일곱 시에 시작됩니다.
④ 연극은 토요일에만 두 번 합니다.

※ [43～45] 다음의 내용과 같은 것을 고르십시오.

43. (3점)

☐

> 집 근처에 새로 가게가 문을 열었습니다. 이 가게에서는 커피도 팔고 샌드위치도 팝니다. 커피를 마시면서 친구와 이야기를 하거나 혼자 신문이나 잡지를 볼 수도 있습니다. 컴퓨터도 사용할 수 있습니다. 그래서 자주 이용합니다.

① 신문이나 잡지를 읽으려고 이 가게에 갑니다.
② 컴퓨터를 사용하고 싶을 때는 이 가게에 갑니다.
③ 새로 문을 연 가게는 집에서 가깝습니다.
④ 이 가게는 낮에는 커피와 샌드위치를 팝니다.

44. (2점)

☐

> 회사 앞에 공원이 있습니다. 그 공원은 작지만 나무가 많고 꽃도 많이 피어 있습니다. 점심시간에 가서 자주 산책을 합니다.

① 공원에 꽃이 많이 피면 산책을 갑니다.
② 공원에서 점심을 먹습니다.
③ 공원이 넓고 나무가 많습니다.
④ 공원이 회사에서 가깝습니다.

45. (3점)

☐

> 제 친구는 눈이 나쁩니다. 그래서 교실에서는 안경을 씁니다. 그러나 밖에서는 안경을 쓰지 않습니다. 그래서 아는 사람이 인사해도 모를 때가 있습니다.

① 제 친구는 늘 안경을 씁니다.
② 제 친구는 안경을 안 쓰면 인사를 안 합니다.
③ 제 친구는 아는 사람과 인사를 합니다.
④ 제 친구는 눈이 나쁘지만 안경을 안 쓸 때도 있습니다.

※ [46~48] 다음 글을 읽고 중심 생각을 고르십시오.

46. (3점)

☐

> 나는 매일 밤 집에서 혼자 한국어를 공부합니다. 좋아하는 한국 가수가 있습니다. 그 가수의 노래를 자주 듣습니다. 한국어를 잘해서 그 노래의 뜻을 알고 싶습니다.

① 한국어를 잘하면 좋아하는 가수를 만날 수 있습니다.
② 노래의 뜻을 알고 싶어서 한국어를 공부합니다.
③ 노래를 자주 들으면 공부를 잘할 수 있습니다.
④ 열심히 공부해서 한국어로 노래를 부르고 싶습니다.

47. (3점)

☐

> 학교에 갈 때는 지하철역을 이용합니다. 그 역에서는 갑자기 비가 올 때 우산을 빌려 줍니다. 사용한 후에는 다시 역에 가지고 갑니다.

① 비가 오면 지하철을 이용합니다.
② 비가 오면 역에서 우산을 빌려 줍니다.
③ 비가 오면 우산을 쓰고 학교에 갑니다.
④ 비가 오면 역에 가서 우산을 빌려 옵니다.

48. (2점)

☐

> 오늘은 토요일입니다. 영화를 보러 나가고 싶습니다. 그러나 밖에는 바람이 불고 비가 많이 옵니다. 그래서 집에 있기로 했습니다.

① 주말에는 언제나 날씨가 나쁩니다.
② 주말에는 집에서 쉬고 싶습니다.
③ 날씨가 좋으면 영화를 보고 싶었습니다.
④ 토요일에는 극장에 가고 싶습니다.

※ [49~50] 다음을 읽고 물음에 답하십시오. (각 2점)

> 나는 지난 연휴에 친구들과 제주도에 여행을 갔습니다. 제주도는 남쪽에

있는 섬이기 때문에 서울보다 (㉠). 3월인데 노란 꽃들이 예쁘게 피어 있었습니다. 나는 이번에 제주 민속촌을 구경했습니다. 그리고 말도 타 보았습니다. 아주 재미있었습니다. 제주도에는 볼 것이 많습니다. 이번에는 이틀밖에 여행을 못 했지만 다음에는 더 오래 있고 싶습니다.

49. ㉠에 들어갈 알맞은 말을 고르십시오.

☐
① 컸습니다　② 따뜻했습니다
③ 추웠습니다　④ 작았습니다

50. 이 글의 내용과 같은 것을 고르십시오.

☐
① 다음에는 혼자서 여행을 하고 싶습니다.
② 노란 꽃이 예쁘게 핀 곳은 민속촌입니다.
③ 볼 것이 많아도 이틀밖에 안 걸립니다.
④ 다음에는 더 오래 제주도 여행을 하고 싶습니다.

※ [51～52] 다음을 읽고 물음에 답하십시오.

어제 이곳에서 가방을 잃어버렸습니다. 일주일 전에 산 새 가방입니다. 색깔은 검은색입니다. 가방 안에는 작은 컴퓨터가 있습니다. 그리고 책과 사전도 있습니다. 공책에는 이름(김민수)이 (㉠) 있습니다. 이런 가방을 보신 분은 도서관 사무실로 연락을 주십시오.

도서관 사무실 (02-123-4567)

51. ㉠에 들어갈 알맞은 말을 고르십시오. (3점)

☐
① 들어　② 쓰여　③ 닫혀　④ 붙어

52. 무엇에 대한 이야기인지 고르십시오. (2점)

☐
① 가방을 찾는 광고　② 가방의 특징과 연락처
③ 가방 안에 넣은 것　④ 가방을 잃어버린 이유

※ [53～54] 다음을 읽고 물음에 답하십시오.

나는 지금까지 자전거로 세 번 여행을 했습니다. 처음 여행을 시작한 것은 4년 전이었습니다. 그때 부산에서 출발해서 서울에 도착할 때까지 일주일 정도 걸렸습니다. 그 후 매년 한 번씩 자전거 여행을 했습니다. (㉠) 자전거로만 여행을 했기 때문에 아직 섬에는 가 보지 못했습니다. 그래서 이번 여름에는 제주도로 여행을 가려고 합니다.

53. ㉠에 들어갈 알맞은 말을 고르십시오. (2점)

① 똑바로　② 왜냐하면　③ 하지만　④ 그러니까

54. 이 글의 내용과 같은 것을 고르십시오. (3점)

① 4년 전부터 자전거 여행을 하기 시작했습니다.
② 매년 한 번 자전거로 부산에서 서울까지 갑니다.
③ 올해는 섬에서 출발해서 서울에 가려고 합니다.
④ 올해는 제주도까지 자전거로 가려고 합니다.

※ [55~56] 다음을 읽고 물음에 답하십시오.

다음 달에 방학을 하면 여행을 가려고 합니다. 어디로 여행을 가면 좋을까요? 유진 씨는 여행 경험이 많으니까 유진 씨 생각을 듣고 싶습니다. 나는 경치가 아름다운 곳에 가 보고 싶습니다. (㉠) 그 지방의 맛있는 음식도 먹어 보고 싶습니다. 여행은 10일 정도 하려고 합니다. 좋은 곳이 있으면 소개해 주십시오.

55. ㉠에 들어갈 알맞은 말을 고르십시오. (2점)

① 하지만　② 그러니까　③ 왜냐하면　④ 그리고

56. 이 글의 내용과 같은 것을 고르십시오. (3점)

① 경치가 아름다운 곳이 있으면 소개하려고 합니다.
② 유진 씨의 여행 이야기를 들으려고 합니다.
③ 방학을 하면 10일 정도 여행을 가려고 합니다.
④ 지방에는 경치가 좋고 음식이 맛있는 곳이 많습니다.

※ [57~58] 다음을 순서대로 맞게 나열한 것을 고르십시오.

57. (2점)

☐

(가) 언니 부부는 둘 다 회사에 다닙니다.
(나) 그래서 언니가 저녁 식사를 준비합니다.
(다) 보통 언니가 집에 더 일찍 옵니다.
(라) 하지만 주말에는 언니 남편이 음식을 만듭니다.

① (가) - (다) - (나) - (라)　② (라) - (가) - (다) - (나)
③ (라) - (나) - (가) - (다)　④ (가) - (나) - (라) - (다)

58. (3점)

☐

(가) 여동생이 다음 달에 유학을 가게 되었습니다.
(나) 그래서 어머니께서 매우 걱정하십니다.
(다) 요리를 해 본 적도 없습니다.
(라) 그러나 여동생은 지금까지 혼자 생활한 적이 없습니다.

① (라) - (나) - (가) - (다)　② (가) - (나) - (라) - (다)
③ (가) - (라) - (다) - (나)　④ (라) - (다) - (가) - (나)

5
模擬試験編

※ [59~60] 다음을 읽고 물음에 답하십시오.

(㉠) 내 친구 이름은 김민수입니다. (㉡) 나는 민수를 대학교 동아리에서 만났습니다. 동아리는 그림에 관심이 있는 친구들이 모여서 만든 것이었습니다. 민수는 그림도 잘 그리고 누구에게나 친절했기 때문에 친구들에게 인기가 많았습니다. (㉢) 대학을 졸업한 후 민수는 프랑스로 유학을 갔습니다. 그곳에서 5년 동안 그림을 공부했습니다. (㉣) 그래서 대학교 때 친구들과 같이 민수를 환영하는 모임을 준비하고 있습니다.

59. 다음 문장이 들어갈 곳을 고르십시오. (2점)

☐

다음 주에 민수가 돌아옵니다.

① ㉠　② ㉡　③ ㉢　④ ㉣

60. 이 글의 내용과 같은 것을 고르십시오. (3점)

① 민수는 유학을 가서 5년 동안 그림을 공부했습니다.
② 민수는 대학교 때 동아리를 만들어서 인기가 많았습니다.
③ 민수가 프랑스에서 대학교 때 친구들을 환영해 줍니다.
④ 민수를 환영하는 모임을 대학교 동아리가 준비합니다.

※ [61~62] 다음을 읽고 물음에 답하십시오. (각 2점) 〈既出32回〉

얼마 전부터 부산의 한 은행에서 새로운 은행 서비스를 시작했습니다. 낮에 은행에 갈 수 없는 손님들을 직접 (㉠)서비스입니다. 은행에 가지 않아도 돈을 보내거나 찾을 수 있고 통장도 만들 수 있습니다. 앞으로 울산에서도 이 서비스를 시작할 겁니다.

61. ㉠에 들어갈 알맞은 말을 고르십시오.

① 데려오는　② 찾아가는　③ 보여 주는　④ 갖다 주는

62. 이 글의 내용과 같은 것을 고르십시오.

① 이 서비스로 돈을 찾을 수 없습니다.
② 울산에서 이 서비스를 받을 수 있습니다.
③ 부산에서 새 은행 서비스를 시작했습니다.
④ 통장은 은행에 직접 가서 만들어야 합니다.

※ [63~64] 다음을 읽고 물음에 답하십시오.

받는사람 sujin@cocomail.com

제　목 서울 여행사입니다

보낸사람 seoultour@yeoheng-seoul.com

김수진 씨께

안녕하세요? 저희 여행사를 이용해 주셔서 감사합니다.

이번 여행은 즐겁게 하셨습니까? 저희 여행사를 이용해 주신 분들께 다음과 같이 감사의 선물을 드립니다.

1. 다음에 다시 이용해 주시면 10% 싸게 해 드립니다.

2. 여행에서 보고 느낀 것을 홈페이지에 써 주시면 예쁜 달력을 드립니다. 다음에도 다시 이용해 주시기 바랍니다.

서울 여행사

63. 서울 여행사는 왜 이 글을 썼습니까? (2점)

① 다음에도 예약을 받으려고
② 여행사의 선물 내용을 알리려고
③ 참가자에게 감사의 인사를 하려고
④ 감사의 선물을 보내려고

64. 이 글의 내용과 같은 것을 고르십시오. (3점)

① 여행에 참가한 사람에게는 달력을 줍니다.
② 여행에서 느낀 것은 홈페이지에 써야 합니다.
③ 서울 여행사를 다시 이용하면 싸게 해 줍니다.
④ 여행에서 돌아오면 감사의 선물을 보내 줍니다.

※ [65～66] 다음을 읽고 물음에 답하십시오.

내 고향은 강원도 춘천입니다. 서울에서 동쪽으로 90킬로미터 떨어져 있습니다. 춘천은 강원도의 중심 도시이고, 인구는 26만 명 정도입니다. 근처에 아름다운 강과 산이 있어서 많은 사람들이 (　㉠　). 춘천은 거리가 조용하고 깨끗합니다. 시내에는 관광을 하러 온 사람들이 이용할 수 있는 호텔이나 가게들이 많이 있습니다. 서울에서 멀지 않고 교통이 편리하기 때문에 여행하기 좋은 곳입니다.

65. ㉠에 들어갈 알맞은 말을 고르십시오. (2점)

① 찾아옵니다　　② 등산을 합니다
③ 배를 탑니다　　④ 보러 옵니다

66. 이 글의 내용과 같은 것을 고르십시오. (3점)

① 거리가 깨끗해서 놀러 오는 사람이 많습니다.
② 거리에서 아름다운 산과 강을 볼 수 있습니다.

③ 서울에서 멀지 않은 춘천은 내 고향입니다.
④ 춘천은 교통이 편리해서 자주 여행을 갑니다.

※ [67~68] 다음을 읽고 물음에 답하십시오. (각 3점)

> 전화에는 여러 가지 서비스가 있습니다. 전화 번호를 (㉠)는 114에 전화를 걸면 됩니다. 다른 사람 집에 전화를 하는데 그쪽 전화가 (㉡) 109번으로 전화를 하면 됩니다. 오늘이나 내일의 날씨가 알고 싶으면 131에 전화하십시오.

67. ㉠에 알맞은 말을 고르십시오.

① 오를 때　　② 느릴 때　　③ 누를 때　　④ 모를 때

68. ㉡에 알맞은 것을 고르십시오.

① 고장이 났기 때문에　　② 고장이 날 것 같아서
③ 고장이 나서　　④ 고장이 난 것 같으면

※ [69~70] 다음을 읽고 물음에 답하십시오. (각 3점) 〈既出改訂サンプル〉

> 어렸을 때 우리 부모님은 일 때문에 나를 (㉠) 시간이 없으셨습니다. 그래서 시골에 계신 할머니께서 저를 키워 주셨습니다. 어느 날 밤, 나는 배가 너무 아팠습니다. 시간이 늦어서 병원에 갈 수도 없었습니다. 그 때 할머니께서 내 배를 만져 주셨습니다. 한참 동안 할머니가 배를 만지니까 배가 아프지 않았습니다. 할머니의 손은 약손이었습니다.

69. ㉠에 들어갈 알맞은 말을 고르십시오.

① 키울　　② 부를　　③ 혼낼　　④ 보낼

70. 이 글의 내용으로 알 수 있는 것은 무엇입니까?

① 우리 할머니는 항상 바쁘셨습니다.
② 우리 부모님은 일찍 돌아가셨습니다.
③ 나는 밤늦게 병원에 가는 것을 싫어했습니다.
④ 내가 아플 때 할머니가 낫게 해 주셨습니다.

TOPIK Ⅰ 模擬試験の正答と配点表

[聞き取り]編			
問題番号	1回模擬テスト正答	2回模擬テスト正答	配点
1	②	①	4
2	④	②	4
3	①	④	3
4	④	③	3
5	①	③	4
6	②	④	3
7	①	②	3
8	④	②	3
9	④	②	3
10	③	④	4
11	④	③	3
12	③	②	3
13	①	③	3
14	②	②	4
15	②	①	4
16	④	①	4
17	②	④	3
18	④	③	3
19	③	④	3
20	④	④	3
21	②	③	3
22	①	③	3
23	④	②	3
24	③	②	3
25	①	②	3
26	④	③	4
27	①	④	3
28	④	③	4
29	③	③	3
30	①	④	4
[読解]編			
31	④	①	2
32	①	④	2

33	②	②	2
34	③	①	2
35	①	②	2
36	④	①	2
37	③	②	3
38	③	②	3
39	②	④	2
40	④	②	3
41	①	③	3
42	②	④	3
43	①	③	2
44	④	④	3
45	③	④	3
46	①	②	3
47	①	②	3
48	①	③	2
49	①	②	2
50	④	④	2
51	①	②	3
52	②	①	2
53	②	③	2
54	④	①	3
55	②	④	2
56	④	③	3
57	③	①	2
58	③	③	3
59	②	④	2
60	④	①	3
61	②	②	2
62	③	③	2
63	③	②	2
64	②	③	3
65	③	①	2
66	①	③	3
67	②	④	3
68	④	④	3
69	②	①	3
70	①	④	3

第6章
聞き取り台本

第1章 聞き取り問題(I) 台本

1 短い質問の答えを選ぶ問題 ······ p.32

※다음을 듣고 〈보기〉와 같이 물음에 맞는 대답을 고르십시오.

〈보기〉

가 : 회사에 가요?
나 : ______________________

1. 남자 : 점심 먹었어요?
2. 여자 : 지금 책을 읽어요?
3. 남자 : 무슨 운동을 좋아해요?
4. 여자 : 지금 뭐 해요?
5. 남자 : 일본 사람이에요?
6. 여자 : 우유를 마셔요?
7. 남자 : 국이 맛있어요?
8. 여자 : 어디에서 만나요?
9. 남자 : 언제 서울에 왔어요?
10. 여자 : 이것은 사진이에요?
11. 남자 : 이게 뭐예요?
12. 여자 : 무엇을 샀어요?
13. 남자 : 어느 나라에서 왔어요?
14. 여자 : 몇 시에 잤어요?
15. 남자 : 사람이 많아요?
16. 여자 : 아침에 신문을 읽었어요?
17. 남자 : 언제 만날까요?
18. 여자 : 수건이 있어요?
19. 남자 : 회사까지 시간이 얼마나 걸려요?

20. 여자 : 사과를 샀어요?

21. 남자 : 어디에서 한국어를 배워요?

22. 여자 : 누가 하겠어요?

23. 남자 : 내일 뭐 할 거예요?

24. 여자 : 요즘 바빠요?

25. 남자 : 언제 전화했어요?

26. 여자 : 어떻게 학교에 가요?

27. 남자 : 식당에서 뭘 해요?

28. 여자 : 가족이 몇 명이에요?

29. 남자 : 나이가 어떻게 되세요?

30. 여자 : 이름이 뭐예요?

31. 남자 : 뭘 마셔요?

32. 여자 : 뭘 샀어요?

2 定型化された応答表現を選ぶ問題 p.36

※다음을 듣고 〈보기〉와 같이 다음 말에 이어지는 것을 고르십시오.

〈보기〉
가 : 늦어서 미안합니다.
나 : ____________________

1. 여자 : 생일 축하해요.

2. 남자 : 처음 뵙겠습니다.

3. 여자 : 안녕히 가세요.

4. 남자 : 어디가 아파요?

5. 여자 : 제가 만든 과자예요. 맛있게 드세요.

6. 남자 : 실례합니다. 먼저 갈게요.

7. 여자 : 여기 앉으세요.

8. 남자 : 여기 커피 두 잔 주세요.

9. 여자 : 연락을 못 해서 미안합니다.

10. 남자 : 볼펜 하나 주세요.

11. 여자 : 시험을 보고 있으니까 조용히 하세요.

12. 남자 : 내일이 제 생일이에요.

13. 여자 : 이 선생님 계세요?

14. 남자 : 김 선생님 좀 바꿔 주십시오.

15. 여자 : 전화 잘못 거셨습니다.

16. 남자 : (따르릉) 여보세요? 거기 서울 호텔이지요?

3 対話の場所を把握する問題 p.38

※여기는 어디입니까? 〈보기〉와 같이 알맞은 것을 고르십시오.

〈보기〉

여자 : 우표 두 장 주세요.
남자 : 여기 있어요.

1. 남자 : 뭘 시킬까요?
여자 : 전 불고기를 먹고 싶어요.

2. 남자 : 선생님, 질문이 있어요. 이건 숙제예요?
여자 : 네, 목요일까지 해 오세요.

3. 남자 : 이 잡지 얼마예요?
여자 : 팔천오백 원입니다.

4. 남자 : 책은 몇 권 빌릴 수 있어요?
여자 : 다섯 권까지요. 이 주일까지 보실 수 있어요.

5. 여자 : 뭘 찾으세요?
남자 : 바지를 사고 싶어요.

6. 여자 : 어디가 아파서 오셨어요?
남자 : 기침이 나고 배가 아파서 왔어요.

7. 여자 : 뭘 주문하시겠어요?
남자 : 네, 갈비탕 한 그릇하고 맥주 한 병 주세요.

8. 남자 : 저, 일본 돈을 바꾸고 싶어서 왔는데요.
여자 : 그러세요? 그럼 이쪽으로 오세요.

9. 남자 : 이 약은 언제 먹습니까?
여자 : 식사 후에 드십시오.

10. 남자 : 이 모자 얼마예요?
여자 : 17,000원이에요. 한번 써 보세요.

11. 남자 : 공항에 가는 버스는 떠났어요?
여자 : 아뇨. 조금만 더 기다리세요. 십 분 뒤에 도착해요.

12. 남자 : 엽서 두 장 주세요.
여자 : 여기 있습니다. 440원입니다.

13. 여자 : 민수 씨, 영어를 정말 잘하시네요.
남자 : 감사합니다. 중학교 때까지 미국에서 살았어요.

14. 여자 : 오이와 토마토를 사고 싶어요.
남자 : 야채 가게는 저쪽에 있어요.

15. 남자 : 아침부터 머리가 아프고 열이 나요.
여자 : 그럼 식사 후에 이걸 드세요.

16. 남자 : 이 수박 얼마예요?
여자 : 요즘 좀 비싸요. 한 개에 만 원이에요.

17. 여자 : 뭘 찾으세요?
남자 : 수영복을 하나 사고 싶은데요.

18. 여자 : 콜라하고 커피 한 잔 주세요.
남자 : 네, 알겠습니다.

19. 남자 : 제주도에 가는 비행기 표를 사고 싶은데요.
여자 : 언제 가실 거예요?

20. 여자 : 기차가 곧 출발해요.
남자 : 그럼 빨리 탑시다.

21. 남자 : 여기는 뭐가 맛있어요?
여자 : 짜장면이 맛있어요.

22. 남자 : 이 말 뜻을 알겠어요?
여자 : 아뇨, 잘 모르겠어요. 칠판에 좀 써 주세요.

23. 남자 : 두 시에 경주에 가는 표 두 장 주세요.
여자 : 네, 여기 있습니다.

24. 여자 : 지갑을 잃어버려서 왔습니다.
남자 : 그럼, 이쪽으로 오세요.

4 対話の話題を把握する問題 ………………………… p.41

※다음은 무엇에 대해 말하고 있습니까? 〈보기〉와 같이 알맞은 것을 고르십시오.

〈보기〉

여자 : 오늘은 무슨 요일이에요?
남자 : 목요일이에요.

1. 남자 : 이건 어디서 찍었어요?
   여자 : 제주도에 갔을 때 찍은 거예요.

2. 여자 : 우체국 앞에서 만날까요?
   남자 : 아니요, 역 앞에서 만납시다.

3. 남자 : 어젯밤에 비가 왔어요?
   여자 : 아니요, 안 왔어요.

4. 여자 : 오늘도 영화를 보러 갔어요?
   남자 : 네, 아주 좋아하거든요. 매주 보러 가요.

5. 남자 : 이 사과 맛있어요?
   여자 : 네, 아주 맛있어요.

6. 여자 : 몇 살이에요?
   남자 : 열아홉 살입니다.

7. 남자 : 이 바지 얼마예요?
   여자 : 60,000 원이에요.

8. 여자 : 봄을 좋아해요?
   남자 : 아니요, 저는 가을을 좋아해요.

9. 남자 : 이거 맛이 어때요?
   여자 : 맵지만 맛있어요.

10. 여자 : 누구예요?
    남자 : 우리 엄마하고 아빠예요.

11. 남자 : 경주는 어땠어요?
    여자 : 참 재미있었어요. 다시 가고 싶어요.

12. 여자 : 여름을 좋아해요?
    남자 : 아니요, 여름은 더워서 싫어요.

13. 남자 : 무슨 색을 좋아해요?
    여자 : 저는 빨간색을 좋아해요.

14. 남자 : 오빠는 뭘 해요?
여자 : 선생님이에요.

15. 여자 : 아까 수박을 먹었어요.
남자 : 그래요? 맛이 어땠어요?

16. 남자 : 어디에 살아요?
여자 : 회사에서 가까운 곳에 살아요.

17. 남자 : 뭘 먹으러 갈까요?
여자 : 저는 비빔밥이나 김치찌개가 먹고 싶어요.

18. 남자 : 토요일에 영화 보러 갈까요?
여자 : 토요일엔 결혼식에 가야 해요. 일요일은 어때요?
남자 : 네, 좋아요.

19. 여자 : 이거 정말 멋있어요. 누가 찍었어요?
남자 : 제가 찍었어요.

20. 남자 : 미영 씨, 어디 가세요?
여자 : 히로코 씨 생일에 주려고 책을 사러 가요.

21. 남자 : 요즘 뭐가 맛있을까요?
여자 : 글쎄요. 복숭아나 포도는 어때요?

22. 여자 : 등산은 자주 가요?
남자 : 네, 자주 가요. 그리고 낚시도 자주 가요.

23. 남자 : 히로코 씨, 한국 친구는 생겼어요?
여자 : 아뇨, 아직 없어요. 좀 소개해 주세요.

24. 남자 : 이것을 누가 그렸어요?
여자 : 제가 그렸어요. 어때요? 잘 그렸죠?

25. 여자 : 오늘이 며칠이에요?
남자 : 6월 15일 토요일이에요.

26. 남자 : 부산에 가는데 고속버스를 타는 게 좋을까요?
여자 : 아니요. 열차가 빠르고 편리해요.

27. 여자 : 누구세요?
남자 : 저는 김민수입니다.

28. 남자 : 무슨 일을 하세요?
여자 : 저는 우체국에 다녀요.

29. 여자 : 반찬이 어때요?
남자 : 아주 맛있어요. 국도 맛있어요.

30. 남자 : 누구예요?
여자 : 안경을 쓴 사람은 언니고, 앉아 있는 사람은 엄마예요.

31. 남자 : 안녕하세요? 저는 김민수라고 합니다.
여자 : 안녕하세요? 저는 이미영입니다.

32. 남자 : 미영 씨 아니에요? 오래간만이에요.
여자 : 네, 민수 씨, 정말 오래간만이에요. 반가워요.

第2章 聞き取り問題(Ⅱ) 台本

1 対話内容のイラストを選ぶ問題 p.66

※다음 대화를 듣고 알맞은 그림을 고르십시오.

1.
여자 : 어서 오세요. 식사는 뭘로 하시겠어요?
남자 : 냉면을 하나 주세요.

2.
남자 : 손님, 어디로 갈까요?
여자 : 부산 호텔까지 가 주세요.

3.
여자 : 이 사진 속의 안경을 쓴 사람이 민수 씨 여자 친구예요?
남자 : 아뇨, 그 옆에 머리가 길고 치마를 입은 사람이에요.

4.
여자 : 가족이 몇 명이에요?
남자 : 우리 가족은 네 명이에요. 아버지, 어머니, 나, 그리고 여동생이 하나 있어요.

5.
여자 : 취미가 뭐예요?
남자 : 저는 수영을 좋아해요. 그래서 주말에는 자주 수영장에 가요.

6.
여자 : 영수 씨, 이번 여름 방학에 뭐 할 거예요?
남자 : 바다에 가고 싶지만 돈이 없어서 못 갈 것 같아요.
집에서 책이나 보려고 해요.

7.
남자 : 어제 뭐 했어요?
여자 : 오전에는 공원에 가서 사진을 찍었어요.
그리고 오후에는 친구를 만나서 커피를 마셨어요.

8.
여자 : 이 오이하고 고추는 얼마죠?
남자 : 고추가 1,000 원이고, 오이는 1,500 원이에요.
여자 : 그럼 이 오이하고 고추를 주세요.

9.

남자 : 이 근처에 우체국이 있습니까?
여자 : 네, 저기 사거리에서 왼쪽으로 가면 극장이 있어요.
그 극장 맞은편에 우체국이 있어요.

10.

남자 : 아, 영아 씨, 어디 가요?
여자 : 내일이 친구 생일이에요. 그래서 선물을 사러 가는 길이에요.
남자 : 선물은 뭘 살 거예요?
여자 : 모자하고 구두를 살 거예요.

11.

여자 : 주말에 뭐 했어요?
남자 : 친구를 만나서 축구를 보러 갔어요.

12.

남자 : 손님, 어디에서 내리실 거예요?
여자 : 저기 사거리가 보이죠? 거기에서 오른쪽으로 가 주세요.
그리고 병원 앞에서 내려 주세요.

2 対話内容と一致するものを選ぶ問題 p.72

※다음을 듣고 〈보기〉와 같이 대화 내용과 같은 것을 고르십시오.

〈보기〉

남자 : 죄송하지만 지우개 좀 빌려 주세요.
여자 : 여기 있어요.

1.

여자 : 집이 어디예요?
남자 : 여기서 멀지 않은 곳에 살아요.
여자 : 그럼 매일 걸어서 와요?
남자 : 아뇨, 자전거로 와요. 5분쯤 걸려요.

2.

여자 : 꽃집이 어디 있어요?
남자 : 저기 병원 옆에 있어요.

3.

남자 : 실례지만 이 근처에 우체국이 어디에 있는지 아세요?
여자 : 저도 여기에 안 살아서 잘 몰라요.

저쪽에 부동산 사무실이 있으니까 거기에 가서 물어보세요.
남자 : 네, 고맙습니다.

4.
여자 : 요즘도 등산을 자주 가요?
남자 : 아니요, 요즘은 일이 바빠서 자주 못 가요.
여자 : 그렇군요.

5.
남자 : 이거 수미 씨 모자예요?
여자 : 아니요, 그 모자는 제 언니 거예요.

6.
남자 : 오늘 저녁에 시간이 있으면 같이 영화 보러 갈래요?
여자 : 미안해요. 저녁엔 친구를 만나기로 했어요.
내일 저녁엔 괜찮아요.

7.
남자 : 한국 음식 좋아하세요?
여자 : 네, 김치찌개를 좋아해요.
남자 : 김치찌개는 맵지 않아요?
여자 : 아뇨, 아주 맛이 있어요.

8.
남자 : 박 선생님 주소가 어디인지 아세요?
여자 : 전 모르겠어요. 민수 씨가 알고 있을 거예요.
민수 씨한테 전화로 물어보세요.

9.
여자 : 저기 버스 정류장이 있네요. 저기에서 버스를 타고 가요.
남자 : 지금 저녁 때라서 길이 복잡해요.
그러니까 지하철을 타고 갑시다.
여자 : 네, 좋아요.

10.
남자 : 오랜만이에요. 언제 일본에서 왔어요?
여자 : 어머, 반가워요, 민수 씨. 그저께 왔어요.

11.
남자 : 영미 씨, 어디에 가세요?
여자 : 도서관에 책을 빌리러 가요. 다음 주부터 시험이라서 공부를 하려고 해요.

12.

여자 : 손님, 이 바지 어때요? 한 번 입어 보세요.
남자 : 색깔은 마음에 들어요. 그렇지만 좀 클 것 같아요. 조금 작은 것을 주세요.

13.

여자 : 손님, 이 양복은 어떠세요?
남자 : 저는 어두운 색을 싫어하는데요. 다른 색깔은 없어요?
여자 : 그럼 이건 어떠세요? 잘 어울릴 것 같은데요.
남자 : 그거 괜찮네요. 입어 봐도 돼요?

14.

남자 : 마리코 씨, 내일 오후 네 시까지 여기에 올 수 있어요?
여자 : 네 시까지요? 수업이 있어서 네 시까지는 못 가요.
다섯 시까지는 갈 수 있어요.

15.

남자 : 언제부터 한국어를 공부했어요?
여자 : 작년부터요. 한국 친구한테서 배우고 있어요.

16.

남자 : 부산으로 가는 기차표를 사고 싶은데요, 열 시 표가 있어요?
여자 : 죄송하지만, 열 시 표는 없어요. 열 시 이십 분 표는 있어요.
남자 : 그럼 열 시 이십 분 표로 한 장 주세요.
여자 : 잠깐만요. 여기 있습니다.

17.

여자 : 민수 씨 어디에 갔어요?
남자 : 조금 전에 담배를 사러 밖에 나갔어요. 금방 돌아올 거예요.
여자 : 그래요? 그럼 여기서 좀 기다려도 돼요?
남자 : 네, 기다리세요.

18.

남자 : 토요일 오전에 만날까요?
여자 : 아니요, 토요일엔 집에서 쉬고 싶어요. 일요일 오후에 만나요.
남자 : 좋아요. 그렇게 해요.

3 男性(女性)の考えを把握する問題 p.76

※다음을 듣고 여자의 중심 생각을 고르십시오.

1.

여자 : 길이 많이 막히네요. 벌써 약속 시간이 지났는데 다른 길은 없을까요?
남자 : 지금 퇴근 시간이라서 다른 길도 다 막힐 거예요.
여자 : 그럼 저 앞에 있는 지하철역에 세워 주세요.
남자 : 네, 알겠습니다.

2.

남자 : 마리코 씨, 주말 잘 보냈어요?
여자 : 주말에도 집에만 있었어요. 한국에 육 개월이나 있었는데…….
아직도 친구가 별로 없어서 너무 심심해요.
남자 : 그래요? 그러면 취미가 같은 사람들을 만나 보는 것은 어때요?
마리코 씨 영화 좋아하지요? 그러면 영화 동아리에 한번 가 보세요.
한국 친구를 많이 사귈 수 있을 거예요.
여자 : 그거 좋은 생각이네요.

3.

남자 : 미나 씨, 영어 말하기 대회 날짜가 바뀐 거 들었어요?
여자 : 아니요. 왜 바뀌었어요?
남자 : 이번에 신청자가 너무 적어서 다음 주에 한대요.
아까 신청하러 사무실에 갔을 때 들었어요.
여자 : 그래요? 잘됐네요. 발음 연습할 시간이 부족했는데.
남자 : 저도 더 열심히 연습해야겠네요.

4.

여자 : 오늘 몇 시쯤 물건을 받을 수 있을까요?
남자 : 지금은 몇 시에 갈 수 있을지 잘 모르겠어요.
여자 : 아, 그래요? 그런데 앞으로는 오는 시간을 미리 알려 주면 좋겠어요.
남자 : 죄송합니다. 요즘 배달할 물건이 많아서 도착 시간을 말씀 드리기 좀 어렵네요.

※다음을 듣고 남자의 중심 생각을 고르십시오.

5.

남자 : 미나 씨, 미안한데 금요일에 만나기로 한 약속 바꿀 수 있어요?
여자 : 왜요? 무슨 일 있어요?
남자 : 갑자기 일이 생겨서 일주일쯤 고향에 다녀와야 할 것 같아요.
여자 : 그래요? 그럼 돌아오면 연락하세요.

6.

남자 : 이 양복하고 셔츠 지금 세탁할 수 있어요?
여자 : 그럼요. 언제 입으실 거예요?
남자 : 금요일까지 될까요? 제가 토요일에 중요한 약속이 있어서요.
여자 : 셔츠는 내일 찾을 수 있는데, 양복은 시간이 좀 걸려요. 토요일 아침에 오세요.

7.

남자 : 어디 가면 싸고 좋은 가구를 살 수 있을까요?
여자 : 가구 시장에 한 번 가 보세요. 전에 한 번 가 봤는데 값도 싸고 좋은 가구가 많이 있었어요.
남자 : 그런데 거기에서도 가구를 배달해 줘요?
여자 : 네, 집까지 배달해 줘요.
남자 : 그럼 저도 주말에 한번 가 봐야겠어요.

8.

여자 : 오늘 영화 정말 재미있었지요?
남자 : 네. 근데 너무 앞자리라서 목이 좀 아팠어요.
영화관도 불편한 자리는 값을 좀 깎아 줘야 되는 거 아니에요?
여자 : 맞아요. 앞자리나 뒷자리는 영화 볼 때 좀 불편하죠.
남자 : 사실 연극이나 뮤지컬은 자리마다 값이 좀 다르잖아요.

4 文の内容を確認する問題 p. 78

※다음을 듣고 물음에 답하십시오.

[문제 1]

여자 : 안녕하세요? 저는 일본에서 온 기무라 유미입니다. 작년 9월에 서울에 와서 한국어를 공부하고 있습니다. 처음에는 한국말을 몰라서 실수를 많이 했습니다. '배가 고파서 약국에 가요.'라고 말하거나 식당에 가서 '미안합니다.'라고 큰 소리로 주문하거나 해서 주위의 사람들을 웃긴 적이 있었습니다. 여러분은 어떻습니까? 여러분도 이런 실수를 한 적이 있습니까?

1. 어떤 이야기를 하고 있는지 고르십시오.
2. 들은 내용과 같은 것을 고르십시오.

[문제 2]

여자 : 날씨를 전해 드리겠습니다. 오늘 오전에는 흐리고 바람이 많이 불겠습니다. 오후부터는 비가 오고 기온이 내려가겠습니다. 외출하실 때는 우산을 준비하십시오. 주말인 내일은 오전부터 맑고 따뜻하겠습니다. 빨래를 하거나 밖으로 놀러 가기

에 좋은 날씨가 되겠습니다.

1. 어떤 이야기를 하고 있는지 고르십시오.
2. 들은 내용과 같은 것을 고르십시오.

[문제 3]

여자 : 저는 마리코입니다. 지금은 전화를 받을 수 없습니다. 삐 – 소리가 나면 메시지를 남겨 주시기 바랍니다.

———————————

남자 : 여보세요, 마리코 씨, 저 유스케입니다. 수업 끝났지요? 저는 오늘 아침부터 머리가 아파서 학교에 못 갔어요. 지금은 괜찮아요. 오늘 숙제가 많아요? 숙제를 좀 가르쳐 주세요. 내일은 학교에 가겠어요. 그럼 전화해 주세요.

1. 어떤 이야기를 하고 있는지 고르십시오.
2. 들은 내용과 같은 것을 고르십시오.

[문제 4]

여자 : 여러분은 제주도에 가 보신 적이 있습니까?
제주도는 한국의 남쪽에 있는 한국에서 제일 큰 섬입니다. 제주도는 푸른 바다와 아름다운 산이 있고, 싸고 맛있는 생선도 먹을 수 있습니다. 바다에서 수영도 하고 낚시도 할 수 있습니다. 서울에서 제주도까지는 비행기로 한 시간 정도 걸립니다. 부산에서는 배로도 갈 수 있습니다. 이번 여름에는 제주도에 한번 가 보십시오.

1. 어떤 이야기를 하고 있는지 고르십시오.
2. 들은 내용과 같은 것을 고르십시오.

5 対話の内容を確認する問題 p.80

※다음을 듣고 물음에 답하십시오.

[문제 1]

남자 : 이번 주말에 시간 있어요?
여자 : 네, 아무 약속도 없어요.
남자 : 그럼, 토요일에 같이 산에 갈까요?
여자 : 좋아요. 그런데 비가 오면 어떻게 하지요?
남자 : 비가 오면 노래방에 갑시다.
여자 : 네, 좋아요.

1. 주말에 무엇을 하기로 했는지 고르십시오.

2. 들은 내용과 같은 것을 고르십시오.

[문제 2]

여자 : 민수 씨, 졸업이 언제예요?
남자 : 2월 15일이에요.
여자 : 졸업 후에는 뭐 할 거예요?
남자 : 무역 회사에 취직하기로 되었어요.
전공이 영어지만 외국과의 무역에 관심이 많았어요.
여자 : 그거 잘됐네요. 축하해요.

1. 남자의 전공은 무엇입니까?

2. 들은 내용과 같은 것을 고르십시오.

[문제 3]

남자 : 혜영 씨는 무슨 일을 하세요?
여자 : 저는 미용실에서 일하고 있어요.
남자 : 일은 재미있어요?
여자 : 네, 재미있어요. 하루 종일 서 있어서 좀 힘들지만 좋아하는 일이기 때문에 피곤하지 않아요.
남자 : 그렇군요. 주말에도 일해요?
여자 : 네, 토요일과 일요일에도 일해요. 쉬는 날은 월요일이에요. 월요일에는 빨래와 청소를 하고 집에서 쉬어요.

1. 어떤 이야기를 하고 있는지 고르십시오.

2. 들은 내용과 같은 것을 고르십시오.

[문제 4]

남자 : 어서 오세요.
여자 : 이 딸기와 귤은 얼마예요?
남자 : 딸기는 3,000원이고 귤은 2,000원입니다.
여자 : 이 포도는요?
남자 : 그건 5,000원입니다.
여자 : 그럼 귤하고 포도를 주세요.
남자 : 여기 있습니다.

1. 여자는 무엇을 샀습니까?

2. 들은 내용과 같은 것을 고르십시오.

[문제 5]

여자 : 아저씨, 이 버스 종로로 가요?
남자 : 아니요, 종로로 안 가요.
여자 : 그러면 몇 번 버스를 타야 해요?
남자 : 여기서는 없어요. 건너편 정류장에 가서 타세요.
여자 : 거기서는 종로로 가는 버스가 있어요?
남자 : 네, 거기서 150번 버스를 타세요.

1. 여자는 왜 버스를 타려고 합니까?

2. 들은 내용과 같은 것을 고르십시오.

[문제 6]

남자 : 마리코 씨, 수업 끝나고 노래방에 갈래요?
여자 : 나는 한국 노래를 못 불러요.
남자 : 괜찮아요. 같이 부르면 돼요.
여자 : 좋아요. 어디서 만날까요?
남자 : 수업 끝나고 도서관 앞으로 가 있을게요.

1. 어떤 이야기를 하고 있는지 고르십시오.

2. 들은 내용과 같은 것을 고르십시오.

[문제 7]

여자 : 다나카 씨는 한국에는 어떻게 오셨어요?
남자 : 저는 한국 요리를 배우러 왔어요. 일본에서 1년 정도 요리 학교를 다니면서 배웠는데 아직 잘 못해요. 그래서 한국의 음식점에서 직접 일을 배우려고요.
여자 : 그러면 나중에 한국에서 취직할 거예요?
남자 : 아니요, 2년 정도 배우면 돌아갈 거예요. 일본에 돌아가서 한국 음식점에 취직을 하는 게 제 꿈이에요.

1. 남자는 왜 한국에 왔습니까?

2. 들은 내용과 같은 것을 고르십시오.

[문제 8]

(따르릉)
여자 : 여보세요.
남자 : 여보세요, 안녕하세요, 저 영민인데요.
여자 : 아, 영민씨, 안녕하세요.
남자 : 이번 주에 만나기로 한 장소가 바뀌어서 전화를 했어요.

여자 : 그래요? 어디로 가면 돼요?
남자 : 요일과 시간은 바뀌지 않았어요. 토요일 열 시에 서울 공원 입구로 오세요.
여자 : 네, 알았어요.

1. 남자는 왜 전화를 했습니까?
2. 들은 내용과 같은 것을 고르십시오.

第5章 模擬試験問題台本

第1回 模擬試験 p.212

제1회 한국어능력시험 I 모의시험 듣기

아래 1번부터 30번까지는 듣기 문제입니다. 문제를 잘 듣고 질문에 맞는 답을 쓰십시오. 두 번씩 읽겠습니다.

※다음을 듣고 〈보기〉와 같이 물음에 맞는 대답을 고르십시오.

〈보기〉

가 : 회사에 가요?

나 : ______________________

➡정답은 ❷번입니다

1. 여자 : 어디에서 만나요?
2. 여자 : 회사에는 어떻게 가요?
3. 남자 : 나이가 어떻게 되세요?
4. 남자 : 오늘 신문을 읽었어요?

※다음을 듣고 〈보기〉와 같이 다음 말에 이어지는 것을 고르십시오.

〈보기〉

가 : 늦어서 미안합니다.

나 : ______________________

➡정답은 ❶번입니다

5. 남자 : 정말 오래간만입니다.
6. 남자 : 저, 부탁이 하나 있는데요.

※여기는 어디입니까? 〈보기〉와 같이 알맞은 것을 고르십시오.

〈보기〉

여자 : 우표 두 장 주세요.

남자 : 여기 있어요.

➡정답은 ❸번입니다

7. 남자 : 여기서 내려요?
여자 : 아니요. 다음 역에서 내려요.

8. 여자 : 어서 오세요. 뭘 드시겠어요?
남자 : 김치찌개하고 맥주 한 병 주세요.

9. 여자 : 뭘 드릴까요?
남자 : 콜라하고 홍차 한 잔 주세요.

10. 남자 : 실례합니다. 이것은 얼마나 빌릴 수 있어요?
여자 : 그건 한달 동안 다섯 권까지 빌릴 수 있어요.

※다음은 무엇에 대해 말하고 있습니까? 〈보기〉와 같이 알맞은 것을 고르십시오.

〈보기〉

여자 : 오늘은 무슨 요일이에요?
남자 : 목요일이에요.

➡정답은 ❸번입니다

11. 여자 : 저는 치마를 샀어요. 민수 씨는 뭘 샀어요?
남자 : 저는 청바지를 샀어요. 아주 쌌어요.

12. 남자 : 영미 씨, 어디 가세요?
여자 : 바다에 가요. 내일 돌아올 거예요.

13. 남자 : 뭘 샀어요?
여자 : 내일이 엄마 생일이에요. 그래서 꽃하고 손수건을 샀어요.

14. 남자 : 미영 씨는 초등학교 때 뭐가 되고 싶었어요?
여자 : 간호사가 되고 싶었어요.

※다음 대화를 듣고 알맞은 그림을 고르십시오.

15.
남자 : 주말에 같이 영화 보러 갈래요?
여자 : 미안해요. 친구 생일 파티에 가기로 했어요.

16.
여자 : 누가 민수 씨 여동생이에요?
남자 : 저기 키가 크고 모자를 쓴 사람이에요.

※다음을 듣고 〈보기〉와 같이 대화 내용과 같은 것을 고르십시오.

〈보기〉

남자 : 혜영 씨, 이 자전거 언제 샀어요?
여자 : 산 게 아니에요. 언니 자전거를 빌렸어요.

➡정답은 ❶번입니다

17.

남자 : 오늘 저녁에 같이 야구 보러 갈래요?
여자 : 오늘 여동생이 집에 오기로 했어요.
그래서 집에 빨리 가서 저녁 준비를 해야 돼요.
남자 : 그래요? 그럼 다음에 가요.

18.

여자 : 얼굴색이 안 좋은데 어디 아파요?
남자 : 아니에요. 요즘 일이 바빠서 좀 피곤해요.
여자 : 그럼, 일찍 집에 가서 쉬세요.

19.

남자 : 서울 여행은 어땠어요?
여자 : 맛있는 것도 많이 먹고 아주 즐거웠어요. 사진도 많이 찍었어요.
남자 : 그럼 사진 좀 보여 주세요.
여자 : 오늘은 안 가지고 왔어요. 내일 가지고 올게요.

20.

여자 : 언제 영화 보러 갈래요?
남자 : 이번 주 일요일에 어때요?
여자 : 좋아요. 그럼, 표는 내가 사 둘게요.

21.

남자 : 여보세요? 거기 이영미 씨 집이지요?
여자 : 네, 그런데요.
남자 : 영미 씨 있으면, 좀 바꿔 주세요.
여자 : 지금 미용실에 갔는데요. 한 시간 뒤에 다시 걸어 보세요.

※다음을 듣고 남자의 중심 생각을 고르십시오.

22.

여자 : 민수 씨, 내일 회의 아홉 시지요?
남자 : 열 시예요. 과장님이 아침에 다른 일이 있어서 한 시간 늦어졌어요.
그런데 회의 준비는 다 했어요?
여자 : 늦게까지 해야 할 것 같아요. 민수 씨는 지금 퇴근해요?
남자 : 네. 저도 준비가 안 끝났는데 지금은 퇴근하고 내일 일찍 와서 하려고요.

23.

여자 : 어제 수영장에 갔다 온 후부터 눈이 빨개요. 민수 씨는 괜찮아요?
남자 : 저도 수영장에서 돌아온 뒤에 눈이 아파서 병원에 다녀왔어요.
미영 씨도 병원에 다녀왔어요?

여자 : 저는 아침에 수업이 있어서 아직 못 갔어요.
남자 : 오늘은 병원에 꼭 가 보세요

24.

여자 : 민수 씨, 왜 이쪽 길로 가세요? 저쪽 길이 더 빠른데…….
남자 : 오늘 마라톤 대회가 있어서 저 길로는 못 가요.
여자 : 지금 시간에 마라톤을 해요?
평일 아침이라 차도 많은데 길이 많이 막히겠네요.
남자 : 길이 좀 복잡하기는 하겠지만 어쩔 수 없죠.

※다음을 듣고 물음에 답하십시오.

여자 : 여러분, 안녕하십니까? 오늘도 저희 비행기를 이용해 주신 손님 여러분께 감사 말씀 드립니다. 이 비행기는 오전 10시 40분에 인천국제공항을 출발하여 목적지인 일본 나리타국제공항에는 오후 1시 10분에 도착할 예정입니다. 현재 나리타의 기온은 28도이고 맑은 날씨입니다. 즐거운 여행이 되시길 바랍니다. 감사합니다.

25. 어떤 이야기를 하고 있는지 고르십시오.

26. 들은 내용과 같은 것을 고르십시오.

※다음을 듣고 물음에 답하십시오.

여자 : 하숙집은 정했어요?
남자 : 네, 다음 주 토요일에 이사하기로 했어요.
방도 넓고 밝아서 좋아요.
여자 : 학교에서 가까워요?
남자 : 네, 멀지 않아요. 걸어서 10분쯤 걸리는 곳이에요.
근처에 슈퍼마켓도 있고요.
여자 : 그럼 아주 편리하겠네요.
남자 : 네, 학교가 가깝고 생활하기에 좋을 것 같아서 정했어요.

27. 두 사람이 무엇에 대해 이야기를 하고 있는지 고르십시오.

28. 들은 내용과 같은 것을 고르십시오.

※다음을 듣고 물음에 답하십시오.

남자 : 혜영 씨, 저 영민인데요. 이번 주 금요일에 시간 있어요?
여자 : 왜요? 무슨 좋은 일이 있어요?

남자 : 얼마 전에 학교 근처로 이사를 했어요. 그래서 집에서 친구들과 같이 저녁이라도 먹으려고 해요. 여자 : 네, 좋아요. 몇 시에 가면 돼요? 남자 : 6시 반에 학교 뒤에 있는 서울서점으로 오세요. 남자 : 거기서 집이 가까워요? 여자 : 네, 바로 그 서점 옆이에요.

29. 남자는 왜 전화를 했습니까?

30. 들은 내용과 같은 것을 고르십시오.

第2回 模擬試験 p.230

제2회 한국어능력시험 I 모의시험 듣기

아래 1번부터 30번까지는 듣기 문제입니다. 문제를 잘 듣고 질문에 맞는 답을 쓰십시오. 두 번씩 읽겠습니다.

※다음을 듣고 〈보기〉와 같이 물음에 맞는 대답을 고르십시오.

〈보기〉

가 : 회사에 가요?
나 : ______________________

➡정답은 ❷번입니다

1. 남자 : 사람이 많아요?

2. 여자 : 누가 하겠어요?

3. 여자 : 과자를 샀어요?

4. 남자 : 내일 뭐 할 거예요?

※다음을 듣고 〈보기〉와 같이 다음 말에 이어지는 것을 고르십시오.

〈보기〉

가 : 늦어서 미안합니다.
나 : ______________________

➡정답은 ❶번입니다

5. 여자 : 여행 잘 다녀오세요.

6. 여자 : 맛있게 드세요.

※여기는 어디입니까? 〈보기〉와 같이 알맞은 것을 고르십시오.

〈보기〉

여자 : 우표 두 장 주세요.
남자 : 여기 있어요.

➡정답은 ❸번입니다

7. 남자 : 장미 한 송이에 얼마예요?
여자 : 한 송이에 600원이에요.

8. 남자 : 책은 며칠 동안 빌릴 수 있어요?
여자 : 일주일까지예요.

9. 남자 : 어떻게 해 드릴까요?
여자 : 날씨가 더우니까 머리를 짧게 자르고 싶어요.

10. 남자 : 부산에서 오는 비행기는 도착했습니까?
여자 : 네, 십 분 전에 도착했습니다.

※다음은 무엇에 대해 말하고 있습니까? 〈보기〉와 같이 알맞은 것을 고르십시오.

〈보기〉

여자 : 오늘은 무슨 요일이에요?
남자 : 목요일이에요.

➡정답은 ❸번입니다

11. 남자 : 무슨 일을 하세요?
여자 : 저는 학교에서 일본어를 가르치고 있어요.

12. 남자 : 정말 맛있네요. 누가 만들었어요?
여자 : 제가 만들었어요.

13. 남자 : 서울은 지금 추워요?
여자 : 아니요, 별로 안 추워요.

14. 여자 : 무슨 색을 좋아해요?
남자 : 저는 노란색을 좋아해요.

※다음 대화를 듣고 알맞은 그림을 고르십시오.

15.

여자 : 일찍 왔군요. 지하철로 왔어요?
남자 : 아뇨, 날씨가 좋아서 자전거를 타고 왔어요.

16.

여자 : 생일 축하해요! 이거 생일 선물이에요.
남자 : 고맙습니다. 생일 파티가 여섯 시부터이니까 그때 다시 만나요.
여자 : 네, 민수 씨랑 같이 갈게요.

※다음을 듣고 〈보기〉와 같이 대화 내용과 같은 것을 고르십시오.

〈보기〉

남자 : 혜영 씨, 이 자전거 언제 샀어요?
여자 : 산 게 아니에요. 언니 자전거를 빌렸어요.

➡정답은 ❶번입니다

17.

남자 : 혜영 씨, 학교 끝나고 노래방에 갈까요?
여자 : 미안해요. 오늘은 숙제가 많아서 도서관에 가야 해요.

18.

여자 : 남대문 호텔입니다.
남자 : 이번 목요일에 방이 있습니까?
여자 : 네, 있습니다. 모두 몇 분이세요?
남자 : 어른 한 명과 아이 두 명입니다.
여자 : 네, 알겠습니다.

19.

여자 : 이 자전거를 빌려 주세요.
남자 : 네, 가져 가세요.
여자 : 얼마 동안 빌릴 수 있어요?
남자 : 세 시간입니다.

20.

남자 : 오늘 오후에 뭐 할 거예요?
여자 : 내일 학교에서 발표가 있어요. 그래서 준비를 해야 해요.

21.

남자 : 집에는 걸어서 가세요?
여자 : 아니요, 지하철로 가요.
남자 : 그래요? 몇 분쯤 걸려요?
여자 : 여기서 20분쯤 걸려요.

※다음을 듣고 여자의 중심 생각을 고르십시오.

22.

남자 : 다음 주가 휴가인데 어디에 가는 게 좋을까요?
여자 : 설악산은 어때요? 경치가 아주 좋아요.
남자 : 저는 바다에 가고 싶어요.
여자 : 그래요? 그럼 제주도에 한번 가 보세요.
저도 작년에 가 봤는데 바다가 아름답고 수영하기에도 좋아요.

23.

여자 : 민수 씨, 영화표 예매했어요?
남자 : 네. 어제 했어요.
여자 : 저, 미안한데. 제가 갑자기 회사에 일이 생겨서 오늘 영화를 못 볼 것 같아요.
내일 보면 안 될까요?
남자 : 아, 그래요? 아직 시간이 남았으니까 내일로 바꿔 볼게요.

24.

여자 : 우리 이제 그만 구경하고 가요.
남자 : 오랜만에 여행 왔는데 벌써 가요?
자주 오기도 어려운데 미술관만 더 보고 가요.
여자 : 오늘은 많이 봤으니까 미술관은 내일 봐요. 저는 좀 쉬었으면 좋겠어요.
남자 : 그래도 조금만 더 보고 가면 안 될까요?

※다음을 듣고 물음에 답하십시오.

남자 : 오늘은 통장을 만들러 은행에 갔습니다. 세 시쯤 갔는데 사람이 많았습니다. 한국에서 은행은 아홉 시부터 네 시까지 합니다. 통장을 만들 때 내 생일을 비밀 번호로 하려고 했지만 할 수 없었습니다. 그래서 엄마 생일로 했습니다. 엄마 생일은 11월 21일입니다.

25. 어떤 이야기를 하고 있는지 고르십시오.

26. 들은 내용과 같은 것을 고르십시오.

※다음을 듣고 물음에 답하십시오.

여자 점원 : 어서 오세요. 뭘 찾으세요?
남자 손님 : 점퍼를 하나 사려고 왔는데요.
여자 점원 : 이거 어떠세요?
남자 손님 : 사이즈는 괜찮은데 검은색 말고 파란색은 없어요?
여자 점원 : 네, 파란색도 있어요. 작을 것 같으면 말씀하세요.
남자 손님 : 괜찮아요. 작지 않아요. 이걸로 주세요.

27. 두 사람이 무엇에 대해 이야기를 하고 있는지 고르십시오.

28. 들은 내용과 같은 것을 고르십시오.

※다음을 듣고 물음에 답하십시오.

남자 : 오후에 미술관에 그림 보러 갈까요?
여자 : 미안해요. 오늘은 병원에 가야 해요.
남자 : 어디 아파요?
여자 : 아니요, 입원한 친구를 만나러 가기로 했어요.
내일은 어때요?
남자 : 내일은 친구들과 회사 운동장에 가서 축구를 하기로 했어요.
그래서 시간이 없어요.
여자 : 그럼 다음에 가요.

29. 남자는 왜 내일 시간이 없습니까?

30. 들은 내용과 같은 것을 고르십시오.

第7章
解説編

第1章 聞き取り編（Ⅰ）

合格資料 1 「質問の答えを選ぶ問題」の既出例 p. 18

既出	問題文	
19回	男性：どこの国から来ましたか。 女性：＿＿＿＿＿＿＿＿＿＿	
	① 去年来ました。	❷ 中国から来ました。
	③ はい、来ていません。	④ いいえ、中国です。
20回	女性：ノートがありますか。 男性：＿＿＿＿＿＿＿＿＿＿	
	❶ はい、ノートがあります。	② いいえ、ノートです。
	③ はい、ノートではありません。	④ いいえ、ノートがあります。
21回	男性：そこに一人で行きましたか。 女性：＿＿＿＿＿＿＿＿＿＿	
	① 昨日行きました。	② 薬局に行きました。
	③ 弟（妹）が行きました。	❹ 弟（妹）と行きました。
22回	男性：いつ仕事が終わりますか。 女性：＿＿＿＿＿＿＿＿＿＿	
	① 仕事があります。	② 仕事をしました。
	❸ 水曜日に終わります。	④ 学校で終わります。
23回	男性：この本はどうですか。 女性：＿＿＿＿＿＿＿＿＿＿	
	① 本がありません。	② 家で見ます。
	❸ とても面白いです。	④ 韓国語の本を買います。
24回	女性：どこでご飯を食べましたか。 男性：＿＿＿＿＿＿＿＿＿＿	
	① ご飯を食べました。	❷ 家で食べました。
	③ 弟（妹）と食べました。	④ 六時に食べました。
25回	女性：どんな仕事をしていますか。 男性：＿＿＿＿＿＿＿＿＿＿	
	① 次にします。	② 一生懸命にやります。
	❸ 会社員です。	④ 会社ではありません。

29回	男性：誰とご飯を食べましたか。 女性：＿＿＿＿＿＿＿＿＿＿＿＿	① お昼に行きました。 ❸ 姉と食べました。	② 姉がいきました。 ④ キムチチゲを食べました。
31回	男性：弟（妹）は何人ですか。 女性：＿＿＿＿＿＿＿＿＿＿＿＿	❶ 二人です。 ③ 韓国にいます。	② 弟です。 ④ 家族に会います。
33回	男性：家にどのように行きますか。 女性：＿＿＿＿＿＿＿＿＿＿＿＿	① 友達が行きます。 ③ 朝行きます。	② 会社に行きます。 ❹ 地下鉄で行きます。
35回	女性：傘はありますか。 男性：＿＿＿＿＿＿＿＿＿＿＿＿	① はい、傘です。 ❸ はい、傘はあります。	② いいえ、傘を差します。 ④ いいえ、傘ではありません。
37回	男性：どんなスポーツを習っていますか。 女性：＿＿＿＿＿＿＿＿＿＿＿＿	① 朝習っています。 ③ 友達から習っています。	❷ 水泳を習っています。 ④ 運動場で習っています。
41回	男性：歌は上手ですか。 女性：＿＿＿＿＿＿＿＿＿＿＿＿	① はい、歌があります。 ❸ いいえ、歌は下手です。	② はい、歌を知っています。 ④ いいえ、歌ではありません。
47回	男性：ジュースを飲みますか。 女性：＿＿＿＿＿＿＿＿＿＿＿＿	① はい、ジュースがないです。 ③ はい、ジュースではありません。	② いいえ、ジュースが好きです。 ❹ いいえ、ジュースは飲みません。
52回	男性：どんな仕事をしていますか。 女性：＿＿＿＿＿＿＿＿＿＿＿＿	① 毎日仕事をします。 ③ 仕事が難しいです。	② 本当に格好いいです。 ❹ 学生を教えています。
60回	女性：今日学校に行きますか。 男性：＿＿＿＿＿＿＿＿＿＿＿＿	① はい、学校が小さいです。 ❸ いいえ、学校に行きません。	② はい、学校ではありません。 ④ いいえ、学校にいます。
64回	女性：くつが大きいですか。 男性：＿＿＿＿＿＿＿＿＿＿＿＿	① はい、くつです。 ❸ いいえ、くつが小さいです。	② はい、くつがかわいいです。 ④ いいえ、くつがあります。

合格資料 4 「対話の場所を把握する問題」の既出例 …… p.25

既出	問題文
20回	女性：明日までに宿題を必ず提出してください。 男性：はい、先生。 ❶ 教室　② 空港　③ 美容室　④ 図書館
21回	男性：博物館はここで降りますか。 女性：いいえ、次の停留場で降りてください。 ① 空港　❷ バス　③ 博物館　④ 旅行社
22回	女性：この小包を送りたいのですが。 男性：こちらにください。どこに送りますか。 ① 公園　② 食堂　③ 博物館　❹ 郵便局
23回	男性：ここは部屋がいくつですか。 女性：二つです。そして台所とトイレもあります。 ❶ 家　② 市場　③ 図書館　④ デパート
24回	女性：バラを二本ください。 男性：はい、どうぞ。 ❶ 花屋　② 薬局　③ 郵便局　④ 図書館
25回	男性：何になさいますか。 女性：りんごジュースありますか。 ① 薬局　② 学校　③ 地下鉄　❹ コーヒーショップ
26回	男性：チケットは買いましたか。 女性：チケットは私が買いました。早く入りましょう。 ① 薬局　❷ 劇場　③ 銀行　④ 市場
27回	男性：子供の本を買いに来たのですが、何がいいですか。 女性：この童話の本はどうですか。 ❶ 書店　② プール　③ 寮　④ 美術館
28回	女性：男性服は何階にありますか。 男性：5階にあります。 ① ホテル　② 花屋　❸ デパート　④ 事務室
29回	男性：机と椅子を買いに来ました。 女性：はい、この机はどうですか。 ① 寮　❷ 家具屋　③ コンビニ　④ 博物館

30回	女性：失礼します。明洞にはどのように行きますか。 男性：ここで100番のバスに乗ってください。	❶ 停留場	② 運動場	③ 博物館	④ デパート
31回	男性：ここにある絵はみんな素敵ですね。 女性：はい、すべて有名な人たちが描いたものです。	① 学校	② 空港	❸ 美術館	④ 郵便局
32回	女性：髪をどうなさいますか。 男性：短く切ってください。	① クリーニング屋	② 事務室	③ デパート	❹ 美容室
33回	男性：お客様、305号室です。鍵をどうぞ。 女性：はい、朝食は何時からですか。	① 空港	❷ ホテル	③ 美容室	④ 郵便局
34回	女性：女性の靴は何階にありますか。 男性：2階にあります。	① 事務室	② 美術館	③ 図書館	❹ デパート
35回	女性：すみません。本は何冊まで借りることができますか。 男性：五冊です。	① 美容室	② 写真館	❸ 図書館	④ 郵便局
36回	女性：この店はいちごケーキが有名です。 男性：そうですか。それでは、私たちもそれを一度食べてみましょうか。	❶ パン屋	② 会社	③ 美容室	④ 博物館
41回	女性：パスポートを作るつもりです。きれいに撮ってください。 男性：はい、こちらを見てください。撮りますよ。	❶ 写真館	② 図書館	③ 博物館	④ 美術館
47回	男性：お客さま、何をお探しですか。 女性：辞書はどこにありますか。	① 公園	② 教会	③ パン屋	❹ 書店
52回	女性：ソウル駅に行ってください。 男性：はい、分かりました。	❶ タクシー	② 汽車	③ 飛行機	④ 地下鉄
60回	男性：スミさん、5番のバスが来ました。 女性：では、お先に失礼します。	❶ 停留場	② 美術館	③ 運動場	④ 博物館
64回	男性：私はここに散歩によく来ますが、本当にいいでしょう。 女性：はい。木も多く、広くていいですね。	① 書店	❷ 公園	③ 写真館	④ 美容室

合格資料 6 「対話の話題を把握する問題」の既出例 p.29

既出	問題文			
21回	男性：大学で何を勉強するつもりですか。 女性：経営学を勉強したいです。			
	① 職業	② 週末	❸ 計画	④ 集まり
22回	女性：学生ですか。 男性：いいえ、会社に勤めています。			
	❶ 職業	② 故郷	③ 場所	④ 計画
23回	女性：リンゴが好きですか。 男性：いいえ、私はブドウが好きです。			
	❶ 果物	② 天気	③ 運動	④ 趣味
24回	男性：ズボンを買いましたか。 女性：はい、ズボンとスカートを買いました。			
	❶ 服	② 本	③ 時計	④ かばん
25回	男性：そのかばん可愛いですね。 女性：可愛いでしょう。昨日姉からもらいました。			
	① 気持ち	② 写真	❸ プレゼント	④ 年
26回	女性：テニスは上手ですか。 男性：いいえ、卓球は得意ですが、テニスはあまりできません。			
	① 勉強	② 天気	③ 音楽	❹ 運動
27回	女性：韓国は明日休日ですか。 男性：はい、子供の日なので休みます。			
	① 都市	② 授業	③ 食事	❹ 休日
28回	男性：その辞書高いですか。 女性：いいえ、高くありません。1万ウォンです。			
	① 仕事	❷ 値段	③ 模様	④ 小包
29回	女性：これは誰が撮りましたか。 男性：私の友だちが撮りました。きれいに撮れたでしょう。			
	❶ 写真	② 絵	③ カレンダー	④ プレゼント

30回	男性：私は医者です。 女性：私は銀行に勤めています。	① 家	❷ 仕事	③ 趣味	④ 国
31回	女性：済州島は楽しかったですか。 男性：はい、天気も良くて本当に楽しかったです。	① 時間	② 季節	❸ 旅行	④ 約束
32回	女性：私は運動するのが好きです。 男性：私は時間がある時写真を撮ります。	① 招待	② 勉強	③ 集まり	❹ 趣味
33回	男性：友だちが卒業するのですか、何を買ってあげれば良いでしょうか。 女性：靴はどうですか。	① 気持ち	② 趣味	③ 約束	❹ プレゼント
34回	女性：夏がもう終わりましたね。 男性：はい、秋になって大分涼しくなってきました。	① カレンダー	❷ 季節	③ 休日	④ 住所
35回	男性：明日は休みですか。 女性：はい、明日はハングルの日なので休みです。	① 旅行	② 曜日	③ 天気	❹ 休日
36回	男性：これ、いつ撮ったものですか。 女性：去年済州島で撮ったものです。	① 休日	② カレンダー	❸ 写真	④ 絵
41回	男性：ソウルで生まれたのですか。 女性：いいえ、プサンで生まれました。	① 国	② 休日	③ 旅行	❹ 故郷
47回	男性：明日ショッピングに行きましょうか。 女性：いいですよ。 2時に会いましょう。	① 季節	❷ 約束	③ 食べ物	④ 場所

52回	女性：銀行はどこにありますか。 男性：あのコーヒーショップの裏にあります。			
	① 趣味	② 約束	❸ 位置	④ 交通
60回	男性：ここは日曜日に休みますか。 女性：いいえ、私たちは月曜日に休みます。			
	① 位置	❷ 休日	③ 天気	④ 授業
64回	男性：私は休みの時、済州島に行くつもりです。スミさんは? 女性：私は故郷に帰るつもりです。			
	❶ 計画	② 天気	③ 週末	④ 趣味

1 短い質問の答えを選ぶ問題 p.32

※다음을 듣고 〈보기〉와 같이 물음에 맞는 답을 고르십시오.
次を聞いて〈例〉のように問に合う答えを選びなさい。

1. 昼食は食べましたか。
① はい、食べていません。　② はい、食べていません。
❸ はい、食べました。　④ いいえ、食べました。

2. いま本を読んでいますか。
❶ はい、本を読んでいます。　② はい、本がありません。
③ いいえ、本があります。　④ いいえ、本を読みます。

3. どんな運動が好きですか。
① サッカーをします。　② 水泳を習っています。
③ 野球が面白いです。　❹ バレーボールが好きです。

4. いま何をしていますか。
① はい、暖かいです。　② いいえ、食べていません。
③ 絵が好きです。　❹ 絵を描いています。

5. 日本人ですか。
① はい、日本に行きます。　② いいえ、日本人です。
❸ はい、日本人です。　④ いいえ、日本から来ました。

6. 牛乳を飲みますか。

❶ はい、牛乳を飲みます。　② いいえ、牛乳です。
③ はい、牛乳がありません。　④ いいえ、牛乳を飲みます。

7. スープは美味しいですか。
❶ はい、美味しいです。　② いいえ、スープではありません。
③ はい、不味いです。　④ いいえ、美味しいです。

8. どこで会いますか。
① 友達に会います。　❷ 図書館の前で会います。
③ 会って映画を見ます。　④ 日曜日に会います。

9. いつソウルに来ましたか。
① はい、友達がソウルに来ました。　② 来週来るでしょう。
③ はい、ソウルに行くでしょう。　❹ 一週間前に来ました。

10. これは写真ですか。
① はい、写真を撮ります。　② いいえ、写真です。
③ はい、写真がありません。　❹ いいえ、写真ではありません。

11. これは何ですか。
① パン屋に多いです。　② はい、何もありません。
❸ 石鹸です。　④ いいえ、これではありません。

12. 何を買いましたか。
① ズボンを買います。　❷ ズボンを買いました。
③ ズボンを買うつもりです。　④ ズボンを買うつもりです。

13. どこの国から来ましたか。
① イギリスで暮らしていました。　❷ イギリスから来ました。
③ イギリスにいます。　④ イギリスに行きました。

14. 何時に寝ましたか。
① はい、11時に寝ます。　② 今は夜です。
❸ 11時に寝ました。　④ いいえ、11時ではありません。

15. 人が多いですか。
❶ はい、多いです。　② はい、いません。
③ いいえ、います。　④ いいえ、好きではありません。

16. 朝、新聞を読みましたか。
① はい、読めません。　② いいえ、少し読みました。
③ はい、読むつもりです。　❹ いいえ、読みませんでした。

17. いつ会いましょうか。
① はい、会いました。　② はい、会いましょう。

③ 喫茶店で会いました。
❹ 土曜日の午前に会いましょう。

18. ハンカチはありますか。
❶ はい、あります。
② いいえ、多いです。
③ はい、ハンカチがありません
④ いいえ、ハンカチではありません。

19. 会社まで、時間がどのくらいかかりますか。
❶ 30分くらいかかります。
② 2時30分です。
③ 歩いて行きます。
④ 時間があまりありません。

20. りんごを買いましたか。
① はい、りんごではありません。
② はい、りんごが嫌いです。
③ いいえ、りんごを食べます。
❹ いいえ、りんごを買いませんでした。

21. どこで韓国語を習っていますか。
❶ 学校で習っています。
② 友達と習っています。
③ 韓国語を習いました。
④ 一週間に一度習いました。

22. 誰がするつもりですか。
① 私がしました。
❷ 私がしますから。
③ 私がしませんでした。
④ 私ではありません。

23. 明日、何をするつもりですか。
① 運動をしました。
② 運動が好きです。
❸ 運動するつもりです。
④ 運動が好きでしょう。

24. 最近忙しいですか。
❶ はい、忙しいです。
② いいえ、忙しいです。
③ はい、忙しくありません。
④ いいえ、忙しいでしょう。

25. いつ電話しましたか。
① はい、電話をかけました。
② いいえ、しませんでした。
❸ 一昨日しました。
④ 明後日するつもりです。

26. どうやって学校に行きますか。
❶ 歩いて行きます。
② 一時間かかります。
③ 学校から遠いです。
④ 市役所の前にあります。

27. 食堂で何をしますか。
① 夕方します。
❷ お昼を食べます。
③ 二階にあります。
④ 食堂が遠いです。

28. 家族は何人ですか。
① はい、家族に会います。
② いいえ、家族は多くありません。
❸ 四人です。
④ いいえ、私の家族ではありません。

29. おいくつでいらっしゃいますか。

❶ 二十歳です。
② いいえ、二十歳ではありません。
③ 若いです。
④ いいえ、若くありません。

30. 名前は何ですか。

① 綺麗です。
② 良い名前です。
③ 長いです。
❹ フジワラです。

31. 何を飲みますか。

❶ 水を飲みます。
② 水がありません。
③ 水です。
④ 水が多いです。

32. 何を買いましたか。

① はい、使いました。
② はい、買いました。
③ 手紙を書きました。
❹ 牛乳を買いました。

2 定型化された応答表現を選ぶ問題 p.36

※다음을 듣고 〈보기〉와 같이 다음 말에 이어지는 것을 고르십시오.
次を聞いて〈例〉のように次の言葉に続くものを選びなさい。

1. 誕生日おめでとうございます。

① はい、そうです。
② そこにお座りください
❸ 有難うございます。
④ はい、うれしいです。

2. 初めまして。

❶ (お会いできて)うれしいです。
② 失礼します。
③ すみません。
④ 有難うございます。

3. さようなら。(去る人に)

① どういたしまして。
② さようなら。(去る人に)
③ いらっしゃいませ。
❹ さようなら。(残る人に)

4. どこが痛いのですか。

❶ 耳が痛いです。
② 目が悪いです。
③ 薬を飲みます。
④ お腹が空きました。

5. 私が作ったお菓子です。どうぞ召し上がって下さい。

① 全部食べました。
② 本当に美味しいです。
③ ごちそうさまでした。
❹ いただきます。

6. 失礼します。先に行きますから。

① はい、失礼します。　② いいえ、失礼します。

❸ はい、先に行って下さい。　④ いいえ、私が行きますから。

7. こちらにお掛け下さい。

① ごめんなさい。　② どういたしまして。

③ すみません。　❹ 有り難うございます。

8. すみません、コーヒー二つ下さい。

❶ はい、かしこまりました。　② はい、(お会いできて)嬉しいです。

③ はい、お願いします。　④ はい、有り難うございます。

9. 連絡できなくてごめんなさい。

① すみません。　② 少々お待ち下さい。

③ 電話下さい。　❹ 大丈夫です。

10. ボールペン一本下さい。

① お願いします。　② ここに書いて下さい。

❸ こちらになります。　④ ボールペン一つで書いて下さい。

11. 試験中なので、静かにして下さい。

① 静かにしましょう。　② 良いです。

③ そうです。　❹ ごめんなさい。

12. 明日は私の誕生日です。

① 有り難うございます。　② 失礼します。

③ (お会いできて)嬉しいです。　❹ おめでとうございます。

13. 李先生いらっしゃいますか。

① はい、代わって下さい。　② いいえ、李先生ではありません。

③ はい、いらっしゃいません。　❹ いいえ、ちょっと出掛けております。

14. 金先生にちょっと代わって下さい。

① はい、代わってくれるでしょう。　② いいえ、金先生ではありません。

❸ はい、少々お待ち下さい。　④いいえ、代われません。

15. お掛け間違いです。

① 少々お待ち下さい。　❷ すみません。

③ 合っています。　④ また掛けます。

16. もしもし？ そちらはソウルホテルですよね。

① はい、どうかしましたか。　② はい、何になさいますか。

❸ はい、そうです。　④ はい、いついらっしゃいますか。

3 対話の場所を把握する問題 p.38

※여기는 어디입니까? 〈보기〉와 같이 알맞은 것을 고르십시오.
ここはどこですか。〈例〉のように適当なものを選びなさい。

1.

> 男性：何を注文しましょうか。
> 女性：私は焼肉が食べたいです。

① 旅行社　② 会社　③ 病院　❹ 食堂

2.

> 男性：先生、質問があります。これは宿題ですか。
> 女性：はい、木曜日までにしてきて下さい。

❶ 教室　② 会社　③ 書店　④ 図書館

3.

> 男性：この雑誌はいくらですか。
> 女性：8,500ウォンです。

① 劇場　② 洋服屋　③ 図書館　❹ 書店

4.

> 男性：本は何冊借りられますか。
> 女性：5冊までです。2週間まで借りられます。

① 郵便局　❷ 図書館　③ 書店　④ 教室

5.

> 女性：何をお探しですか。
> 男性：ズボンを買いたいです。

① 病院　② 郵便局　❸ 洋服屋　④ 靴屋

6.

> 女性：どこが悪くていらっしゃいましたか。
> 男性：咳が出て、お腹が痛くて来ました。

① 美容院　❷ 病院　③ 食堂　④ プール

7.

> 女性：何になさいますか。
> 男性：はい、カルビスープを一つと、ビール一本下さい。

❶ 飲食店　② 会社　③ 喫茶店　④ 果物店

8.

> 男性：あの、日本円を両替したくて来たのですが。
> 女性：そうですか。それではこちらにどうぞ。

① 大使館　② 旅行社　❸ 銀行　④ 空港

9.
男性：この薬はいつ飲むのですか。
女性：食後に飲んで下さい。

① 食堂　② パン屋　③ カフェ　❹ 薬局

10.
男性：この帽子はいくらですか。
女性：17,000ウォンです。一度被ってみて下さい。

① カラオケ　② 停留所　③ クリーニング屋　❹ 店

11.
男性：空港に行くバスは出ましたか。
女性：いいえ、もう少々お待ち下さい。10分後に到着します。

① 駅　❷ 停留所　③ 空港　④ 旅行社

12.
男性：ハガキ二枚下さい。
女性：はい、どうぞ。440ウォンです。

❶ 郵便局　② 博物館　③ 書店　④ クリーニング屋

13.
女性：ミンスさん、英語が本当にお上手ですね。
男性：有り難うございます。中学の時までアメリカで暮らしていたので。

① 台所　❷ 事務室　③ プール　④ 公衆電話

14.
女性：キュウリとトマトが欲しいです。
男性：八百屋はあっちにあります。

① 公園　② 寄宿舎　❸ 市場　④ デパート

15.
男性：朝から頭が痛くて、熱が出ています。
女性：それでは食後にこれを飲んで下さい。

❶ 薬局　② 飲食店　③ 事務室　④ 下宿

16.
男性：このスイカいくらですか。
女性：最近ちょっと高いです。一つ10,000ウォンです。

❶ 果物店　② 文具店　③ 洋服屋　④ 靴屋

17.

女性：何をお探しですか。
男性：水着を買いたいのですが。

① 美容院　❷ 衣料品店　③ 美術館　④ プール

18.

女性：コーラとコーヒーを一つ(ずつ) 下さい。
男性：はい、かしこまりました。

① 駐車場　② 台所　❸ 喫茶店　④ 食堂

19.

男性：済州島に行く飛行機の切符を買いたいのですが。
女性：いつ行かれるのですか。

① 故郷　❷ 旅行社　③ 駅　④ 停留所

20.

女性：電車がまもなく出発します。
男性：それでは早く乗りましょう。

❶ 駅　② 空港　③ 駐車場　④ 停留所

21.

男性：ここは何が美味しいですか。
女性：ジャージャー麺が美味しいです。

① カラオケ　❷ 食堂　③ 寄宿舎　④ 文具店

22.

男性：この言葉の意味がわかりますか。
女性：いいえ、よくわかりません。黒板にちょっと書いて下さい。

① 食堂　❷ 教室　③ 書店　④ 銀行

23.

男性：二時の慶州行きの切符を二枚下さい。
女性：はい、どうぞ。

① 教会　② 警察署　③ 事務室　❹ 鉄道駅

24.

女性：財布を失くしてしまったので来ました。
男性：それではこちらに来て下さい。

① 不動産　② 文具店　③ 銀行　❹ 警察署

4 対話の話題を把握する問題 p.41

※다음은 무엇에 대해 말하고 있습니까? 〈보기〉와 같이 알맞은 것을 고르십시오.
次は何について話していますか。〈例〉のように適当なものを選びなさい。

1.

男性：これはどこで撮りましたか。
女性：済州島に行ったとき、撮ったものです。

① 絵　❷ 写真　③ 食べ物　④ プレゼント

2.

女性：郵便局の前で会いましょうか。
男性：いいえ、駅の前で会いましょう。

❶ 場所　② 駅　③ 郵便局　④ 手紙

3.

男性：昨夜雨が降りましたか。
女性：いいえ、降りませんでした。

① 約束　② 時間　③ 季節　❹ 天気

4.

女性：今日も映画を見に行きましたか。
男性：はい、大好きなものですから。毎週見に行きます。

① 場所　❷ 趣味　③ 時間　④ 劇場

5.

男性：このリンゴ美味しいですか。
女性：はい、とても美味しいです。

① 店　② 食堂　❸ 果物　④ 食べ物

6.

女性：何歳ですか。
男性：19歳です。

❶ 年齢　② 誕生日　③ 番号　④ 時間

7.

男性：このズボン、いくらですか。
女性：6万ウォンです。

① 市場　② 靴　③ お金　❹ 値段

8.

女性：春は好きですか。
男性：いいえ、私は秋が好きです。

① 旅行　② 趣味　❸ 季節　④ 天気

9.

男性：これ、味はどうですか。
女性：辛いけど美味しいです。

① 冷麺　❷ 食べ物　③ 海苔巻　④ 水

10.

女性：どなたですか。
男性：うちの母と父です。

① お客　② 兄弟　③ 名前　❹ 家族

11.

男性：慶州はどうでしたか。
女性：すごく楽しかったです。また行きたいです。

① 劇場　② 公園　❸ 旅行　④ 外国

12.

女性：夏は好きですか。
男性：いいえ、夏は暑くて嫌です。

❶ 季節　② 天気　③ 海　④ 空

13.

男性：何色が好きですか。
女性：私は赤が好きです。

① バラ　② 花屋　③ 趣味　❹ 色

14.

男性：お兄さんは何をしていますか。
女性：先生です。

① 学校　❷ 仕事　③ 兄弟　④ 家族

15.

女性：さっきスイカを食べました。
男性：そうですか。味はどうでしたか。

① 飲み物　② 靴　③ 食べ物　❹ 果物

16.

男性：どこに住んでいますか。
女性：会社から近い所に住んでいます。

① 公園　❷ 家　③ 店　④ 会社

17.

男性：何を食べに行きましょうか。
女性：私はビビンバとかキムチチゲが食べたいです。

① 季節　② おかず　❸ 食べ物　④ 食堂

18.

男性：土曜日、映画を見に行きましょうか。
女性：土曜日は結婚式に行かなくてはいけません。日曜日はどうですか。
男性：はい、良いですよ。

❶ 約束　② 週末　③ 結婚　④ 劇場

19.

女性：これ、本当に素敵です。誰が撮ったのですか。
男性：私が撮りました。

① 桜　② 料理　③ 絵　❹ 写真

20.

男性：ミヨンさん、どこに行くのですか。
女性：ヒロコさんの誕生日にあげるために、本を買いに行きます。

① クリーニング屋　❷ 書店　③ 図書館　④ 誕生日パーティー

21.

男性：最近は、何が美味しいでしょうか。
女性：そうですね。桃やブドウはいかがでしょう。

❶ 果物　② 韓国料理　③ お菓子　④ 食べ物

22.

女性：登山にはよく行くのですか。
男性：はい、よく行きます。そして釣りにもよく行きます。

① 運動　❷ 趣味　③ 旅行　④ 交通

23.

男性：ヒロコさん、韓国の友達はできましたか。
女性：いいえ、まだいません。ちょっと紹介して下さい。

① 外国人　② 親戚　③ 家族　❹ 友達

24.

男性：これを誰が描いたのですか。
女性：私が描きました。どうですか、よく描けたでしょう。

① ハガキ　② 小説　③ 手紙　❹ 絵

25.

女性：今日は何日ですか。
男性：6月15日、土曜日です。

❶ 日付　② 時間　③ 季節　④ 週末

26.

男性：釜山に行くのに、高速バスに乗った方が良いでしょうか。
女性：いいえ、電車が速くて便利です。

① 故郷　❷ 交通　③ 駅　④ 旅行

27.

女性：どちら様ですか。
男性：私はキム・ミンスです。

❶ 名前　② 家族　③ 電話　④ 携帯電話

28.

男性：どんな仕事をしていますか。
女性：私は郵便局に勤めています。

① 趣味　② 切手　③ 小包　❹ 職業

29.

女性：おかずはどうですか。
男性：とても美味しいです。スープも美味しいです。

① 薬局　② 食堂　❸ 食べ物　④ 台所

30.

男性：誰ですか。
女性：眼鏡を掛けた人が姉で、座っている人が母です。

① 親戚　② 両親　③ 兄弟　❹ 家族

31.

男性：こんにちは。私はキム・ミンスと申します。
女性：こんにちは。私はイ・ミヨンです。

❶ 名前　② 住所　③ 職業　④ 会議

32.

男性：ミヨンさんではありませんか。お久し振りです。
女性：はい、ミンスさん、本当にお久し振りです。お会いできて嬉しいです。

① 友達　② デート　❸ 挨拶　④ 喫茶店

第2章 聞き取り編（Ⅱ）

合格資料 8 「対話内容と一致するイラストを選ぶ問題」の既出例 ……… p.49

既出	問題文
25回	女性：私、今日電子辞書を持って来なかったのですが、ちょっと一緒に見てもいいですか。 男性：はい、私の辞書を使ってください。
26回	男性：スミさん、お金をどうして花瓶に入れるんですか。 女性：花瓶の中に小銭を何個か入れると花が長持ちするんですよ。 男性：あ、そんな方法がありましたか。
27回	男性：この花1束ください。 女性：包装はどうなさいますか。
28回	男性：お客さん、鏡をちょっと見てください。短い髪がよく似合います。 女性：良いですね。気に入りました。
29回	男性：この時計この辺にかけましょうか。 女性：うーん……。もうちょっと右側にかけてください。 男性：ここの窓の方ですか。
30回	女性：服は合いますか。 男性：うーん……。これはちょっと大きいようですが。 女性：そうですか。ではこれがもう少し小さいのでこれを一度着てみてください。
31回	男性：ここまで来てくれてありがとうございます。 女性：いいえ、ミノさんの入学式なんだから必ず来なくちゃ。これは入学のプレゼントです。 男性：本当に有難うございます。
32回	女性：あの人たちが演奏するのは何ですか。 男性：ギターではありませんか。 女性：ギターではないようです。大きさも小さくて音も違いますよ。
33回	男性：小包ですが、キム・ミヌさんいらっしゃいますか。 女性：あそこのパソコンの前に座っている方です。
34回	女性：まだお仕事ですか。こちらに来てジュースでも飲んでください。 男性：有難うございます。

35回	男性：卒業おめでとうございます。この花受け取ってください。 女性：有難うございます。
36回	男性：重いですよね。私がお手伝いしましょうか。 女性：ありがとうございます。ドアをちょっと開けていただけますか。

合格資料 9 「対話内容と一致するものを選ぶ問題」の既出例 …… p.51

既出	問題文
26回	男性：このパン本当に美味しいですね。どこで買いましたか。 女性：私が作ったものです。もっと食べてください。 ① 男性はパンを買いました。 ② 女性はパンを食べました。 ❸ 女性はパンを作りました。 ④ 男性は女性にパンをあげました。
27回	女性：あ、財布がありません。先ほどコーヒーショップではあったのに……。 男性：かばんにないんですか。よく探してみてください。 女性：ないです。財布をコーヒーショップに置いて来たようです。 またコーヒーショップに行ってみます。 男性：そうですね。早く行って探してみてください。 ❶ 女性は今財布がありません。 ② 女性はコーヒーショップにまた行きました。 ③ 男性は今コーヒーショップにいます。 ④ 男性は財布を探しに行くつもりです。
28回	女性：ミンスさん、頼みたいことがあって電話しました。 男性：はい、しかし私いまちょっと忙しいんです。三十分後に電話してください。 女性：では1時に電話します。 ① 男性は1時に会議をします。 ❷ 女性は男性に頼みたいことがあります。 ③ 女性は1時に電話をしました。 ④ 男性が女性に電話をしました。
29回	男性：今日一緒に夕飯を食べませんか。 女性：ごめんなさい。今日は用事があって忙しいんです。明日は大丈夫ですが……。 男性：明日は私が他の約束があります。ではまた今度にしましょう。 ① 女性は明日忙しいことがあります。 ② 男性は今日他の約束があります。 ❸ 二人は今日一緒にご飯を食べません。 ④ 二人は明日夕飯を一緒に食べるつもりです。

30回	女性：もしもし、ミンスさん。明日雪が降りそうです。 男性：そうですか。雪が降ると山には行けないでしょう。 女性：はい、ではどうしましょう。来週はみんな忙しいのですが……。 男性：しかし雪が降らない可能性もあります。 　　　私が明日の朝また電話します。 ① 女性は山に行かないつもりです。 ② 女性は明日とても忙しいです。 ③ 男性は来週山に行きます。 ❹ 男性は明日女性に電話するつもりです。
31回	男性：今日の八時の公演のもので二人です。二人とも学生なのですが、割引できますか。 女性：はい、学生証を見せていただくと 20% 割引いたします。 男性：しかし、私だけ学生証があるのですが。 女性：申し訳ありませんが、学生証のある方だけ割引になります。 ❶ 男性は割引をしてもらうことができます。 ② 女性は二人を割引にしてくれました。 ③ 男性は明日夕方に公演を見るつもりです。 ④ 女性は男性に学生証を見せてくれました。
32回	男性：スミさん、ボールペンが花のような形でできていますね。 女性：友だちが作ってくれたのですが、とてもきれいでしょう。 男性：そうですね。ところで使う時はちょっと不便ではありませんか。 　　　重くて、筆箱にもうまく入らなさそうですが……。 女性：違います。そんなに重くないです。使いやすいです。 ① このボールペンは使いにくいです。 ❷ このボールペンは重くないです。 ③ 女性はこのボールペンを買いました。 ④ このボールペンは筆箱に入りません。
33回	男性：おばさん、この帽子青色のものはありますか。 女性：いいえ、今青色のものはありません。この黄色い帽子はどうですか。 男性：では、今度また来ます。 ① 女性は帽子を買うつもりです。 ② 女性は青色の帽子があります。 ③ 男性は黄色い帽子を買うつもりです。 ❹ 男性は青色の帽子を買いたがっています。
	男性：会食をどこでするのが良いでしょうか。 女性：この前に行った食堂はどうですか。 男性：美味しいのは美味しいですが、ちょっと狭いような気がします。

34回	女性：では、会社の前の焼肉屋はどうですか。そこはもう少し広いですが。 ❶ 女性は広い食堂を探しています。 ② 男性は会社の人たちと焼肉を食べます。 ③ 女性は先週行った食堂にまた行くつもりです。 ④ 男性は会社の前にある焼肉屋にいます。
35回	男性：お客さん、美術館にカメラを持って入って来てはいけません。 女性：あ、知らなかったです。申し訳ありません。それじゃこのカメラはどうすればいいでしょうか。 男性：入口にカメラを預ける所があります。 ① 女性は美術館で働いています。 ② 男性は美術館の中を見物しています。 ③ 男性は女性にカメラを借りようとしています。 ❹ 女性はカメラを持って美術館に入りました。

合格資料 10 「文の内容を確認する問題」の既出例 …… p.57

既出	問題文
31回	男性：皆さん、これまで本当に有難うございました。一年前に皆さんに初めて会った時を思い出しますね。韓国にいる間皆さんのおかげで本当に楽しく過ごしました。一緒に旅行をしながら美味しい料理もたくさん食べて美しいところを見ることができました。それで一年間で韓国をより多く理解できるようになりました。中国に帰ってからも皆さんと共にした時間を忘れません。皆さん、お元気で頑張ってください。 1. どんな話をしているのか選びなさい。 ① 謝り　② 紹介　③ お願い　❹ あいさつ 2. 聞いた内容と同じものを選びなさい。 ❶ 韓国で旅行をしました。 ② 今中国で暮しています。 ③ これから韓国について知りたいです。 ④ 一年後に韓国を見に行くつもりです。
32回	女性：今日は家の中の臭いを無くす方法をご紹介します。風呂場で臭いがする時はレモンが良いです。まず水3カップにレモン2分の1個を入れてレモン水を作ります。このレモン水で風呂場をきれいに掃除すると良いです。そして冷蔵庫の臭いは食パンで無くすことができます。食パンを小さく切って冷蔵庫に入れると魚やキムチの臭いが消えます。いかがですか。お役に立ちましたか。 1. どんな話をしているのか選びなさい。

① お願い　② 注文　❸ 説明　④ 質問

2. 聞いた内容と同じものを選びなさい。

① レモンはキムチの臭いを無くしてくれます。
② 冷蔵庫の魚の臭いは消えません。
③ 冷蔵庫に食パンを入れると良い匂いがします。
❹ レモンで掃除すると風呂場の臭いが消えます。

33回

女性：皆さん、こんにちは。今日出演される方はイ・コヌさんです。このピアノ音楽が聞こえますよね。ドラマでよく使われているのでお聞きになったことがあると思います。この音楽を作った人がまさにイ・コヌさんです。イ・コヌさんは一か月に一回病院に行って無料でピアノ公演もする素敵な方です。では、いまからイ・コヌさんをお招きしてお話を伺ってみましょう。

1. どんな話をしているのか選びなさい。

① あいさつ　② 感謝　③ お願い　❹ 紹介

2. 聞いた内容と同じものを選びなさい。

① この人はドラマに出ます。
❷ この人はピアノ音楽を作ります。
③ この人は毎日無料公演をします。
④ この人は今具合が悪くて病院にいます。

34回

男性：住民の皆さまにお知らせいたします。今度本マンションで開催するバザーに服やくつ等の品物がたくさん集まりました。本当にありがとうございます。ところが子供向けの本とおもちゃは多くありません。家に残っているものがあれば管理事務室にお持ち下さるようお願いします。

1. どんな話をしているのか選びなさい。

① あいさつ　❷ お願い　③ 約束　④ 計画

2. 聞いた内容と同じものを選びなさい。

① 服が少し集まりました。
② 履き物が最も足りません。
❸ おもちゃがもっと必要です。
④ 子供向けの本がたくさん集まりました。

35回

女性：さあ、皆さん。ホテルに到着しました。大変お疲れかと思います。先に部屋に行っていただくと荷物をお運びします。食事は地下1階の食堂でお取りください。ホテルにあるプールは無料でご利用できます。そして必要なことがあれば私に電話してください。私の部屋は301号です。ではゆっくりお休みください。

1. どんな話をしているのか選びなさい。

① 頼み　② 質問　③ 招待　❹ 案内

	2. 聞いた内容と同じものを選びなさい。 ① 人々は今ホテル部屋にいます。 ② 人々は荷物を直接持って行かなければなりません。 ③ プールを利用しようとすればお金を出さなければなりません。 ❹ 助けが必要ならば 301号に連絡すれば良いです。

合格資料 12 「対話の内容を確認する問題」の既出例 p.62

既出	問題文
31回	女性：チンスさん、先日引っ越した家はどうですか。 男性：とても良いです。新築なのできれいだし、近くに大きい公園もあります。 女性：そうですか。公園と近ければ運動するにも良いですね。 男性：はい、それで最近は毎日運動をしたり散歩をしたりしています。そして家の周辺も静かでとても気に入っています。 女性：私が住んでいるところも少し静かだったら良いのですが。 1. 二人が何について話しているのか選びなさい。 ① 引っ越す家の位置　② 引越ししたい家 ❸ 引っ越した家の長所　④ 引っ越しをしなければならない理由 2. 聞いた内容と同じものを選びなさい。 ① 女性は数日前に引っ越しました。 ❷ 男性は最近運動を毎日します。 ③ 女性は静かな所に住んでいます。 ④ 男性は公園の近くから引っ越して来ました。
31回	男性：明日はチヨンさんの誕生日ですね。私はプレゼントに本を準備しましたが、ミナさんは？ 女性：私はチヨンさんにあげるかばんを作っています。 男性：そうですか。直接作ってあげるのですか。 女性：はい、前回他の友達の誕生日に私が作ったかばんをプレゼントしましたが、友達がとても喜びました。私が直接作れば普段友達が好きな形で作ってあげられるので良いです。 1. 女性はなぜかばんを作っていますか。 ① 男性にあげようと　② 必要な時使おうと ③ 願うところにあげようと　❹ 友達にプレゼントしようと 2. 聞いた内容と同じものを選びなさい。 ① 女性は友達に本を買ってあげるつもりです。 ② 男性は友達の誕生日にかばんを準備しました。

③ 男性は女性と一緒にかばんを作っています。
❹ 女性は友達が好きな形でかばんを作ります。

男性：うん、これユミさんの小学校時代の日記帳ですね。これを今まで持っていたんですか。
女性：母が小学校時代の日記帳を全部取って置いてくれました。
男性：わぁ、絵日記を見ると字もきれいで絵も上手に描きましたね。私は日記をつけるのが本当に嫌でしたが……。
女性：私もあの時は書きたくなかったのですが、いま読んでみると子どもの頃が思い出されて良いです。友達も思い出しますし。

33回

1. 二人が何について話をしているのか選びなさい。
① 日記の中の友達　② 日記を書く方法
❸ 子どもの時書いた日記帳　④ 日記帳を集めた理由

2. 聞いた内容と同じものを選びなさい。
❶ 女性は絵日記を書きました。
② お母さんが日記を書いてくれました。
③ 男性は子どもの時絵を上手に描きました。
④ 二人は日記をつけるのが好きでした。

女性：今週末に春川に行ったら何をしましょうか。
男性：ソヤン江を見てタッカルビも食べましょう。行く前にナミソムに寄るのはどうですか。
女性：ナミソムは何回も行ったので面白くなさそうだから今度はキムスジョン村に行ってみましょう。
男性：キムスジョン村ですか。キムスジョン駅から５分ぐらいですよね。
女性：はい、そこに行くと小説家の家もあるし、小説に出てくる場所も見ることができます。演劇も見られますし。

33回

1. 二人はなぜナミソムに行かないのですか。
① 時間がないので　❷ 度々行ったので
③ 春川から遠いので　④ 演劇を見なければならないので

2. 聞いた内容と同じものを選びなさい。
❶ キムスジョン村は駅から近いです。
② キムスジョン村でタッカルビを食べるつもりです。
③ キムスジョン村へ行く前に演劇を見るつもりです。
④ ソヤン江に行ってきてからキムスジョン村に行くつもりです。

女性：釜山に小包を送ろうと思いますが、いま送るといつ届きますか。
男性：いま送るとあさって届きます。
女性：今日の夕方までに届けることはできないでしょうか。ちょっと急いでいますので。
男性：午前中送りましたら今日中に届きますが、今は遅すぎます。

今は特急で送っても明日の午前に届きます。
女性：あ、そうですか。明日の午前中までに届くならそれにしてください。

35回

1. 二人が何について話をしているのか選びなさい。
❶ 小包を早く送る方法　　② 小包を安く送る方法
③ 小包をよく包装する方法　　④ 小包を簡単に送る方法

2. 聞いた内容と同じものを選びなさい。
① 女性は釜山で小包を送ります。
② 女性は早く小包を受けたがります。
❸ 女性は小包を特急で送るつもりです。
④ 女性は明日の午前に小包を受けるつもりです。

女性：子供の通帳を作りたいのですが。
男性：あ、子供通帳ですか。最近入学シーズンなのでたくさん作っていますね。
女性：はい。うちの子供も自分の通帳を欲しがっているのでプレゼントしようと思いまして。
男性：良いお考えですね。自分の通帳ができるとお金を貯める楽しさも感じることができると思います。ところでお子さんの判子は持ってきましたか。
女性：判子が必要ですか。持って来てないんですが……。では明日また来なくちゃいけませんね。
男性：それじゃ明日お子さんも連れて来てください。銀行に来て直接通帳を作るともっと喜ぶと思います。

36回

1. 女性はなぜ子供に通帳を作ってあげますか。
① 子供がお金を溜めたがるので
② 子供がお金をたくさん持っているので
③ 子供が通帳を変える時になったので
❹ 子供が自分の通帳を欲しがっているので

2. 聞いた内容と同じものを選んでください。
① 女性は今判子を持っています。
❷ 女性は明日銀行にまた来ようとしています。
③ 女性は子供に入学祝いのプレゼントをあげました。
④ 女性は今日子供通帳を作りました。

7 解説編

1 対話内容のイラストを選ぶ問題 ……………… p.66

※다음 대화를 듣고 알맞은 그림을 고르십시오.
次の対話を聞いて適当なイラストを選びなさい。

1.
女性：いらっしゃいませ。お食事は何になさいますか。
男性：冷麺を一つください。

❸ 食堂

2.
男性：お客様、どちらに行きましょうか。
女性：釜山ホテルまで行って下さい。

❷ タクシーの中

3.
女性：この写真の中の、眼鏡を掛けた人がミンスさんの彼女ですか。
男性：いいえ、その横の髪が長くてスカートをはいた人です。

❷ 髪が長くて、スカートをはいた女性

4.
女性：家族は何人ですか。
男性：うちの家族は四人です。父、母、僕、そして妹が一人います。

❷ 父、母、男性、妹

5.
女性：趣味は何ですか。
男性：私は水泳が好きです。だから週末にはよくプールに行きます。

❹ プールで泳いでいる

6.
女性：ヨンスさん、今度の夏休みは何をするのですか。
男性：海に行きたいけど、お金が無くて行けそうにありません。家で本でも読もうと思います。

❹ 家で本を読む

7.
男性：昨日何をしましたか。
女性：午前中は、公園に行って写真を撮りました。
そして午後は、友達に会ってコーヒーを飲みました。

❹ 公園で写真を撮る

8.

> 女性：このキュウリと唐辛子はいくらですか。
> 男性：唐辛子が1,000ウォンで、キュウリは1,500ウォンです。
> 女性：それじゃあ、このキュウリと唐辛子を下さい。

❷ キュウリ、唐辛子

9.

> 男性：この近所に郵便局はありますか。
> 女性：はい、あの交差点で左に行くと劇場があります。
> その劇場の向かいに郵便局があります。

❶ 交差点を左に行って劇場、劇場の向かい側に郵便局

10.

> 男性：あ、ヨンアさん、どこに行くのですか。
> 女性：明日は友達の誕生日です。だからプレゼントを買いに行くところです。
> 男性：プレゼントは何を買うのですか。
> 女性：帽子と靴を買うつもりです。

❸ 靴と帽子

11.

> 女性：週末は何をしましたか。
> 男性：友達に会って、サッカーを見に行きました。

❶ サッカー観戦

12.

> 男性：お客様、どちらでお降りでしょうか。
> 女性：あそこに交差点が見えるでしょう。そこで右に行って下さい。
> そして病院の前で降ろして下さい。

❸ 交差点を右に行って病院の前で降りる

2 対話内容と一致するものを選ぶ問題 p.72

※다음을 듣고 〈보기〉와 같이 대화 내용과 같은 것을 고르십시오.
次の対話を聞いて〈例〉のように対話内容と同じものを選びなさい。

1.

> 女性：家はどこですか。
> 男性：ここから遠くないところに住んでいます。
> 女性：では、毎日歩いてきますか。
> 男性：いいえ、自転車で来ます。5分ぐらいかかります。

① 男性はいま自転車に乗っています。

❷ 男性の家はここから近いです。
③ 女性は毎日歩いて家に帰ります。
④ 二人は同じ家に住んでいます。

2.

> 女性：花屋はどこにありますか。
> 男性：あの病院の隣にあります。

❶ 女性は今花屋を探しています。
② 女性は今花屋にいます。
③ 男性は今病院の隣にいます。
④ 男性は今病院を探しています。

3.

> 男性：すみません。この近くで郵便局がどこにあるかご存知ですか。
> 女性：私もここに住んでいないのでよくわかりません。
> 　　　あちらに不動産事務所がありますから、そこへ行って聞いてみて下さい。
> 男性：はい、有り難うございます。

❶ 男性は郵便局を探しています。
② 女性は不動産事務所を探しています。
③ 女性は郵便局を教えてくれました。
④ 不動産事務所の隣に郵便局があります。

4.

> 女性：最近も登山によく行くのですか。
> 男性：いいえ、最近は仕事が忙しくてあまり行けません。
> 女性：そうなんですねえ。

① 男性はとても一生懸命仕事をします。
② 女性はよく登山に行きます。
❸ 男性は最近仕事が忙しいです。
④ 男性は女性と一緒に登山に行けません。

5.

> 男性：これはスミさんの帽子ですか。
> 女性：いいえ、その帽子は私の姉のです。

① 男性は帽子を買いに来ました。
② 女性は姉がいません。
③ 女性は帽子を姉にあげました。
❹ 帽子はスミさんのお姉さんの物です。

6.

> 男性：今日の夕方時間があれば、一緒に映画を見に行きませんか。

女性：ごめんなさい。夕方は友達に会うことにしています。明日の夕方なら大丈夫です。

❶ 女性は今日の夕方約束があります。
② 女性は明日の夕方時間がありません。
③ 男性は今日の夕方映画を見に行きます。
④ 女性は明日の夕方友達に会います。

7.

男性：韓国料理はお好きですか。
女性：はい、キムチチゲが好きです。
男性：キムチチゲは辛くありませんか。
女性：いいえ、すごく美味しいです。

❶ 女性はキムチチゲが好きです。
② 男性は韓国料理が好きです。
③ 女性はキムチチゲが嫌いです。
④ 男性は韓国料理が嫌いです。

8.

男性：朴先生の住所がどこか御存知ですか。
女性：私は知りません。ミンスさんが知っていると思います。
ミンスさんに電話で聞いてみて下さい。

① 男性は今、朴先生に電話をします。
② 女性は今、ミンスさんと話をしています。
③ 女性は朴先生の住所を聞いてみます。
❹ 男性は朴先生の住所を知りたがっています。

9.

女性：あそこにバス停がありますね。あそこでバスに乗って行きましょう。
男性：今夕方だから、道が混んでいます。だから地下鉄に乗って行きましょう。
女性：ええ、いいですよ。

① 女性はバスに乗って行きました。
② 男性は地下鉄の中にいます。
③ 二人はバスの中で話をしています。
❹ 二人は地下鉄に乗るつもりです。

10.

男性：お久し振りです。いつ日本から来たのですか。
女性：まあ、会えて嬉しいですミンスさん。一昨日来ました。

① 女性は一昨日男性に会いました。
② 男性は一昨日日本から来ました。

❸ 男性は女性に久し振りに会いました。
④ 二人はよく会います。

11.

> 男性：ヨンミさん、どこに行くのですか。
> 女性：図書館に本を借りに行きます。
> 　　　来週から試験だから、勉強しようと思います。

① 男性は女性に会いに来ました。
❷ 女性は本を借りに行きます。
③ 男性は来週から試験勉強をします。
④ 女性は今図書館にいます。

12.

> 女性：お客様、このズボンはいかがですか。一度着てみて下さい。
> 男性：色は気に入りました。でもちょっと大きいみたいです。
> 　　　ちょっと小さいのを下さい。

① 女性はズボンを穿いてみようと思います。
❷ 男性は今、ズボンを買いに来ました。
③ 女性はちょっと小さいズボンを欲しがっています。
④ 男性はズボンが小さくて気に入りません。

13.

> 女性：お客様、この洋服はいかがでしょうか。
> 男性：私は暗い色が好きではありません。他の色はありませんか。
> 女性：それではこれはいかがでしょう。よく似合いそうですが。
> 男性：それはいいですね。着てみてもいいですか。

① この店では服を着てみる事ができません。
② 男性は彼女と服を選んでいます。
❸ 男性は暗い色ではない洋服を欲しがっています。
④ 女性は暗い色の洋服がよく似合います。

14.

> 男性：マリコさん、明日の午後四時までにここへ来られますか。
> 女性：四時までですか。授業があるから四時までには行けません。
> 　　　五時までには行けます。

❶ 女性は明日午後にここへ来るでしょう。
② 女性は明日授業があって来られません。
③ 男性は明日午後四時に女性に会います。
④ 男性は明日午後四時まで授業があります。

15.

> 男性：いつから韓国語を勉強していますか。
> 女性：去年からです。韓国の友人から習っています。

① 男性は友人に韓国語を教えています。
② 女性は去年から韓国の友人ができました。
③ 男性は学校に通っています。
❹ 女性は韓国語を勉強しています。

16.

> 男性：釜山に行く切符を買いたいのですが、十時の切符はありますか。
> 女性：すみませんが十時の切符はありません。十時二十分の切符はあります。
> 男性：では十時二十分の切符を一枚下さい。
> 女性：少々お待ち下さい。はい、どうぞ。

① 十時二十分の切符はありません。
② 男性は切符を買えませんでした。
❸ 男性は今、釜山に行こうとしています。
④ 十時の切符は一枚しかありません。

17.

> 女性：ミンスさんはどこに行きましたか。
> 男性：少し前に煙草を買いに外へ出掛けました。すぐ戻るでしょう。
> 女性：そうですか。ではここでちょっと待っていてもいいですか。
> 男性：はい、待っていて下さい。

① 男性は煙草を買った後、すぐ戻るでしょう。
② 男性は煙草を買いに出掛けました。
❸ 女性はミンスさんを待つつもりです。
④ 二人は煙草屋の中で待つつもりです。

18.

> 男性：土曜日の午前中に会いましょうか。
> 女性：いいえ、土曜日は家で休みたいです。日曜日の午後に会いましょう。
> 男性：いいですよ、そうしましょう。

① 女性は土曜日は約束があります。
② 二人は土曜日の午前中に会って、一緒に休みたがっています。
❸ 二人は日曜日の午後会うつもりです。
④ 二人は土曜日は家で休むつもりです。

3 男性(女性)の考えを把握する問題 p.76

※다음을 듣고 여자의 중심 생각을 고르십시오.
次の対話を聞いて女性の中心となる考えを選びなさい。

1.

女性：道路がかなり渋滞していますね。もう約束の時間を過ぎましたが、他の道はありませんか。
男性：今ラッシュアワー（退社の時間帯）なので他の道もみんな渋滞していると思います。
女性：それじゃ、あの前にある地下鉄の駅に停めてください。
男性：はい、分かりました。

❶ 地下鉄に乗り換えた方が良いです。
② 道路が渋滞するのでタクシーに乗りたくないです。
③ 退社の時間帯には地下鉄に乗った方が良いです。
④ 道が渋滞する時は我慢して待たなければなりません。

2.

男性：マリコさん、週末は楽しく過ごせましたか。
女性：週末も家にいました。韓国に六ヶ月もいるのに……。まだ友だちがあまりいないのでとても退屈です。
男性：そうですか。それじゃ趣味が同じ人たちに会ってみてはどうですか。
マリコさんは映画が好きですよね。だから映画サークルに一度行ってみてください。たくさんの韓国の友だちと知り合いになれると思います。
女性：それは良い考えですね。

❶ 韓国の友だちがたくさん欲しいです。
② 週末には家にいたほうが楽です。
③ 退屈な時は映画を見たほうが良いです。
④ 友だちは趣味が同じでなければなりません。

3.

男性：ミナさん、英語スピーチコンテストの開催日が変わったことは聞きましたか。
女性：いいえ、どうして変わったのですか。
男性：今回は申し込み者が非常に少ないので来週に開催するのだそうです。
先ほど申し込みに事務室に行った時に聞きました。
女性：そうですか。よかったですね。発音を練習する時間が足りなかったので。
男性：私ももっと頑張って練習したいですね。

① 人気のないコンテストは開く必要がありません。
② 申し込み者が少ないとコンテスト内容を変えなければなりません。
❸ 練習する時間がもう少しできたので良かったです。

④ 一生懸命練習して優勝したいと思います。

4. 〈既出37回〉

> 女性：今日何時ごろに受け取ることができますか。
> 男性：今は何時に行けるかまだ分かりません。
> 女性：あ、そうですか。しかし、これからは来る時間を前もって知らせてほしいです。
> 男性：申し訳ありません。最近は配達するものが多いので到着時間を申し上げるのがちょっと難しいですね。

① ものを早く送らなければなりません。
② ものは今日中に届かなければなりません。
❸ ものが届く時間を前もって教えてくれなければなりません。
④ ものをたくさん送る時は電話をしてくれなければなりません。

※다음을 듣고 남자의 중심 생각을 고르십시오.
次の対話を聞いて男性の中心となる考えを選びなさい。

5.

> 男性：ミナさん、すみませんが、金曜日に会う約束を変更できますか。
> 女性：どうしてですか。何かありますか。
> 男性：急に用事ができたので一週間ぐらい故郷に行って来なければなりません。
> 女性：そうですか。それでは帰って来たら連絡してください。

① 用事があれば前もって教えてくれなければいけません。
❷ 急に用事ができたので約束を変更したいです。
③ 一週間後に会うことができればと思います。
④ 故郷に帰るときは連絡をしなければなりません。

6.

> 男性：この背広とシャツをいまクリーニングできますか。
> 女性：大丈夫です。いつ着られるんですか。
> 男性：金曜日までにできますか。土曜日に大事な約束があるので。
> 女性：シャツは明日までできますが、背広のほうはちょっと時間がかかります。土曜日の朝に来てください。

① 週末は約束があるので忙しいです。
② 土曜日に着る服がないので心配です。
③ 服はクリーニングが終わるまで待たなければなりません。
❹ 服をクリーニングして土曜日に着たいです。

7.

> 男性：どこに行けば安くて良い家具を買うことができますか。
> 女性：家具市場に一度行ってみてください。以前一度行ったことがありますが、値

段も安くて良い家具がたくさんありました。
男性：ところでそこでも家具は配達してくれますか。
女性：はい、家まで配達してくれます。
男性：では、私も週末に一度行ってみたいですね。

① 週末には家具を注文するつもりです。
② 家具は直接見て選んだ方が良いです。
③ 家具は家まで配達してくれなければなりません。
❹ 良い家具を安く買うことができればと思います。

8. 〈既出36回〉

女性：今日の映画は本当に面白かったですね。
男性：はい、でもいちばん前の席だったので首がちょっと痛かったです。
　　　映画館も不便な席は値段を少し安くするべきでしょうね。
女性：そうなんです。前の席や後ろの席は映画を見る時は少し不便ですね。
男性：確かに演劇やミュージカルは席ごとに値段が少し違うじゃないですか。

❶ 不便な席は料金を安くしなければなりません。
② 演劇も映画のように値段が安ければ良いと思います。
③ 映画は前の席で見るともっと面白いです。
④ 映画館はすべての席を楽にしなければなりません。

4 文の内容を確認する問題 p. 78

[1]

女性：こんにちは。私は日本から来たキムラ・ユミです。去年9月にソウルへ来て、韓国語を勉強しています。初めは韓国語がわからなくてたくさん失敗をしました。「お腹がすいたので薬局に行きます」と言ったり、食堂に行って「ごめんなさい」と大声で注文したりして、周りの人たちを笑わせた事がありました。皆さんはどうですか。皆さんもこんな失敗をしたことがありますか。

1. どういう話をしているのか選びなさい。
① おわび　② お願い　③ 注文　❹ 質問

2. 聞いた内容と同じものを選びなさい。
❶ 韓国語ができなくて人を笑わせたことがあります。
② お腹がすいた時は薬局に行きます。
③ 大声で注文すると周りの人が笑います。
④ 周りの人たちを笑わせようと失敗をたくさんしました。

[2]

女性：お天気をお伝えします。今日午前中は曇りで、風が強く吹くでしょう。午後からは雨が降り、気温が下がっていくでしょう。外出なさる時は、傘をお持ち下さい。週末の明日は午前中から晴れ、暖かいでしょう。洗濯をしたり外に遊びに行くのに良い天気となるでしょう。

1. どういう話をしているのか選びなさい。

① 説明　　❷ 案内　　③ 紹介　　④ 計画

2. 聞いた内容と同じものを選びなさい。

❶ 明日は午前中からいい天気になるでしょう。
② 今日の午後から風が強く吹くでしょう。
③ 明日も外出するときは傘を準備しなければなりません。
④ 今日は午前中は雨が降るでしょう。

[3]

女性：こちらはマリコです。只今電話に出られません。ピーという音が鳴りましたら、メッセージを残して下さい。

男性：もしもし、マリコさん、ユウスケです。授業終わりましたよね。私は今朝から頭が痛くて、学校に行けませんでした。今は大丈夫です。今日は宿題が多いですか。宿題をちょっと教えて下さい。明日は学校へ行きます。では、電話して下さい。

1. どういう話をしているのか選びなさい。

① 案内　　❷ お願い　　③ 約束　　④ 申し込み

2. 聞いた内容と同じものを選びなさい。

① 女性は今メッセージを聞いています。
② 男性は宿題が多くて頭が痛いです。
③ 男性は宿題を教えに学校に行くつもりです。
❹ 男性は女性に宿題を聞いています。

[4]

女性：皆さんは済州島に行ったことがありますか。済州島は韓国の南方にある韓国で一番大きな島です。済州島は青い海と美しい山があり、安くて美味しい魚も食べられます。海で泳いだり釣りをすることもできます。ソウルから済州島までは、飛行機で一時間くらいかかります。釜山からは、船でも行けます。今度の夏は、済州島に一度行ってみて下さい。

1. どういう話をしているのか選びなさい。

① 招待　　② あいさつ　　❸ 紹介　　④ お願い

2. 聞いた内容と同じものを選びなさい。

① 海では美味しい魚が食べられます。

❷ 韓国には済州島より大きい島はありません。

③ 船では青い海が見られます。

④ 釣りは済州島でだけできます。

5 対話の内容を確認する問題 p.80

[1]

男性：今週末、時間はありますか。
女性：はい、何の約束もありません。
男性：それでは土曜日、一緒に山へ行きましょうか。
女性：いいですよ。ところで雨が降ったらどうしますか。
男性：雨が降ったらカラオケに行きましょう。
女性：はい、いいです。

1. 週末に何をすることにしたのかを選びなさい。

① 約束がありません。　② 食事をします。

③ 歌を歌います。　❹ 山に行きます。

2. 聞いた内容と同じものを選びなさい。

① 雨が降っても山に行くつもりです。

② 雨が降っても何も約束がありません。

❸ 雨が降ったらカラオケに行くつもりです。

④ 雨が降ったら会わないつもりです。

[2]

女性：ミンスさん、卒業はいつですか。
男性：2月15日です。
女性：卒業後は何をするのですか。
男性：貿易会社に就職する事になりました。
　　　専攻は英語だけど、外国との貿易にとても関心がありました。
女性：それは良かったですね。おめでとうございます。

1. 男性の専攻は何ですか。

❶ 英語　② 貿易　③ 外国語　④ 韓国語

2. 聞いた内容と同じものを選びなさい。

❶ 男性は卒業後就職します。
② 男性は貿易英語にとても関心があります。
③ 二人は同じ会社に就職しました。
④ 女性は卒業後、外国へ行こうと思います。

[3]

男性：ヘヨンさんはどんな仕事をしていらっしゃるのですか。
女性：私は美容室で働いています。
男性：仕事は面白いですか。
女性：はい、面白いです。
　　　一日中立っているので少し大変ですが、好きな仕事なので疲れません。
男性：そうですか。週末にも働くのですか。
女性：はい、土曜日と日曜日も働きます。休みは月曜日です。
　　　月曜日には洗濯と掃除をして、家で休みます。

1. 二人は何について話をしていますか。
① 趣味　② 週末　❸ 職業　④ 休日

2. 聞いた内容と同じものを選びなさい。
① 女性は疲れて、月曜日には家で休みます。
② 女性は週末に洗濯と掃除をします。
③ 女性は男性と一緒に働いています。
❹ 女性は美容室で、一日中立って働いています。

[4]

男性：いらっしゃいませ。
女性：このイチゴとミカンはいくらですか。
男性：イチゴは3,000ウォンで、ミカンは2,000ウォンです。
女性：このブドウは。
男性：それは5,000ウォンです。
女性：ではミカンとブドウを下さい。
男性：はい、どうぞ。

1. 女性は何を買いましたか。
① イチゴとブドウ　② イチゴとミカン
❸ ミカンとブドウ　④ ミカンとイチゴ

2. 聞いた内容と同じものを選びなさい。
❶ イチゴよりブドウが高いです。　② ミカンとブドウは美味しいです。
③ 女性はイチゴとミカンが好きです　④ 女性は男性に5,000ウォンあげました。

[5]

女性：おじさん、このバスは鍾路へ行きますか。
男性：いいえ、鍾路には行きません。
女性：それでは何番のバスに乗ればいいすか。
男性：ここにはありません。向こう側の停留所に行って乗って下さい。
女性：そこからは鍾路に行くバスがありますか。
男性：はい、そこから150番バスに乗って下さい。

1. 女性は何故バスに乗ろうとしていますか。
   ① 道の向こう側の停留所に行こうと
   ② 男性とした約束の場所に行こうと
   ③ 男性に道を聞いてみようと
   ❹ 鍾路へ行こうと

2. 聞いた内容と同じものを選びなさい。
   ① 女性は約束の場所がわかりません。
   ② 女性は鍾路へ行くバスに乗っています。
   ❸ 女性は150番バスに乗るでしょう。
   ④ 男性は女性に鍾路を案内しています。

[6]

男性：マリコさん、授業が終わったらカラオケに行きませんか。
女性：私は韓国の歌は歌えません。
男性：大丈夫です。一緒に歌えばいいです。
女性：いいですよ。どこで会いましょうか。
男性：授業が終わったら図書館の前に行っていますから。

1. 二人は何について話をしていますか。
   ❶ 授業の後の計画
   ② 音楽の授業
   ③ 約束場所
   ④ 趣味の生活

2. 聞いた内容と同じものを選びなさい。
   ① 二人は歌が上手です。
   ② 女性は歌を歌うのが好きです。
   ③ 男性は図書館で勉強するつもりです。
   ❹ 二人は図書館の前で会うつもりです。

[7]

女性：タナカさんは、どうして韓国にいらっしゃったのですか。
男性：私は韓国料理を学びに来ました。日本で一年くらい料理学校に通いながら勉強しましたが、まだ上手くありません。
だから韓国の飲食店で直接仕事を習おうと思っています。

女性：それでは後に韓国で就職するつもりですか。
男性：いいえ、二年くらい勉強したら帰るつもりです。
日本に帰って韓国料理店に就職するのが私の夢です。

1. 男性は何故韓国に来ましたか。
① 韓国で就職しようと　② 日本料理を教えようと
❸ 韓国料理を学ぼうと　④ 韓国語を勉強しようと

2. 聞いた内容と同じものを選びなさい。
① 女性は韓国料理店で仕事を学ぶつもりです。
② 女性は一年くらい料理学校に通いました。
③ 男性の夢は、韓国で就職することです。
❹ 男性は二年後に日本へ帰るつもりです。

[8]

女性：もしもし。
男性：もしもし、こんにちは。私、ヨンミンですが。
女性：ああ、ヨンミンさん、こんにちは。
男性：今週会う事にした場所が変わったので電話しました。
女性：そうですか。どこに行けばいいのですか。
男性：曜日と時間は変わっていません。
土曜日10時にソウル公園の入口に来て下さい。
女性：はい、わかりました。

1. 男性は何故電話しましたか。
① 約束した曜日が変わったので　② 約束の時間が変わったので
❸ 約束の場所が変わったので　④ 電話番号が変わったので

2. 聞いた内容と同じものを選びなさい。
① 二人は土曜日10時に公園の入口で会いました。
❷ 二人が会う場所が変わりました。
③ 二人が会う時間と曜日が変わるでしょう。
④ 二人は土曜日10時に電話するでしょう。

第3章　読解編（I）

合格資料 13「短文の主題を選ぶ問題」の既出例 …… p.88

既出	問題文			
31回	食堂でご飯を食べます。家でテレビを見ます。			
	① 時間	② 趣味	③ 職業	❹ 場所
37回	土曜日に水泳をします。日曜日に休みます。			
	① カレンダー	❷ 週末	③ 夏	④ 午前
41回	8月には授業がありません。学校に行きません。			
	① 日	❷ 休み	③ 旅行	④ 約束
52回	ビビンバは6000ウォンです。 冷麺は5000ウォンです。			
	① 味	❷ 値段	③ 服	④ 仕事
64回	今日は家にいます。 休みます。			
	① 服	② 値段	❸ 仕事	④ 家

合格資料 15「短文の空所補充問題」の既出例 …… p.90

既出	問題文			
29回	今電話をしています。(　　)お待ちください。			
	① まもなく	② 明日	③ たまに	❹ しばらく
30回	靴を買いましたが、 小さいです。 その靴を(　　)行くつもりです。			
	① 買いに	② 使いに	❸ 替えに	④ 磨きに
31回	明日が弟(妹)の誕生日です。 私はプレゼントを(　　)。			
	❶ 買います	② 使います	③ 知りません	④ 会います
32回	服がかわいいです。しかし少し(　　)。			
	① 遠いです	❷ 小さいです	③ 忙しいです	④ 難しいです
33回	足がとても痛いです。(　　)たいです。			
	❶ 座り	② 見	③ 探し	④ 買い

34回	ここは(　　)です。本を買います。 ❶ 書店　② 薬局　③ 教室　④ ホテル
35回	何時(　　)来ますか。 ① が　② は　③ を　❹ に

合格資料 19 「文の内容と一致するものを選ぶ問題」の既出例 p.97

既出	問題文
31回	私の友達は韓国の歌がとても好きです。それで昨日友達に韓国の歌のCDを送りました。歌手の写真と私の手紙も一緒に送りました。 ❶ 私は友達に手紙を書きました。　② 友達に私の写真を送りました。 ③ 私の友達は韓国の歌を知りません。　④ 昨日友達からCDをもらいました。
32回	昨日会社近くに引っ越ししました。新しい家は広くてきれいです。そして家の近くに店も多くて小さな公園もあるのでとても気に入っています。 ① 昨日会社を変えました。　❷ 家がきれいで気に入ります。 ③ 家の近くに店があまりありません。　④ 職場の近くに広い公園があります。
33回	私の兄は大邱で大学に通っています。今週の日曜日は兄の誕生日です。週末に兄に会いに行くつもりです。 ① 日曜日は私の誕生日です。　② 兄は大邱で働いています。 ❸ 私は日曜日に兄に会います。　④ 私は大邱で学校に通っています。
34回	私の事務室は6階にあります。私はエレベーターに乗らないで階段で上がります。ちょっと大変ですが、健康に良いです。 ① 事務室は5階にあります。　② エレベーター乗るのが大変です。 ❸ 事務室まで歩いて上がります。　④ 6階までエレベーターに乗ります。
35回	友達が先月故郷に帰りました。友達は私に冷蔵庫をくれました。その冷蔵庫は大きいので良いです。 ① 私は冷蔵庫を買いました。　❷ 私はこの冷蔵庫が気に入ります。 ③ 私は故郷に大きい冷蔵庫があります。　④ 私は友達に冷蔵庫をあげました。

1 短文の主題を選ぶ問題 p.126

※무엇에 대한 이야기입니까? 〈보기〉와 같이 알맞은 것을 고르십시오.
何に対する話ですか。〈보기〉のように適当なものを選びなさい。

1. 夏は暑いです。冬はとても寒いです。

❶ 季節　② 場所　③ 時間　④ 挨拶

2. 会社に行く時はバスに乗ります。でも忙しい時はタクシーにも乗ります。

① 仕事　② 停留所　③ 故郷　❹ 交通

3. リンゴがあります。ブドウもあります。

① 趣味　② 食事　❸ 果物　④ 食べ物

4. 午前中は曇りでしょう。午後から雨が降るでしょう。

① 傘　❷ 天気　③ 季節　④ 日付

5. 久し振りに山に登りました。気持ちが良かったです。

① 紅葉　② 気分(気持ち)　❸ 登山　④ 健康

6. 両親は故郷にいます。私と弟は、ソウルで学校に通っています。

❶ 家族　② 職業　③ 勉強　④ 故郷

7. 私はプルコギ(焼肉)が好きです。兄は冷麺が好きです。

①市場　② 食堂　③ 飲み物　❹ 食べ物

8. 私はアメリカから来ました。私の友達はフランスから来ました。

① 外国　❷ 国　③ 友達　④ 故郷

9. 姉は中国語を習っています。私は韓国語を学んでいます。

① 学校　② 勉強　❸ 外国語　④ 国

10. 私はパク・ミンスです。私の彼女はキム・ヨンミです。

① 住所　❷ 名前　③ 日付　④ 約束

11. 週末には卓球をします。そして時々バレーボールもします。

① 土曜日　② 趣味　③ 職業　❹ 運動

12. お昼に冷麺を食べました。とても美味しかったです。

① 飲み物　② 果物　❸ 食べ物　④ 季節

13.

今は雨が降っていません。午後は降りそうです。

① 日付　❷ 天気　③ 時間　④ 季節

14.

私の目は大きいです。でも鼻と口は小さいです。

① 腕　② 胸　③ 腰　❹ 顔

15.

私はいつもスカートをはいています。姉はジーンズばかりはいています。

① 家族　② 姉　❸ 服　④ 物

16.

図書館で宿題をしました。家では音楽を聞きました。

① 勉強　② 秋　❸ 場所　④ 趣味

17.

済州島に行きました。ハルラ山にも登って、釣りもしました。

① 釣り　② 登山　❸ 旅行　④ 交通

18.

私は猫が好きです。犬は別に好きではありません。

① 歯ブラシ　❷ 動物　③ 食事　④ 趣味

19.

私は朝、ご飯を食べます。姉はパンを食べます。

① 午前　② パン　③ ご飯　❹ 食事

20.

財布に1,000ウォン札が三枚あります。100ウォン玉も二つあります。

① 料金　② 値段　③ 店　❹ お金

21.

人形を作りました。誕生日に妹にあげました。

❶ プレゼント　② 人形　③ 誕生日　④ 家族

22.

お客さんがいらっしゃいました。私はこんにちはと言いました。

① 夕方　② 朝　❸ 挨拶　④ 旅行

23.

うちの姉は大学生です。兄は会社員です。

① 学校　② 会社　③ 住所　❹ 仕事

24.

私はイ・ミンスです。友人達は私の事を、ミンスヤと呼びます。

① 歌　② 音楽　❸ 名前　④ 友達

25. 色んな店があります。八百屋もあるし、洋服屋もあります。

① 野菜　❷ 市場　③ 物　④ 病院

26. 家から駅まではバスに乗ります。会社までは地下鉄に乗ります。

❶ 交通　② 駅　③ 職業　④ 運動

27. 今日は母が生まれた日です。だからプレゼントをしました。

① パーティー　② 家族　③ 両親　❹ 誕生日

28. 私は釣りが好きです。兄は登山が好きです。

① 海　② 季節　❸ 趣味　④ 山

29. 風が吹いています。雨は降っていません。

① 日付　❷ 天気　③ 季節　④ 今日

2 短文の空所に入る語句を選ぶ問題 ………………………… p. 130

※〈보기〉와 같이 빈칸에 들어갈 가장 알맞은 것을 고르십시오.
〈例〉のように空所に入るいちばん適当なものを選びなさい。

1. (　　)がありません。だから旅行に行けません。

❶ お金　② プレゼント　③ 日付　④ 季節

2. 新聞を読みます。わからない漢字は(　　)で調べます。

① 教科書　❷ 辞書　③ ノート　④ 漫画

3. (　　)の前に花屋があります。パン屋もあります。

① 近所　② 下　❸ 銀行　④ 場所

4. (　　)でバスを待っています。バスは五分後に来ます。

① 空港　② 駅　③ 薬局　❹ 停留所

5. 書店に行きました。(　　)を二冊買いました。

① 酒　② 水　❸ 本　④ ビール

6.

(　　)でバラを二輪買いました。とても綺麗です。

❶ 花屋　② 美術館　③ 公園　④ 靴屋

7.

今日(　　)へ行きました。日本に小包を送りました。

① 洋服屋　❷ 郵便局　③ 空港　④ 事務所

8.

昨日の夕方劇場に行きました。(　　)が多かったです。

① 食べ物　② 映画　③ 料金　❹ 人

9.

学校の(　　)には店が多いです。書店が一番多いです。

① 真ん中　② 路地　❸ 近所　④ 階段

10.

(　　)へ行きました。冷麺を注文しました。

① パン屋　② 美術館　③ 博物館　❹ 食堂

11.

風邪をひきました。だから(　　)で薬を買って飲みました。

① 駅　② 家　❸ 薬局　④ 市場

12.

(　　)が多いです。姉が三人、兄が二人います。

① 両親　❷ 兄弟　③ 先輩　④ 親戚

13.

姉は(　　)を取っています。しかし、まだ結婚していません。

❶ 年(齢)　② お金　③ 時間　④ 友達

14.

私は(　　)に入りました。リンゴを買いました。

① 花屋　② パン屋　③ 靴屋　❹ 果物屋

15.

友達の(　　)へ遊びに行きました。ご飯も食べて、一緒に勉強もしました。

① 書店　② 図書館　❸ 家　④ 市場

16.

今日は勉強をしました。(　　)は映画を見るつもりです。

① 昨日　❷ 明日　③ 一昨日　④ 来年

17.

昨日はミンスの誕生日でした。本を(　　)にあげました。

❶ プレゼント　② パーティー　③ お金　④ 書店

7
解説編

18. ここは(　　)が便利です。駅から近くて、バスも多いです。

① 電車　② 自動車　③ 停留所　❹ 交通

19. 毎朝(　　)を見ます。一番最初に天気を確認します。

① 漫画　② 雑誌　❸ 新聞　④ 日記

20. 時間が無くてご飯を食べられませんでした。だからお腹が(　　)。

① 忙しいです　② 嬉しいです　❸ 空きました　④ 悪いです

21. 毎日朝から夜遅くまで仕事をしています。だからとても(　　)。

① 会えて嬉しいです　② 気楽です　③ まめです　❹ 疲れます

22. 昨日映画を見ました。映画が(　　)たくさん泣きました。

① 面白くて　② 静かで　③ 不味くて　❹ 悲しくて

23. 子犬を育てています。とても(　　)。

① 少ないです　❷ 可愛いです　③ 怖いです　④ 親切です

24. ご飯をたくさん食べました。だからお腹が(　　)。

① 軽いです　② 悪いです　❸ 一杯です　④ 重いです

25. ミンスさんが荷物を持ってくれました。たいへん(　　)。

① うるさいです　② 会えて嬉しいです　③ 疲れます　❹ 有難いです

26. 冬です。とても(　　)。

① 暖かいです　❷ 寒いです　③ 涼しいです　④ 暑いです

27. ツツジがたくさん咲きました。とても(　　)。

① 青いです　② 清潔です　③ 明るいです　❹ 綺麗です

28. 家が(　　)。だから引っ越したいです。

① 広いです　② 近いです　③ 楽しいです　❹ 狭いです

29. 部屋が(　　)。だから明かりをつけます。

❶ 暗いです　② 難しいです　③ 汚いです　④ 熱いです

30. タクシーより地下鉄が(　　)。だから地下鉄に乗って下さい。

① 長いです　② 親しいです　❸ 早いです　④ のろいです

31. 車の音が非常に(　　)。だから音楽を聞くことができません。

❶ うるさいです　② 少ないです　③ 静かです　④ 暗いです

32. 一日中立って仕事をしました。だからとても(　　)。

❶ 疲れています　② 気楽です　③ 若いです　④ 忙しいです

33. ミンスさんは、背が高くて(　　)。そしてスポーツもよくできます。

① 怖いです　❷ かっこいいです　③ 短いです　④ 不味いです

34. 私は画家です。絵を(　　)。

① 書きます　❷ 描きます　③ します　④ 働きます

35. 電話をしました。でも誰も電話を(　　)ません。[＝電話に(出)ません]

① 聞き　② 掛け　❸ 受け　④ し

36. 風邪をひきました。今日は薬を(　　)休みます。

❶ 飲んで　② 召し上がって　③ 入れて　④ あげて

37. 友達と約束をしました。友達を(　　)います。

① 育てて　❷ 待って　③ 呼んで　④ 守って

38. 昨日買ったズボンが小さいです。だから店に行って(　　)たいです。

① 着　② 捨て　❸ 換え　④ 脱ぎ

39. [気候が]暑いです。窓を(　　)たいです。

① 知り　② 閉め　③ 消し　❹ 開け

40. 私は会社員です。会社で(　　)。

① 出勤します　② 行きます　③ 寝ます　❹ 働きます

41. 友達を待っています。でも友達が(　　)ません。

① 歩き　② 遊び　③ 吹き　❹ 来

42. 毎日夜遅くまで仕事をしました。今日は少し(　　)たいです。

① 飲み　② 働き　❸ 休み　④ 知らせ

43. ここは花屋です。綺麗な花を(　　)います。

① 育てて　② 作って　③ 借りて　❹ 売って

44. その映画はとても面白いです。だからまた(　　)たいです。

① 行き　② 使い　❸ 見　④ 脱ぎ

45. 今日は晴れて暖かいです。外に(　　)たいです。

❶ 出掛け　② 見物し　③ 座り　④ 触り

46. 薬局に行きました。でもドアが(　　)いました。

❶ 閉まって　② 開いて　③ 壊れて　④ 描いて

47. 夕方集まりがあります。友達と(　　)一緒に行こうと思います。

① 飲んで　② 知らせて　③ ついて行って　❹ 会って

48. 近所の食堂に行きました。人が(　　)列を作っていました。

① 短く　② 大きく　❸ 長く　④ 早く

49. さっきご飯を食べました。でも(　　)お腹が空きました。

① お互い　② 多分　③ 全く　❹ もう

50. 忙しくて今は時間がありません。(　　)会いましょう。

① 初めて　② よく　③ さっき　❹ 後で

51. (　　)行きましょう。約束の時間に遅れそうです。

① 先に　② ゆっくり　③ 早く　❹ 速く

52. 私は(　　)運動します。週末も一人で練習します。

① まず　② 暫く　❸ 毎日　④ すぐ

53. 今日ミンスさんに(　　)会いました。とても素敵な人でした。

① 最近　② もう　③ 長らく　❹ 初めて

54. 今日は(　　)起きました。だから10時に朝飯を食べました。

① もう　② まだ　❸ 遅く　④ 早く

55. (　　)ヨンスさんに会いました。でも忙しくて話ができませんでした。

① 少し　❷ さっき　③ また　④長らく

56. 今日は(　　)暑いです。だからエアコンを入れました。

❶ とても　② ほとんど　③ 全く　④ 別に

57. 私は(　　)映画を見ます。一週間に二回映画館に行きます。

① 全部　❷ よく　③ とても　④ 急に

58. 弟は明日から試験です。だから(　　)勉強をしています。

① 静かに　② 簡単に　③ 特別に　❹ 一生懸命

59. ミンスは今家にいません。(　　)友達に会いに出掛けました。

❶ さっき　② まだ　③ もう　④ 後で

60. 姉は本を買いに出掛けました。30分後に(　　)お電話下さい。

① 新たに　② 予め　❸ また　④ お互い

61. まだ1月です。それなのに桜が(　　)咲きました。

❶ もう　② いつも　③ 時々　④ まず

62. 前で交通事故が起きました。だから車が(　　)止まっています。

① 軽く　② のろく　③ 早く　❹ 長く(列を作って)

63. 今日は病院に行きました。来週も(　　)行かなくてはなりません。

① もう　② まっすぐ　❸ また　④ 初めて

64. 今日は(　　)寒くありません。コートを脱いでも大丈夫です。

① 若干　② とても　③ 別々に　❹ さほど

65. (　　)食べましょう。10分後にバスが出発しますから。

① まだ　② 必ず　③ 早く　❹ 速く

66. 朝起きて、(　　)新聞を読みます。そしてご飯を食べます。

① 早く　② 勿論　③ 全部　❹ まず

67. 今日、韓国ドラマを(　　)見ました。本当に面白かったです。

① 時々　② まず　③ 一番　❹ 初めて

68. 朝から(　　)暑いです。だから扇風機をつけました。

① ほとんど　② もう　❸ とても　④ ただ

3 情報文の内容を確認する問題 p. 140

※다음을 읽고 맞지 않는 것을 고르십시오.
次を読んで正しくないものを選びなさい。

1.

ウリ大学
韓国語専攻　4年　キム・ミンス
住所：100−715　ソウル特別市　中区　明洞2街34
携帯電話：010−987−6543
E-mail：k-minsu@hanmail.com

① ウリ大学に通っています。　❷ 専攻は4年生です。
③ 電話番号は携帯電話の番号です。　④ 住んでいる所は明洞です。

2.

ソウルビルディング案内
4階 カラオケ　3階 歯科　2階 喫茶店　1階 食堂

① 食事は1階でできます。　② コーヒーを飲む所は2階です。
③ 歯を治療するところは3階です。　❹ カラオケでは音楽を聴きます。

3.

アリラン公演案内
日時：10月5日～10月18日　火～金 18時50分
土～日 14時30分、18時30分
場所：ソウル劇場
料金：30,000ウォン

① この公演は2週間します。　② この公演は平日は1回です。
❸ この公演は毎日します。　④ チケットは1枚30,000ウォンです。

4.

> キョンミンさん
> 車が混んでいて約束の時間に遅れそうです。 先に映画館に行って待っていて下さい。
> 私も映画館に直接行きます。 —ミヨン—

① 二人は映画館で会うつもりです。
② 二人は別々に映画館に行きます。
③ ミヨンさんは約束の時間に行けません。
❹ ミヨンさんは先に映画館に行くつもりです。

5.

> 第53回 ナムサン小学校運動会
> 時間： 201×年10月9日(土) 9時半～14時半
> ※お昼休み 11時50分～12時50分
> 場所： ナムサン小学校運動場

❶ 午前9時半に集まります。
② お昼の時間は1時間です。
③ 運動会は午後終わります。
④ 運動会は土曜日に行われます。

6.

領収証
201×年7月13日 11時37分

スイカ	1個	10,000ウォン	
コーラ	2本	2,000ウォン	
紙コップ	10個	1,000ウォン	
合計		13,000ウォン	カナダスーパーマーケット

① スーパーで果物を買いました。
❷ 飲み物は買いませんでした。
③ 紙コップは1個100ウォンです。
④ コーラを引くと、全部で11,000ウォンです。

7.

4日 ミンス誕生日	6日 試験	7日 試験
17日 休み(始まる)	25日 クリスマス	29日 パーティー

① 17日からは学校に行きません。
② 6日と7日は試験があります。
❸ 25日にはクリスマスパーティーをします。
④ ミンスの誕生日は土曜日です。

8.

> 飲み薬
> 日付：201×年10月20日
> 名前：イ・ミニョン (32歳)
> 一日 1, 2, ③回 食前, [食後] カナダ薬局

① 10月20日に薬局へ行きました。
② 一日に3回薬を飲みます。
③ ご飯を食べて薬を飲みます。
❹ 薬を飲んで食事をします。

9.

秋の登山案内
日にち　　：201×年10月17日(日)
場所　　　：北漢山
集合時間　：9時
集合場所　：地下鉄3号線佛光駅9番出口前
用意する物：昼食と飲み物

① 日曜日に北漢山に登ります。
② 地下鉄の駅出口前に集まります。
③ 昼食と飲み物を持って行かなくてはなりません。
❹ 午前9時に北漢山に出発します。

10.

□□□－□□□　差出人
仁川市　東区　花水洞119番地　キム・ミンス
□□□－□□□　宛先
ソウル市　西大門区　忠正路2丁目23番地　イ・ヨンミ

① キム・ミンスが手紙を送ります。
❷ イ・ヨンミが手紙を書きました。
③ 手紙は仁川からソウルに送ります
④ イ・ヨンミが手紙を受け取ります。

11.

2泊3日　雪岳山バス旅行
5月14日(金曜日)　　16日(日曜日)
ソウル午前8時出発　　雪岳山午後2時出発
参加費：160,000ウォン
ソウル旅行社にお電話下さい。TEL) 02－2280－7491

① 雪岳山には金曜日午前中出発します。
❷ 雪岳山には二日間います。
③ 雪岳山からは日曜日に帰ってきます。
④ 雪岳山でバス旅行をします。

12.

会社食堂昼食メニュー
月　ジャージャー麺 (2,800ウォン)
火　ビビンバ (2,800ウォン)
水　プルコギ (3,800ウォン)
木　炒飯 (2,800ウォン)
金　カルビスープ (3,800ウォン)
時間：午前11時30分～午後2時

① 食堂は午前11時半に開きます。
② 炒飯よりカルビスープが高いです。
③ プルコギよりビビンバが安いです。
❹ 食堂は3時間開いています。

13.

> 招待状
> 2月に引っ越しをしました。そこで新居で皆さんと夕食を共にしたいと思います。
> 是非遊びにいらして下さい。
> ロ日時：4月3日　土曜日　夕方6時
> ロ場所：新しく引っ越した家
> (1号線城北駅　4番出口から200m　ソウルマンション4棟1234号)
> —キョンミン—

❶ キョンミンさんは土曜日に友達と遊びに行こうとしています。
② キョンミンさんの家に友達が集まります。
③ キョンミンさんが友達を夕食に招待します。
④ キョンミンさんは城北駅の近くのマンションに引っ越しました。

14.

	ソウル		プサン	
	(出発時間)		(到着時間)	料金
KTX	13時	→	15時55分	51,200ウォン
セマウル号	14時	→	18時50分	41,100ウォン

① KTXがより早いです。
② セマウル号がより安いです。
③ セマウル号はより時間がかかります。
❹ 電車より飛行機がより快適です。

15.

> ← ③ 南大門市場　出口 ↑ ④ 慶福宮　⑤ 市庁 →

① 慶福宮はまっすぐに行かなければなりません。
② 市庁は5番のほうにいかなければなりません。
③ ここから三か所に出られます。
❹ 右の方向に出ると南大門市場があります。

16.

> ミンスさん
> 私の妹が来ました。
> それでいま会社の前のコーヒーショップにいます。
> 1時に会社に戻ります。
> ジヒョン

① ジヒョンさんの妹さんが来ました。
❷ コーヒーショップは会社の中にあります。
③ ジヒョンさんは1時に会社に戻ります。
④ ジヒョンさんはミンスさんにメッセージを書きました。

4 文の内容と一致するものを選ぶ問題 p. 148

※다음의 내용과 같은 것을 고르십시오.
次の内容と同じものを選びなさい。

1.

私の趣味は買い物をすることです。週末にはデパートや市場に行って、色んなものを買います。特に洋服をたくさん買います。

① 私は週末に服を買うのが趣味です。
② 私は衣料品店で働いています。
③ 私はデパートでだけ買い物をします。
❹ 私は服を買うのが好きです。

2.

家から学校まで交通がとても便利です。乗り換えずに地下鉄一本で学校まで行けます。時間は20分しかかかりません。地下鉄駅から学校の正門までは歩いて3分程度かかります。

① 家から学校まではとても近いです。
② 地下鉄駅から学校までは3分くらい走ります。
❸ 家から学校までは20分くらいかかります。
④ 乗り換えなければもう20分かかります。

3.

この建物の1階にはパン屋とクリーニング屋が、2階には薬局と喫茶店が、3階には歯科と事務所があります。

① 2階の薬局でコーヒーを売っています。
② パン屋とクリーニング屋は同じ店です。
③ この建物には事務所が三つあります。
❹ 薬を買う時は2階に行きます。

4.

忙しい時はタクシーに乗ります。しかし朝夕の道が混む時は地下鉄に乗ります。だから会社に行く時や家に帰る時は、いつも地下鉄に乗ります。

① 会社に遅れる時は地下鉄に乗ります。
② 道が混んでいて忙しい時はタクシーに乗ります。
❸ 朝出勤する時はいつも地下鉄に乗ります。
④ 夕飯を食べに行く時は地下鉄に乗ります。

5.

先月東大門駅の近くに引っ越しをしました。東大門近辺にいらっしゃる時は、私達の家に遊びにいらして下さい。電話番号とメールアドレスは変わっていません。

① 東大門近くに来ると家で遊べます。
❷ 引っ越しをしましたが電話番号は同じです。
③ 東大門駅近くから引っ越しました。
④ 引っ越しをするとメールアドレスも変わります。

6.

今週火曜日は妹の誕生日です。だから私は妹にあげるぬいぐるみを買いました。小さいけど可愛い猫のぬいぐるみです。今度はお金を貯めて、もっと良いプレゼントを買ってあげようと思います。

❶ 私は誕生日プレゼントとして猫のぬいぐるみを買いました。
② 私は妹にプレゼントをあげました。
③ 私は小さいけど可愛いぬいぐるみが好きです。
④ 私は次回はもっと良いぬいぐるみを買おうと思います。

7.

昨夜は11時に寝ました。6時に夕飯を食べてテレビを見ました。そして学校の宿題を済ませて、音楽も聞きました。寝る前にお風呂に入りました。

① 私は毎晩11時に寝ます。
❷ 私は昨夜、お風呂に入ってから寝ました。
③ 私はテレビを見ながら音楽を聞きました。
④ 私は音楽を聞きながら宿題をしました。

8.

私は週末毎に登山に行きます。たまに友達と一緒に行く時もあるけど、ほとんど一人で行きます。山に登って澄んだ空気を吸うと、気持ちがとても良いです。

① 週末に時々登山に行きます。
❷ 登山に行く時は一人で行くことが多いです。
③ 週末毎に友達と一緒に登山に行きます。
④ 山には澄んだ空気が多いです。

9.

私の町には店が多いです。だから必要な物は何でも買えます。店は夜遅くまで開いています。日曜日も休みません。

① 必要な物は夜遅く買いに行きます。
② 店は夜遅く開けてくれます。
③ 店が多いので日曜日も休みません。
❹ 必要な物は日曜日でも買えます。

10.

私は毎朝早く起きて近所の山に登ります。朝早く山に登る人が多いです。人々は山で話をしたり運動したりします。私も一時間くらい運動をして下りてきます。

❶ 私は毎日山で運動します。
② 人々は山に毎日登ります。
③ 山から下りてくる時は一時間ぐらいかかります。
④ 朝早く起きた時は山に登ります。

11.

一昨日の夜、バスにスマートフォンを忘れて降りました。しかし昨日の朝友達から連絡が来るまで全く気づきませんでした。バス会社から、親切に友達に電話してくれて、簡単に見つけられました。

① スマートフォンを失くした所がわかりませんでした。
② 昨日友達がスマートフォンを見付けてくれました。
❸ バス会社から友達に連絡してくれました。
④ 一昨日の夜、友達がスマートフォンを失くしてしまいました。

12.

写真を撮る時、韓国人は「キムチ」、日本人は「チーズ」と言います。その言葉を言う時、顔が笑っているように見えるからです。

① キムチを食べると顔が笑っているように見えます。
② チーズを食べると顔が笑っているように見えます。
❸ 「キムチ」「チーズ」と言うと顔が笑っているように見えます。
④ 韓国人はキムチが、日本人はチーズが好きです。

13.

昨日、町に新しくできた図書館に初めて行きました。職員のお姉さんが親切に案内してくれました。本を三冊借りてきました。時間があれば度々利用しようと思います。

① 町には図書館が一つしかありません。
② 職員が笑いながら案内してくれました。
③ 姉が本を三冊貸してくれました。
❹ これからは町の図書館に度々行きたいです。

14.

今日、家の近くのスーパーで会員カードを作りました。このカードがあれば、現金を出さなくても商品が買えます。また、商品の値段も割引してくれるから、現金で払うよりも安く買えます。

① 現金を出すと会員カードが作れます。
② 現金を出すと商品の値段を割り引きしてくれます。
③ 現金を出すと安く買えます。
❹ お金が無くても会員カードで商品が買えます。

15.

駅で降りて、5番出口に出て下さい。出口から左に50mくらい行くと、1階に花屋のある建物があります。その建物の2階に喫茶店があります。そこで11時に会いましょう。

① 駅出口から花屋と喫茶店が見えます。
② 花屋は喫茶店の隣の建物にあります。
❸ 会うことにした所は駅から近いです。
④ 花屋がある建物の前で11時に会います。

16.

毎朝早く起きて一時間くらい歩きます。昼間は仕事が忙しくて運動する時間がありません。週末にはサッカーをしたり野球をしたりします。健康の為に一生懸命運動しようと思います。

① 週末にサッカーや野球をすることが趣味です。
② 毎日一時間くらい歩くことが好きです。
❸ 昼間は忙しくて運動できません。
④ 体が弱いので一生懸命運動します。

17.

私はソウルにある会社へ就職することになりました。だから今日ソウルに来ました。荷物が多くて、ソウル駅から下宿までタクシーに乗って来ました。来週からは会社に出なくてはなりません。

① ソウルに来る時はいつも荷物が多いです。
② 会社に行こうとソウル駅からタクシーに乗りました。
③ 今日から会社に就職します。
❹ 来週から会社に出勤します。

18.

最近はインターネットを利用して簡単に商品を買うことができます。国内では勿論、海外でも買えます。私は時々海外の書店で本を注文します。その他にメールも送れて、電話のように話をすることもできます。

❶ インターネットで簡単に本が買えます。
② インターネットで友達とメールをやり取りします。
③ インターネットで友達に電話します。
④ インターネットで買うと割引されます。

第4章 読解編（Ⅱ）

合格資料 33 「文の中心となる考えを選ぶ問題」の既出例 ……………… p.158

既出	問題文
37回	私は休日に友達の家に行こうと思います。友達と一緒にドラマを見ようと思います。話もたくさんするつもりです。 ① 私は家でドラマを見たいです。 ② 私は友達に話をしに行くつもりです。 ③ 私は友達とドラマの話をするつもりです。 ❹ 私は友達と一緒に休日を過ごしたいです。
41回	私は朝起きるとラジオをつけて音楽を聞きます。音楽を聞くと気持ちがいいです。だから掃除する時や勉強する時は音楽をよく聞きます。 ① 私は掃除するのが好きです。 ❷ 私は音楽を聞くのが楽しいです。 ③ 私は音楽の勉強がしたいです。 ④ 私は朝ラジオが聞きたいです。
47回	私は歌が下手です。ところが私の友達は歌が本当に上手です。私も友達のようになりたいです。 ① 私は歌手になりたいです。 ❷ 私は歌を上手に歌いたいです。 ③ 私は友達の歌が聞きたいです。 ④ 私は友達と歌を歌いたいです。
52回	私は週末にいつもミンスさんとテニスをします。しかし、ミンスさんが仕事で外国に行きました。私はミンスさんに早く帰ってきてほしいです。 ① 私はテニスを習おうと思っています。 ② 私は外国で仕事をしようと思っています。 ❸ 私はミンスさんとテニスがしたいです。 ④ 私はミンスさんと一緒に外国に行きたいです。
60回	私は今日友達に会いました。友達に1年間会えなかったので会いたかったです。私たちは夜遅くまで話しました。 ❶ 私は友達に会ってよかったです。 ② 私は家に早く帰りたかったです。 ③ 私は多くの友達と付き合いたいです。 ④ 私は友達に好きになってもらいたいです。

1 文の中心となる考えを選ぶ問題 …… p.172

※다음을 읽고 중심 생각을 고르십시오.
次を読んで中心となる考えを選びなさい。

1. 私は自分の部屋がありません。中学生の弟と一緒に使っています。寝る時間も違うし、好きなものも違います。だから不便です。私も自分の部屋があったらいいのにと思います。

① 私と弟は趣味が一致しません。
② 私は弟が好きな物が嫌いです。
③ 私は弟と同じ時間に寝たいです。
❹ 私は自分の部屋を持ちたいです。

2. 今住んでいる家は職場から遠いです。朝早く起きなくてはならず、車に乗る時間も長くて疲れます。なので職場から近い所に引っ越そうと思います。

① 私は朝早く職場に行かなくてはなりません。
② 私は早く起きるので疲れます。
❸ 私は職場の近くに住もうと思います。
④ 私は職場の近くから引っ越します。

3. 来週月曜日に田舎から祖母が来ます。とても久し振りに来ます。だからすごく嬉しいです。早く祖母に会いたいです。

❶ 祖母が来るので嬉しいです。
② 久し振りに祖母に会いました。
③ 田舎で祖母に会おうと思います。
④ 月曜日に祖母に会いに行きます。

4. 私は昨日、宿題をするために3時間しか眠れませんでした。今日も遅くまで授業があって、明日の試験準備もしなくてはなりません。だからとても疲れています。

① 昨日は一生懸命宿題をしました。
❷ 最近とても忙しくて疲れています。
③ 早く試験準備をしたいです。
④ 3時間しか眠れなかったので寝たいです。

5. 私は友人の結婚式の写真を見ました。写真の中の二人はとても綺麗でした。綺麗な服を着て笑っていました。私も結婚相手がいればいいのにと思います。

① 友人夫婦の写真が綺麗です。
② 友人の結婚式で写真を撮りました。
③ 綺麗な服を着て写真を撮りたいです。
❹ 私も結婚したいです。

6. ミンスさんは勉強がよくできて、運動もよくできます。歌も上手です。そして性格も良いので友達がとても多いです。

① ミンスさんは友達とよく歌を歌います。

② ミンスさんの友達は、勉強も運動もよくできます。
③ ミンスさんは性格が良い友達が多いです。
❹ ミンスさんは友達に人気があります。

7. ミヨンさんは、いつもカメラを持ち歩いています。街や店で面白い物や綺麗な物を見ると、写真を撮ります。人間や動物はあまり撮りません。

① ミヨンさんはいつも街や店の写真を撮っています。
❷ ミヨンさんは写真を撮ることが好きです。
③ ミヨンさんは動物の写真を時々撮ります。
④ ミヨンさんはいつも綺麗に写真を撮ろうとします。

8. 私は韓国語を勉強しに、日本から来ました。学校の近くで下宿しています。下宿では毎日韓国料理を食べています。韓国料理も美味しいけど、たまには故郷の食べ物が食べたいです。

❶ 日本料理を食べたいです。
② たまにはおいしい料理が食べたいです。
③ 私は料理を勉強しに来ました。
④ 韓国料理は好きではありません。

9. 私はよく釣りに行きます。今週末も友達とインチョン沖に釣りに行きます。釣りは本当に面白いです。

① 私はよく仁川に行きます。
② 週末毎に釣りに行くのが楽しみです。
❸ 私は釣りが大好きです。
④ 海釣りは面白いです。

10. 私は普段はジーンズにスニーカーを履いています。勿論ネクタイも締めません。でも今日は友人の結婚式です。だからスーツを着て、ネクタイも締めました。とても心地悪いです。早く結婚式が終わればいいのにと思います。

① 友人の結婚式の時間が長過ぎます。
❷ ネクタイとスーツを早く脱ぎたいです。
③ 結婚式には良い服を着て行かなくてはなりません。
④ ジーンズをはく時は、ネクタイを締めてはいけません。

11. 私は自分のパソコンがありません。家族と一緒に使っている物はあります。だから自分の物を買おうと、お金を貯めています。来月には買えそうです。

❶ 私はパソコンを買うつもりです。
② 私はお金を貯めて家を買うつもりです。
③ 私は自分のパソコンが無くても構いません。
④ 私のパソコンを、家族が一緒に使いたがります。

12.

　ユウスケさんは来週日本に帰ります。私は書店へ行って、『韓国の山と海』という本を買いました。明日ユウスケさんに会った時、渡そうと思います。

① ユウスケさんは今日、本を買いました。
② ユウスケさんは韓国の本が好きです。
❸ 私はユウスケさんにあげるため、本を買いました。
④ 私はユウスケさんに本を紹介しました。

13.

　私は気分が良くない時は、運動をします。運動すると、不愉快なことを早く忘れられます。そしてまた楽しく仕事ができます。

① 不愉快だけど、楽しく運動をしたいです。
❷ 不愉快なことは、運動をして忘れます。
③ 不愉快なことは、早く忘れなくてはなりません。
④ 不愉快な時する運動は良くありません。

14.

　ソウル食堂は、食べ物が美味しいです。だからいつもお客が多いです。特に週末は、予約をしないと席が取れないことが多いです。

① 週末にはソウル食堂で食事します。
❷ 週末は予約をした方がいいです。
③ 週末にはソウル食堂は避けなければなりません。
④ 週末は席が無くて予約できません。

15.

　今週土曜日から夏休みが始まります。休みに入ったら、プサンにある祖母の家に行こうと思います。電車の切符も買っておきました。早く祖母に会いたいです。

① 休みは土曜日に始まりました。
② 休みになるといつでも祖母の家に行きます。
❸ 休みは祖母に会いに行くつもりです。
④ プサンに行く電車の切符を、今日買いました。

16.

　韓国語は面白いです。私は毎日一時間ずつ韓国語を勉強しています。週末には、韓国映画を見ながら勉強します。難しいけど、韓国語で直接聞きます。

❶ 私は韓国語を一生懸命勉強しています。
② 韓国語は難しいけど面白いです。
③ 週末は、韓国映画をよく見ます。
④ 韓国語は毎日勉強しなければなりません。

17.
 留学をしようとすると、準備しなくてはいけないことが多いです。失敗がないようにするには、留学に必要な物を全て書き留めておくといいです。書き留めた物を見ながら準備すると、失敗が少ないです。

① 留学に行く時は準備でとても忙しいです。
② 留学に行って失敗する人が多いです。
③ 留学した時失敗した事を書き留めておくといいです。
❹ 留学に必要な物を書き留めておいて準備した方がいいです。

18.
 私はソウルからバスで一時間くらいかかる所に住んでいます。会社が遠くて少し不便です。しかし家が広くて周りに木も多く、好きです。

① バスに乗って一時間くらい行くと、木が多いです。
❷ 会社から遠いけど、家が広くて気に入っています。
③ 会社はソウルからバスで一時間くらいかかります。
④ 家がバス停から遠くて不便です。

2 文整序完成問題 p. 178

※다음을 순서대로 맞게 나열한 것을 고르십시오.
次を順序通りに正しく配列したものを選びなさい。

1.
(가) 飛行機切符がなくて列車に乗りました。
(나) 私たちは一緒にお昼を食べて海を見に行きました。
(다) 私は夏に釜山に旅行に行きました。
(라) 列車から降りて友達に会いました。

正答 ❹ (다)－(가)－(라)－(나)

2.
(가) 薬局で薬を買って飲みました。
(나) 今日は風邪をひいてもっとつらかったです。
(다) ところが時間がなくて病院に行けませんでした。
(라) 最近は週末にも休むことができなくて疲れています。

正答 ❶ (라)－(나)－(다)－(가)

3.
(가) そして絵を直接描いてみることもできます。
(나) 最近人気のある美術館があります。

(다) ここでは絵を手で触ることもできます。
(라) それで誰でも絵を楽しむことができます。

正答 ❷ (나)－(다)－(가)－(라)

4.
(가) 2ヶ月も先なのに早くも夜眠れません。
(나) それで昨日飛行機のチケットを買いました。
(다) 早く休みになったらと思います。
(라) 今度の休みにソウルに行く予定です。

正答 ❸ (라)－(나)－(가)－(다)

5.
(가) 普通小包みは飛行機や船で送ることができます。
(나) なぜならば時間はかかるが、もっと安いからです。
(다) それで友達の誕生日プレゼントは船で送りました。
(라) 飛行機は船より早いけれど、高いです。

正答 ❸ (가)－(라)－(다)－(나)

6.
(가) ところで家に帰って来て着てみると少し小さかったです。
(나) 家の近くの店でズボンを買いました。
(다) 少し高かったけれども、色が気に入りました。
(라) それでもっと大きいものに替えてもらいに行くつもりです。

正答 ❹ (나)－(다)－(가)－(라)

7.
(가) それで午前中は彼の家に電話をかけません。
(나) 夜遅くまで仕事をして朝は遅く起きます。
(다) しかし、私の友達は夜に仕事を多くしています。
(라) 私は朝に仕事を多くしています。

正答 ❶ (라)－(다)－(나)－(가)

8.
(가) 最近はインターネットで本を買うことができます。
(나) そして配達してもらう住所を書き込んで注文をします。
(다) そうすると2~3日以内に本を受け取ることができます。
(라) 買いたい本があればインターネットで本を探します。

正答 ❹ (가)－(라)－(나)－(다)

9.

(가) 特に週末の夕食の時間には家族連れがたくさん来ます。
(나) 駅前の食堂は週末にはお客さんが多いです。
(다) それで席が取れないときもあります。
(라) 週末の夕方に利用しようとするならば電話で予約したほうが良いです。

正答 ❶ (나)－(가)－(다)－(라)

10.

(가) 料理もあまりできません。
(나) 弟(妹)は今まで一人で生活したことがありません。
(다) 弟(妹)が外国に勉強に行くことになりました。
(라) 母はとても心配しています。

正答 ❸ (다)－(나)－(가)－(라)

11.

(가) 今日も道峰山に行くつもりです。
(나) 家族がみんな登山が好きで本当に良かったです。
(다) うちの家族は登山が好きです。
(라) それで一緒に山によく行きます。

正答 ❷ (다)－(라)－(가)－(나)

12.

(가) 韓国を発ってから三年になりました。
(나) 彼が来週遊びに来ます。
(다) 今はアメリカに住んでいます。
(라) 幼い時からの親しい友達が一人います。

正答 ❹ (라)－(다)－(가)－(나)

3·1 文の空所補充と内容一致を選ぶ問題 ① …… p.182

※다음을 읽고 물음에 답하십시오.
次を読んで問いに答えなさい。

[1]

朝、出勤のために地下鉄に乗ると、色々な人に出会えます。本を読んでいる女性や、音楽を聴いている学生がいます。パソコンで仕事をしている人もいるし、スマートフォンでニュースを見たりメールを送ったりしている人もいます。毎朝地下鉄で出会う面白い人たちのおかげで(㉠)一日が始められます。

1. ㉠に入る適当な言葉を選びなさい。
① 重い　❷ 楽しい　③ 暗い　④ 怖い

2. この文の内容と同じものを選びなさい。
① 地下鉄に乗ると、本を読むか音楽を聴きます。
② スマートフォンはニュースを見たりメールを送ったりする時に使います。
❸ 地下鉄で色々な人たちに出会うのは楽しいです。
④ 地下鉄には、特に面白い人たちがたくさん乗ります。

[2]

韓国に来てから、もう一年になりました。初めは韓国語もできず、知り合いもいなくて（ ㉠ ）。故郷に帰りたかったです。しかし寂しい時は音楽を聴いたり、故郷の友達とインターネット電話で話をしたりしながら、一生懸命勉強しました。熱心に努力したおかげで韓国語もうまくなりました。友達もたくさんできたので今は韓国の生活が楽しいです。

1. ㉠に入る適当な言葉を選びなさい。
① とても悲しかったです。　② 泣かなければなりません。
❸ とても大変でした。　④ 一生懸命走りました。

2. この文の内容と同じものを選びなさい。
❶ 韓国に来て一年間一生懸命勉強しました。
② 友達と一緒にインターネット電話で勉強しています。
③ 韓国の生活が楽しすぎて寂しいです。
④ 誰でも一生懸命努力すれば韓国語が話せます。

[3]

私の趣味は、写真を撮ることです。最近は友だちに送りたくて故郷にいた頃よりもっとたくさん写真を撮っています。写真は私が言葉で話せないこともよく（ ㉠ ）。それで私は写真を撮る事が好きです。忙しい時も毎日2～3枚の写真を撮ります。そして家族や友だちにメールで送ります。写真を見て喜んでいるのを見ると、本当に嬉しいです。韓国にいる間、面白い写真をたくさん撮りたいです。

1. ㉠に入る適当な言葉を選びなさい。
① 探してくれます　② 送ってくれます　③ 撮ってくれます　❹ 表現してくれます

2. この文の内容と同じものを選びなさい。
① 忙しい時は写真を撮ります。
❷ 毎日写真を撮って友だちに送ります。
③ 故郷にいる時は写真を撮りませんでした。
④ 家族や友人の写真を見ていると楽しいです。

[4]

お客様の皆様にお知らせ致します。ここでは煙草をお吸いになってはいけません。そして食べ物を召し上がってもいけません。お買いになった本をお替えになりたい場合は三日以内にお越し下さい。(㉠)本を替えることはできません。ご不明な点がございましたら、私共職員にお尋ね下さい。それでは、良い本をたくさんお読みください。

1. ㉠に入る適当な言葉を選びなさい。
① 三日が過ぎないと　❷ 領収証がないと
③ 職員がいなければ　④ お客様がいらっしゃると

2. この文の内容と同じものを選びなさい。
① 職員に聞いて良い本を読んで下さい。
② 書店の中で煙草を吸ってはいけません。
❸ 買った本は、三日が過ぎると替えられません。
④ 食べ物を食べる時は職員に聞いて下さい。

[5]

今日、友達と服を買いにデパートに行きました。デパートは最近セール期間なので、市場よりもっと安いです。デパートは本当に人が多かったです。私達は(㉠)Tシャツがある店に入りました。そこで友達は青色のTシャツ、私は緑色のTシャツを一枚ずつ買いました。青色が友達にはとてもよく似合いました。私は週末に友達と遊びに行く時、この服を着て行こうと思っています。

1. ㉠に入る適当な言葉を選びなさい。
① 店員が親切な　② 人が多い　③ 市場で見た　❹ 気に入った

2. この文の内容と同じものを選びなさい。
① デパートのセール期間には市場は休みます。
❷ 週末に緑色のTシャツを着て遊びに行くつもりです。
③ 友だちが買った青色のものが、緑色のものよりとても良かったです。
④ 友だちは遊びに行く時、青いTシャツを着て行くでしょう。

[6]

キョンミンさんは最近体の具合が良くないと感じています。運動もして規則正しい生活をしなくてはいけませんが、(㉠)からです。まだ煙草を吸っており、会社の仕事が終わった後は友達とよく夜遅くまで食事をしたりお酒を飲んだりしています。それでお腹がもっと出てくるようです。キョンミンさんの生活は、本当に問題が多いです。

1. ㉠に入る適当な言葉を選びなさい。
① 運動をしなかった　② 食べたり飲んだりした
❸ そうしていなかった　④ 寝なかった

2. この文の内容と同じものを選びなさい。

① キョンミンさんは問題が多くてまだ煙草を吸っています。

② キョンミンさんは夜遅くまでお酒を飲んで運動をしています。

③ キョンミンさんはお腹が出てきて最近体の具合が良くありません。

❹ キョンミンさんは問題の多い生活をしています。

[7]

私は、四季の中で春が一番好きです。綺麗な花が咲いて、気候も暖かいからです。夏は嫌いです。暑くて、雨がたくさん降るのが嫌です。（ ㉠ ）夏休みがあるので少しは楽しいです。秋は涼しくて好きです。冬は寒くて嫌だけど、雪が降った時雪だるまを作るのが面白いです。また、長い休みがあって楽しいです。

1. ㉠に入る適当な言葉を選びなさい。

① それでは　② だから　③ そして　❹ しかし

2. この文の内容と同じものを選びなさい。

① 夏休みになると、暑くて雨がたくさん降ります。

❷ 夏と冬は嫌いだけど、春と秋は好きです。

③ 冬休みに雪だるまを作れて楽しいです。

④ 暖かい春には綺麗な花がたくさん咲きます。

[8]

私は、飛行機に乗って色々な国を回りながら仕事をしています。立っている時間が多いので脚も痛くて疲れます。（ ㉠ ）私はこの仕事が大好きです。この仕事をしようとすると、いつも人に親切でなくてはなりません。外国語もうまく話せなくてはなりません。毎日忙しく大変ですが、私を気に入ってくれる人達が多いので幸せです。

1. ㉠に入る適当な言葉を選びなさい。

❶ しかし　② ところで　③ 何故ならば　④ では

2. この文の内容と同じものを選びなさい。

① 外国語が上手くなろうとするなら、忙しく大変です。

② 忙しくて大変な時が一番幸せです。

③ 色んな国を回りながら働くのは疲れます。

❹ 外国語が話せないとこの仕事はできません。

[9]

昔の子供達は、ご飯とキムチが一番好きな食べ物で、おやつもお母さんが作ってくれた物を食べました。（ ㉠ ）最近の子供達は、カップラーメン、ハンバーガー、ピザ、アイスクリームのように、料理しないで早く美味しく食べられるものが好きです。このような食べ物は美味しいけど、たくさん食べると健康に良くありません。食べ物を食べる時は、味も大事ですが、健康を考えて食べた方が良いです。

1. ㉠に入る適当な言葉を選びなさい。
① そして　❷ しかし　③ それでは　④ だから

2. この文の内容と同じものを選びなさい。
① 子供達にはご飯とキムチが一番良いです。
② おやつはたくさん食べると健康に良くありません。
③ ハンバーガーとピザは早く食べると美味しいです。
❹ 食べ物は健康を考えて食べなくてはいけません。

3・2 文の空所補充と内容一致を選ぶ問題 ② …… p. 188

※다음을 읽고 물음에 답하십시오.
次を読んで問いに答えなさい。

[1]

私は運動するのが趣味です。(㉠)時間がある度に自転車に乗りますが、一人で考える時間を持てるので良いです。(㉡)またスイミングや登山もよくします。(㉢)山に登るときれいな空気を吸うことができるので良いです。スイミングは一週間に二回、月曜日か水曜日、または火曜日か木曜日にしています。水中でできる運動なので好きです。(㉣)

1. 次の文章が入るところを選びなさい。

登山は一カ月に一回くらい行きます。

正答 ❸

2. この文の内容と同じものを選びなさい。
① 一人で考えようと運動をします。
② きれいな空気を吸おうと山に登ります。
❸ 週末にはスイミングはしません。
④ 一人でいたいときは自転車に乗ります。

[2]

(㉠)清涼里駅から汽車で 2時間ほどかかって春川駅に到着しました。(㉡)春川は静かで雰囲気の良い都市でした。自転車に乗って見て回りながら写真をたくさん撮りました。(㉢)夕方には春川に住んでいる友だちに会ってホテルの近くで一緒に食事をしました。翌日は春川近郊を回ってから家に帰って来ました。(㉣)

1. 次の文章が入るところを選びなさい。

先週末に春川に旅行に行きました。

正答 ❶

2. この文の内容と同じものを選びなさい。
① 春川駅まで自転車で2時間ぐらいかかります。
❷ 一緒に食事をした友だちは春川に住んでいます。
③ 静かで雰囲気の良い所で食事をしました。
④ 友だちに会って写真をたくさん撮りました。

[3]

(㉠)今日は韓国語能力試験の結果が出る日でした。昨夜は緊張のあまり眠れなかったです。(㉡)私はとても嬉しくて先生と友だちに電話をしました。(㉢)今回試験に合格したのはすべて先生と友だちのおかげです。(㉣)私が初めのころ韓国語ができなくてとてもつらいときに私を助けてくれたからです。

1. 次の文章が入るところを選びなさい。

試験に落ちるのではないかと心配しましたが、 結果は合格でした。

正答 ❷

2. この文の内容と同じものを選びなさい。
❶ 先生と友だちがたくさん助けてくれました。
② 先生と友だちがとても喜びました。
③ あまりにも嬉しくて眠れなかったです。
④ 試験に合格してとても緊張しました。

[4]

(㉠)趣味のある人は趣味のない人より元気に長く生きることができます。(㉡)そして趣味が同じ友達と会って楽しい時間を過ごすこともできます。(㉢)皆さんも元気に暮らしたければ趣味をもってみてください。(㉣)

1. 次の文章が入るところを選びなさい。

趣味生活をしながらストレスを解消することができるからです。

正答 ❷

2. この文の内容と同じものを選びなさい。
① ストレスを解消できないと長生きができません。
② 互いに趣味を紹介し合うと楽しい時間が過ごせます。
❸ 元気に暮らしたければ趣味があったほうが良いです。
④ 人々は趣味と関係なく長生きしたがります。

[5]

塩の味はしょっぱいです。(㉠)ところが塩味は甘味をもっとよく分かるようにしてくれます。(㉡)それで果物が甘くない時は塩を少し使います。(㉢)そうするとスイカがもっと甘くておいしくなります。(㉣)

1. 次の文章が入って行く所を選んでください。

   スイカが美味しくなければ塩とともに食べてみてください。

   正答 ❸

2. この文の内容と同じものを選びなさい。
   ① 塩はさまざまな味がします。
   ② 塩がない時はスイカを使います。
   ③ 塩は塩辛いので少しだけ食べます。
   ❹ 塩は甘味をもっとよく分かるようにします。

[6]

(㉠)五味子茶を冷たくして飲むと汗をたくさんかく人に良いです。(㉡)風邪を引いた時は五味子茶を暖かくして飲むのが良いです。(㉢)五味子茶が風邪を引かせないで咳も出ないようにしてくれます。このように五味子茶はどの季節に飲んでも健康に良いお茶です。(㉣)

1. 次の文章が入るところを選びなさい。

   五味子茶は飲む方法によって効果が変わります。

   正答 ❶

2. この文の内容と同じものを選びなさい。
   ❶ このお茶は風邪に効果があります。
   ② このお茶は冬に飲むのがもっと良いです。
   ③ 汗をたくさんかく時このお茶を飲んではいけません。
   ④ このお茶を冷たくして飲むと咳をしません。

3·3 文の空所補充と主題を選ぶ問題 p. 192

※다음을 읽고 물음에 답하십시오.
次を読んで問いに答えなさい。

[1]

私は韓国料理が好きです。それで会社の近くの食堂によく行きます。その食堂にはプルコギ、冷麺、キムチチゲ、味噌チゲ、ビビンバ、炒飯、カルビスープがあります。キムチチゲとビビンバは少し辛いです。私の友達は肉が好きです。魚は嫌いです。それで(㉠)をよく食べます。私は味噌チゲをよく食べます。皆さんはいかがですか。

1. ㉠に入る適切な語句を選びなさい。
① 冷麺を　② キムチチゲを　❸ カルビスープを　④ 炒飯を

2. 何に対する話なのか選んでください。
① 近くの食堂のメニュー　② 友達の好きな食べ物の味
❸ 私の好きな食べ物　④ 私が韓国料理を好きな理由

[2]

引っ越す前にはあれこれやるべきことが多いです。失敗をしたくなければ(㉠)ことをすべて書いてみてください。書いたのを見て15日前から準備すれば引っ越しがずっとしやすくなるはずです。

1. ㉠に入る適切な語句を選びなさい。
① 引っ越し先の家に必要な　❷ 引っ越しの準備に必要な
③ お金を引き出すときに必要な　④ 荷造りをするときに必要な

2. 何についての話なのか選びなさい。
① 引っ越しのときよくする失敗　② 引っ越しの前に書いておくべきこと
❸ 失敗なく引っ越しをする方法　④ 失敗を少なくしなければならない理由

[3]

ソウルの近くには登山に適した山が多いです。ソウルから遠くはないが、静かで美しい自然が見られます。山を登りながら道端に咲いた花と木を楽しむことができます。山道で出会った人たちとも楽しく会話を(㉠)ができます。一か月に一回でも疲れる日常生活から逃れて山に登ってみてください。

1. ㉠に入る適当な言葉を選びなさい。
① 教えること　❷ 交わすこと　③ 去ること　④ 送ること

2. 何についての話なのか選びなさい。
① 自然を楽しむ方法　② 良い山へ行かなければならない理由
③ 山で出会う楽しみ　❹ 登山の良いところ

[4]

今年は英語をもっと熱心に勉強しようと思います。中学校の時から英語を学んだけれども、まだ英語がうまく話せません。それで今度の夏休みにはイギリスに一か月間(㉠)行こうと思います。そして帰りはヨーロッパを旅行して帰って来るつもりです。それで最近地図を見ながら旅行する国についていろいろ勉強をしています。

1. ㉠に入る適当な言葉を選びなさい。

❶ 英語を学びに　② 一生懸命勉強しに
③ 留学を準備しに　④ 旅行を楽しみに

2. 何についての話なのか選びなさい。

① 夏休みにすべきこと　❷ 今年の計画
③ ヨーロッパ旅行の準備　④ 英語を学ぶ理由

[5]

今日はとても忙しいです。やるべきことがとても多いです。友だちの結婚式に行かなければなりません。結婚式に行く前に銀行に行って電話料金を払わなければなりません。そしてデパートへ行って（ ㉠ ）後にミヨンさんに会って一緒に行こうと思います。結婚式が終わって家に帰って来てから部屋の掃除をしなければなりません。明日友だちが遊びに来ます。それで寝る前に明日友だちが食べる料理を準備しなければなりません。

1. ㉠に入る適当な言葉を選びなさい。

① 髪を切った　② 写真を撮った
③ おかずを買った　❹ プレゼントを買った

2. 何についての話なのか選びなさい。

❶ 今日やるべきこと　② 招待と料理の準備
③ 友だちの結婚式　④ 今日起こったこと

3・4 文の目的と内容一致を選ぶ問題 p.196

※다음을 읽고 물음에 답하십시오.
次を読んで問いに答えなさい。

[1]

宛　先　minsu728@nene.com

件　名　明けましておめでとうございます

差出人　jinukim@norang.net

ミンスさん、明けましておめでとうございます。
今年も仕事はお忙しいですか。去年はあまり会えなかったですね。
これからは度々連絡もし、たまには会って食事もしたいです。
新年もいつも元気で良いことがたくさんありますように祈っています。
さようなら。　キム・ジヌ

1. ジヌさんはどうしてこの文を書きましたか。
   ① 会って食事をしようと　② 度々連絡がしたくて
   ③ 会えなかったのですまなくて　❹ 新年のあいさつをしようと

2. この文の内容と同じものを選びなさい。
   ① 去年は忙しすぎて食事する時間がありませんでした。
   ② ミンスの健康がよくなることを願っています。
   ③ 二人は会う日時を決めようと思っています。
   ❹ 二人は去年はよく会うことできなかったです。

[2]

宛　先　hiroko-you@sanpada.com

件　名　連絡ください

差出人　yusuke@parangkot.net

ヒロコさん
今度の夏休みに次のような集いがあります。時間があればヒロコさんと一緒に参加したいのですが、どうですか。読んでみて連絡ください。
・・・・・・
「留学生と共にする会」は江原道春川で2泊3日の留学生と韓国の学生がともにする夏のキャンプを開催します。二人での散歩、ゲーム、韓国の歌の歌唱、韓国語で手紙を書くなど多様なプログラムがあります。参加費は7万ウォンです。
▫時間：20××. 8. 10.～8. 12.
▫場所：江原道春川留学生夏のキャンプ

Yusuke

1. Yusukeさんはなぜこの文を書きましたか。
   ① 夏のキャンプの内容を聞いてみたくて
   ② 夏のキャンプの参加申し込みを受けようと
   ❸ 夏のキャンプに一緒に参加したくて
   ④ 夏キャンプの場所と開催日を知らせようと

2. この文の内容と同じものを選びなさい。
   ① 留学生は参加費を出さなくても良いです。
   ② 七万ウォンで二人が参加できます。
   ③ 参加者は8月10日までに申し込まなければなりません。
   ❹ 夏のキャンプには韓国の学生も参加します。

[3]

宛 先 suji-kore@hannuri.net

件 名 イスジ先生へ

差出人 sayuri412@yahomail.com

こんにちは。
一学期間丁寧に教えていただきありがとうございます。
私もいま韓国語を少しはできるようになりました。
明日から一週間釜山に旅行に行って来るつもりです。
旅行に行ってこれまで学んだ韓国語を大いに使うつもりです。
来週戻って来たらまたご連絡します。さようなら。

サユリ

1. サユリさんはなぜこの文を書きましたか。
① 韓国語を使いながら旅行するようになったのが嬉しくて
❷ 韓国語を教えてくれた先生に感謝して
③ 来週連絡する時間を確認しようと
④ 旅行に行くことを知らせようと

2. この文の内容と同じものを選びなさい。
❶ サユリさんは明日旅行に行くつもりです。
② サユリさんは韓国語がとても上手です。
③ 先生がサユリさんに送った手紙です。
④ サユリさんは旅行に行って来て連絡をしました。

[4]

宛 先 young-m@kenari.net

件 名 明日会いましょう

差出人 hemi203@chamsaram.com

ヨンミンさんへ
音楽サークルの友だちと明日４時に南山コーヒーショップで会うことにしました。ヨンミンさんも来てください。
250番のバスに乗ってソウルホテルの前で降りて道を渡ってください。
道を渡ってウリ劇場の方に少し行くと南山コーヒーショップがあります。

ヘミ

1. ヘミさんはなぜこの文を書きましたか。
① サークルの友だちを紹介したくて
② 友だちに約束の場所を教えてあげようと
③ ヨンミンさんにコーヒーを買ってあげようと
❹ ヨンミンさんも呼びたくて

2. この文の内容と同じものを選びなさい。
① ヨンミンさんも来ることにしました。
❷ ヘミさんは友だちと会う約束があります。
③ コーヒーショップは劇場の隣にあります。
④ バス停の前にコーヒーショップがあります。

3・5 文の空所補充問題 p.200

※다음을 읽고 물음에 답하십시오.
次を読んで問いに答えなさい。

[1]

ヒロコさんは去年韓国に来ました。これまで友達もたくさん(㉠)旅行もたくさんしました。韓国語も一生懸命勉強して日常生活で使う言葉は上手に話せるようになりました。韓国が好きで韓国で就職をしようとしています。それで最近仕事を(㉡)通っています。

1. ㉠に当てはまるものを選びなさい。
① 集まり　② 作ろうと　❸ できて　④ 楽しみ

2. ㉡に当てはまるものを選びなさい。
❶ 探しに(求職に)　② 探すので　③ 探そうとしても　④ 探した後

[2]

今日はユミさんが日本から帰ってくる日です。それで空港に行きました。ユミさんは誕生日に私がプレゼントで買ってあげた服を着て出口から出てきました。久しぶりに会ってとても(㉠)。家に(㉡)空港のコーヒーショップでコーヒーを飲みながら、それまでにあったことを話しました。

1. ㉠に当てはまるものを選びなさい。
❶ うれしかったです　② 楽しかったです　③ 悲しがりました　④ 笑わせました

2. ㉡に当てはまるものを選びなさい。
① 行った後　❷ 行く前に(帰る前に)
③ 行く時　④ 行くかと思って

[3]

ミンスは、今日の午後ヘヨンさんと会う約束があります。映画を見て素敵なレストランで食事をすることにしました。最も(㉠)に入るスーツを着ていこうとクリーニング屋に行ってスーツを取ってきました。しかし、ズボンが他の人のものでした。ミンスは(㉡)クリーニング屋に電話をかけました。

1. ㉠に当てはまるものを選びなさい。
   ❶ 気(心)　② 気持ち　③ 雰囲気　④ 考え

2. ㉡に当てはまるものを選びなさい。
   ❶ 腹が立って　② 怒ろうと　③ 腹が立ったが　④ 怒るから

[4]

私は、二月に学校を卒業して、三月から会社に通っています。まだ仕事がよく分からなくて(㉠)時がたくさんあります。しかし、やりたい仕事なので熱心に学び、努力しようとしています。早く他の人に聞かなくても(㉡)。

1. ㉠に当てはまるものを選びなさい。
   ① 考える　② 外出する　③ 覚える　❹ 辛い

2. ㉡に当てはまるものを選びなさい。
   ① うまくしなければなりません。　❷ うまくできるようになれたらと思います。
   ③ うまくしなければなりません。　④ うまくしたほうがいいと思います。

[5]

これからテストを実施します。試験時間は1時間です。
机の上には鉛筆と消しゴム、そして時計は(㉠)。スマートフォンは電源を切り、学生証は出しておいてください。質問がある場合は静かに手を上げてください。早く終わっても隣の人と(㉡)寝たりしてはいけません。

1. ㉠に当てはまるものを選びなさい。
   ① 置くようになります　② 置けばいいです
   ③ 置かなければなりません　❹ 置いてもいいです

2. ㉡に当てはまるものを選びなさい。
   ① しゃべるので　❷ しゃべったり　③ しゃべるけど　④ しゃべりながら

[6]

私は風邪を引いたようです。昨夜から熱が出て鼻水が出ます。咳もひどいです。それで病院に行って注射を(㉠)薬ももらってきました。薬は1日に3回食事をした後に(㉡)。薬を飲む時は運転をしてはいけません。ゆっくりと休みながら寝たいです。

1. ㉠に当てはまるものを選びなさい。

❶ 打ってもらい　② 打って　③ もらって　④ 押して

2. ㉡に当てはまるものを選びなさい。

① 飲もうかと思います　② 飲んだほうがいいと思います

③ 飲んでもいいです　❹ 飲まなければなりません

[7]

私は学生の時に4年間、花屋でアルバイトを（ ㉠ ）。週に3回午後1時から夜の8時まで働きました。そのとき本当にたくさんの花の名前を覚えました。お客さんたちが明るい顔で花を（ ㉡ ）買って行くときはとてもうれしかったです。

1. ㉠に当てはまるものを選びなさい。

① しようかと思います　❷ したことがあります

③ しなければなりません　④ することにしました

2. ㉡に当てはまるものを選びなさい。

① 切って　② 育てて　❸ 選んで　④ 呼んで

3·6 文の空所補充と内容把握問題 p.204

※다음을 읽고 물음에 답하십시오.
次を読んで問いに答えなさい。

[1]

私は日本の福岡に住んでいます。来週ソウルに行こうと思います。しかし、ソウル行きの飛行機のチケットを買うことができませんでした。それで他の方法で行くことにしました。福岡から釜山まで船で行って釜山からソウルまでは列車で行くことにしました。飛行機に乗るのもいいけれど、時間がかかってもたまには（ ㉠ ）のもよさそうです。

1. ㉠に入る適切な語句を選びなさい。

① ソウルまで利用する　❷ このように旅行する

③ 行く道を変えてみる　④ 列車に乗ってみる

2. この文の内容で分かることは何ですか。

① ソウル行きの飛行機はいつも混みます。

② 釜山までは船でだけ行くことができます。

❸ 飛行機に乗らなくてもソウルに行くことができます。

④ たまに飛行機に乗らないほうが良いです。

[2]

私は地図を見ることが好きです。地図を見ながら頭の中で（ ㉠ ）のが楽しいです。本当に旅行に行くように列車やバスの時間も調べ、その地方の有名なところも勉強します。私は地図を見ながら頭の中で旅行をする時が一番幸せです。

1. ㉠に入る適切な語句を選びなさい。
① 絵を描いてみる　② 歩いてみる
❸ 旅行をする　④ 車に乗り降りする

2. この文の内容で分かることは何ですか。
① 旅行の前に地図で計画を立てたほうがいいです。
② 頭の中で有名なところを訪ねていく時が幸せです。
③ 車の時間を調べておくと旅行に行く時役に立ちます。
❹ 地図を見るだけでも旅行する気分を味わうことができます。

[3]

私は大学を卒業して三月から会社員になりました。まだ会社の仕事がよく分からないので大変な時が多いです。特に会議の準備と新しい仕事を（ ㉠ ）のが難しいです。だから難しい仕事がある時は他の人に聞いてみたり頼んだりします。他の人に頼まなくても良いように仕事を早く覚えたいと思います。

1. ㉠に入る適切な語句を選びなさい。
① 探してみる　❷ 計画する
③ 申し込む　④ 反対する

2. この文の内容で分かることは何ですか。
① 仕事が大変な時は他の人に聞きます。
② 会議と新しい仕事は全部一緒に準備しなければなりません。
③ 他の人に頼みにくいです。
❹ 早く会社の仕事がうまくできればいいと思います。

[4]

眼鏡を買う時は流行ばかり追わないで自分の顔の形に合うものを選んだほうが良いです。なぜならば流行の眼鏡が必ず（ ㉠ ）わけではないからです。それで眼鏡を買う時は眼鏡店でいろいろな眼鏡をかけてみて選ばなければなりません。また眼鏡はヘアスタイルや服ともよく似合うものを選んだほうが良いです。

1. ㉠に当てはまるものを選びなさい。
① 私にあわない　❷ 私に似合う
③ 私に似合わない　④ 私に不便な

2. この文の内容で分かることは何ですか。

① 流行に合う眼鏡は似合わない時が多いです。

② 眼鏡は服に合わせてかけなければなりません。

③ 流行の眼鏡を買う時はかけてみてから買った方が良いです。

❹ 流行より自分に合う眼鏡を選んだ方が良いです。

[5]

私の夢は小学校の先生になることです。幼い頃から教えることが好きで地元の子供達を(㉠)あれこれ教えたりしました。先生になると子供達の友だちにもなったりお姉さん、お兄さんにもなったりして良い先生になるつもりです。私はこの夢のために今日も図書館で一生懸命勉強しています。

1. ㉠に入る適切な語句を選びなさい。

① させておいて
❷ 集めておいて
③ つかまえておいて
④ 立たせておいて

2. この文の内容で分かることは何ですか。

① 小学校の先生は友だちのような先生がいいです。

② 夢のある先生が良い先生です。

❸ 幼い頃も教えるのが好きでした。

④ 図書館で良い先生になった夢を見ました。

第5章 模擬試験編

第1回 模擬試験

▶▶▶ 台本 p.267

聞き取り（1番～30番）1回 ………………………… p.212

※［1～4］次を聞いて〈例〉のように問いに合う答えを選びなさい。

1. 女性：どこで会いましょうか。

① お金が多いです。
❷ ソウル駅で会いましょう。
③ 会って食事をします。
④ 月曜日に会いましょう。

2. 女性：会社にはどうやって行きますか。

① 歩いて来ました。
② 家から遠くありません。
③ バスが良いです。
❹ 自転車で行きます。

3. 男性：おいくつですか。

❶ 19です。
② 二十歳に行きます。
③ 大学1年です。
④ 若くありません。

4. 男性：今日新聞を読みましたか。

① はい、読めませんでした。
② いいえ、もう読みました。
③ はい、読みませんでした。
❹ いいえ、読みませんでした。

※［5～6］次を聞いて〈例〉のように次の言葉に続くものを選びなさい。

5. 男性：本当にお久し振りです。

❶ はい、お会いできて嬉しいです。
② 本当にすみません。
③ はい、そうです。
④ 本当に静かです。

6. 男性：あの、一つお願いがあるのですが。

① 聞いてみて下さい。 ❷ おっしゃって下さい。
③ いらっしゃいません。 ④ いらっしゃいませ。

※[7～10] ここはどこですか。〈例〉のように適当なものを選びなさい。

7.

男性：ここで降りますか。
女性：いいえ、次の駅で降ります。

❶ 地下鉄 ② 停留所 ③ バス ④ タクシー

8.

女性：いらっしゃいませ。何になさいますか。
男性：キムチチゲとビール一本下さい。

① カラオケ ② 喫茶店 ③ カフェ ❹ 食堂

9.

女性：何になさいますか。
男性：コーラと紅茶を一つ(ずつ)下さい。

① 食堂 ② 書店 ③ 教会 ❹ 喫茶店

10.

男性：すみません。これはどのくらい借りられますか。
女性：それは一か月間５冊まで借りられます。

① 薬局 ② 書店 ❸ 図書館 ④ 文具店

※[11～14] 次は何について話していますか。〈例〉のように適当なものを選びなさい。

11.

女性：私はスカートを買いました。ミンスさんは何を買いましたか。
男性：私はジーンズを買いました。とても安かったです。

① 紅葉 ② 価格 ③ ファッション ❹ ショッピング

12.

男性：ヨンミさん、どこに行くのですか。
女性：海に行きます。明日帰ってきます。

① コインランドリー ② 運動 ❸ 旅行 ④ 趣味

13.

男性：何を買いましたか。
女性：明日が母の誕生日です。それで花とハンカチを買いました。

❶ プレゼント ② 時間 ③ パーティー ④ 両親

14.

男性：ミヨンさんは小学校のときに何になりたかったですか。
女性：看護師になりたかったです。

① 踊り　❷ 夢　③ 趣味　④ 仕事

※[15～16] 次の対話を聞いて適当なイラストを選びなさい。

15.

男性：週末に一緒に映画を見に行きませんか。
女性：ごめんなさい。友だちの誕生日パーティーに行く約束があります。

❷ 誕生日パーティーに行く

16.

女性：誰がミンスさんの妹さんですか。
男性：あの背が高くて帽子をかぶった人です。

❹ 背が高くて帽子を被った女性

※[17～21] 次を聞いて〈例〉のように対話の内容と同じものを選びなさい。

17.

男性：今日の夕方一緒に野球を見に行きませんか。
女性：今日は妹が家に来ることになっています。
それで早く家に帰って夕食の準備をしなければなりません。
男性：そうですか。では今度にしましょう。

① 男性は夕方野球を見に行きます。
❷ 女性は夕方食事の準備をします。
③ 二人は野球を見に行きます。
④ 二人は今度夕飯を食べることにしました。

18.

女性：顔色が良くないけど、どこか具合が悪いのですか。
男性：いいえ、最近仕事が忙しくてちょっと疲れています。
女性：それでは早く家に帰って休んで下さい。

① 女性はいま顔色が良くありません。
② 女性は早く家に帰って休もうとしています。
③ 男性は最近仕事は忙しくありません。
❹ 男性はいま疲れています。

19.

男性：ソウル旅行はどうでしたか。
女性：美味しい物もたくさん食べて、とても楽しかったです。
写真もたくさん撮りました。

男性：では、写真をちょっと見せて下さい。
女性：今日は持って来なかったです。明日持ってきます。

① 男性はソウルで撮った写真を見ました。
② 男性は明日写真を持ってきます。
❸ 女性はソウルへ旅行に行ってきました。
④ 女性は男性に写真を見せてあげました。

20.

女性：いつ映画を見に行きましょうか。
男性：今週の日曜日はどうですか。
女性：いいですよ。ではチケットは私が買っておきます。

① 女性は映画館にいます。
② 二人は一緒に映画のチケットを買いに行くことにしました。
③ 女性は日曜日にチケットを買いに行きます。
❹ 二人は日曜日に映画を見に行きます。

21.

男性：もしもし、そちらはイ・ヨンミさんのお宅ですか。
女性：はい、そうですが。
男性：ヨンミさんがいらっしゃればちょっと代わって下さい。
女性：いま美容院に行ってますが。一時間後にまた掛けて下さい。

① 男性は電話を掛け間違えました。
❷ イ・ヨンミさんはいま家にいません。
③ 男性はヨンミさんに電話を代わってあげました。
④ イ・ヨンミさんはまた電話を掛けてみるつもりです。

※[22～24] 次を聞いて男性の中心となる考えを選びなさい。

22.

女性：ミンスさん、明日の会議は九時ですよね。
男性：十時です。課長が朝に別の用事があったので1時間遅くなりました。
　　　ところで会議の準備は全部終わりましたか。
女性：遅くまでやらなければなりません。ミンスさんはいま帰りますか。
男性：はい、私も準備は終わっていませんが、今日は帰って明日早く来てやろうと思います。

❶ 会議の準備は明日の朝早くするつもりです。
② 会議の準備が終わっていないので心配です。
③ 夜遅くまで仕事はしたくありません。
④ 会議の時間が変わってほしいです。

23.

女性：昨日プールに行ってから目が赤いです。ミンスさんは大丈夫ですか。
男性：私もプールから帰って来てから目が痛かったので病院に行って来ました。
ミヨンさんも病院に行って来ましたか。
女性：私は朝授業があったのでまだ行っていません。
男性：今日は必ず病院に行ってみてください。

① プールでは眼病に気を付けなければなりません。
② 水泳をした後は病院に行かなければなりません。
③ 授業を休んで病院に行かなければなりません。
❹ 早く病院に行ったほうが良いです。

24. 〈既出36回〉

女性：ミンスさん、どうしてこの道に行くのですか。あちらの道がもっと早いのに…。
男性：今日はマラソン大会があるのであの道には行けません。
女性：いまの時間にマラソンをするのですか。平日の朝なので車も多いから道がかなり渋滞するでしょうね。
男性：道がちょっと混むと思いますが、仕方がないですね。

① マラソン大会を早く終わらせなければなりません。
② マラソンをすると道が渋滞するので嫌です。
❸ マラソンのために道が渋滞しても我慢しなければなりません。
④ マラソンは朝の時間にやったほうが良いです。

※[25～26] 次を聞いて問いに答えなさい。

女性：皆様こんにちは。今日も私共の飛行機を利用して下さったお客様に感謝申し上げます。この飛行機は午前10時40分に仁川国際空港を出発し、目的地である日本の成田空港には午後1時10分に到着する予定です。現在成田の気温は28度、天気は晴れです。楽しい旅行になりますように。有り難うございました。

25. どういう話をしているか選びなさい。

❶ 案内　② 質問　③ 招待　④ お願い

26. 聞いた内容と同じものを選びなさい。

① 成田は寒くて晴れた天気です。
② 成田にまもなく到着の予定です。
③ 午前に仁川へ出発しました。
❹ 成田までは二時間半かかります。

※[27～28] 次を聞いて問いに答えなさい。

女性：下宿は決まりましたか。
男性：はい、来週土曜日に引っ越しをすることにしました。

部屋も広く、明るくて良いです。
女性：学校から近いですか。
男性：はい、遠くありません。歩いて10分くらいの所です。
近所にスーパーもありますし。
女性：じゃあ、とても便利でしょうね。
男性：はい、学校が近くて生活するのに良さそうだったので決めました。

27. 二人は何について話しているか選びなさい。
❶ 新しく引越していく下宿　② 引っ越しを楽にする方法
③ 良い下宿を探す方法　④ 引っ越す時の注意点

28. 聞いた内容と同じものを選びなさい。
① 学校の近くにスーパーマーケットがあります。
② 学校までは歩いて20分くらいかかります。
③ 来週土曜日に下宿を決めます。
❹ 下宿の部屋は明るくて広いです。

※[29～30] 次を聞いて問いに答えなさい。

男性：ヘヨンさん、ヨンミンです。今週の金曜日に時間がありますか。
女性：なぜですか。何か良いことがあるのですか。
男性：最近学校の近くに引っ越しをしました。
それで家で友達と一緒に夕飯でも食べようと思って。
女性：はい、いいですよ。何時に行けばいいですか。
男性：6時半に学校の後ろにあるソウル書店に来て下さい。
女性：そこから家は近いのですか。
男性：はい、ちょうどその書店の隣です。

29. 男性は何故電話をしましたか。
① 二人で夕飯を食べようと　② 書店で本を買おうと
❸ 女性を招待しようと　④ 引っ越しを手伝ってあげようと

30. 聞いた内容と同じものを選びなさい。
❶ 男性は最近引っ越しをしました。　② 男性は書店で働いています。
③ 女性は男性に明日会います。　④ 女性は金曜日に良いことがあります。

読解(31番～70番) 1回

p.218

※[31～33] 次何に付いての話ですか。〈例〉のように適切なものを選びなさい。(各3点)

31.

私はサッカーが好きです。弟はバレーボールが好きです。

① 兄弟　② 家族　③ 週末　❹ 運動

32.

私はコーラを飲みました。母はコーヒーを飲みました。

❶ 飲み物　② 果物　③ 履き物　④ 食べ物

33.

私は釜山で生まれました。小学校までそこで暮らしていました。

① 町　❷ 故郷　③ 地方　④ 誕生日

※[34～39] 〈例〉の様に空所に入る最も適切なものを選びなさい。

34.

どんな料理(　　)好きですか。

① (人)に　② が　❸ が(を)　④ で

35.

今日は火曜日です。(　　)は日曜日でした。

❶ 一昨日　② 明後日　③ 明日　④ 昨日

36.

果物屋です。果物が(　　)。

① 面白いです　② 楽しいです　③ 辛いです　❹ 多いです

37.

約束の時間に遅れました。だから(　　)。

① 歩いて行きます　② 乗り換えます　❸ 走って行きます　④ 持って行きます

38.

今いらっしゃいません。一時に(　　)掛けて下さい。

① 新しく　② 早く　❸ また　④ 時々

39.

姉は今日スカートを(　　)学校に行きました。

① (くつを)はいて　❷ はいて　③ 脱いで　④ 持って

※[40～42] 次を読んで合っていないものを選びなさい。

40.

無料音楽会案内
ㅁ時間：201×年6月5日(土)、6日(日)　午後5時～6時半
ㅁ場所：チョンノ パゴダ公園

① 週末に開かれます。
② 二日間開かれます。
③ パゴダ公園で開かれます。
❹ 二時間半開かれます。

41.

＊＊＊領収証＊＊＊

品名	単価(ウォン)	数量	金額(ウォン)
歯磨き粉	2,800	1	2,800
歯ブラシ	2,500	1	2,500
石鹸	450	5	2,250
合計			7,550
お預かり金額			10,000
お釣り			2,450

❶ 店員から10,000ウォン預かりました。
② 歯ブラシと歯磨き粉を一つずつ買いました。
③ 石鹸は五つ買いました。
④ 商品の代金は全部で7,550ウォンです。

42.

昼食メニュー　　(11時～14時半)
キムチチゲ ・・・・・・・・・・・・ 4,000ウォン
炒飯 ・・・・・・・・・・・・・・・・・・ 3,500ウォン
ビビンバ ・・・・・・・・・・・・・・・ 3,800ウォン

① 炒飯が一番安いです。
❷ キムチチゲが一番よく売れています。
③ ビビンバは3,800ウォンです。
④ 昼食は11時から食べられます。

※[43～45] 次の内容と同じものを選びなさい。

43.

　私の名前はユジンです。三月にアメリカから来ました。今、大学に通っています。韓国語はまだあまりできません。宿題が多くて大変です。

❶ アメリカから来たユジンは、韓国語があまりできません。
② ユジンはアメリカで大学に通っています。
③ ユジンは韓国語ができなくて大変です。
④ ユジンは三月から韓国語の勉強を始めました。

44.

> 今日授業が終わってから書店に行きました。本を買いたかったのです。でも買おうと思っていた本がありませんでした。明日は別の所に行ってみようと思います。

① 今日行った書店では本を売っていません。
② 今は買いたい本がありません。
③ 買いたい本が無くても書店に行きます。
❹ 明日別の書店に行って本を買おうと思います。

45.

> 私は仁川へよく海釣りに行きます。いつもは友達と車で行きます。ところが昨日は車が故障して、久し振りにバスに乗って行きました。

① 久し振りに車が故障しました。
② 一人でインチョンで海釣りを楽しみます。
❸ 昨日釣りに行く時、バスに乗りました。
④ 私は車で海釣りに行くのが趣味です。

※[46～48] 次の文を読んで中心の考えを選びなさい。

46.

> 私は英語があまりできません。でもミンスさんはとても上手です。私も英語が上手になれたら良いと思います。

❶ 私もミンスさんのように英語が上手になりたいです。
② 私はミンスさんのように英語が好きです。
③ ミンスさんは私より英語が上手ではありません。
④ ミンスさんは私より英語が好きです。

47.

> 私は大学生です。今日は授業がありません。だから朝遅く起きました。家で音楽を聴いたり映画を見たりしながら休もうと思います。

❶ 私は今日は暇です。
② 私は学生なのでいつも忙しいです。
③ 音楽を聴いて映画を見るのが趣味です。
④ 今日の午前中は授業がありません。

48.

> 私は冷麺が好きです。家族もみんな冷麺が好きです。だから家族とよく冷麺を食べに行きます。

❶ 私の家族はみんな同じ食べ物が好きです。
② 私の家族はよく冷麺を作って食べます。
③ 私は家族と一緒に韓国食堂によく行きます。
④ 私は家族と一緒に冷麺を食べます。

※[49～50] 次を読んで問いに答えなさい。

先週、友だちと一緒にサッカーをしました。スニーカーを履いていたけれど、足に合わなくて走りづらかったです。だから転んで脚を(㉠)。早く立ち上がりたかったけれど、とても痛くて立ち上がることができませんでした。友だちが私を病院に連れて行きました。お医者さんが治療をしてくれました。一週間くらい治療を受けなくてはなりません。早く友だちとサッカーが出来るようになれたらと思います。

49. ㉠に入る適当な言葉を選びなさい。

❶ 怪我しました　② 切りました　③ 痛かったです　④ 脱ぎました

50. この文の内容と同じものを選びなさい。

① 脚が痛くて走りづらいです。
② 治療を受けてまたサッカーをしました。
③ 病院に一週間入院しました。
❹ 早くまたサッカーがしたいです。

※[51～52] 次を読んで問いに答えなさい。

私はほとんど夢を見ません。ところが先週変な夢を見ました。暖かい日、私は一人山に登っていました。道端には綺麗な花が咲いていて、木々も多く、美しい景色でした。とても楽しい気分でした。その時でした。突然木々の間から大きな虎が現れました。あまりにも怖くて(㉠)ができませんでした。そこで目が覚めました。私はベッドの上にいました。

51. ㉠に入る適当な言葉を選びなさい。

❶ 動くこと　② 触ること　③ 驚くこと　④ 感じること

52. 何についての話なのか選びなさい。

① 山で起きた事　❷ 私の夢の話　③ 怖い虎の話　④ 私が経験した話

※[53～54] 次を読んで問いに答えなさい。

先週、友人達と釜山に行ってきました。海に行って泳いだり、市場に行って魚料理を食べたりしました。本当に楽しかったです。今度は日本から家族が来たら、一緒に行ってみたいです。来週は試験があります。だから今週からは、試験準備をしなくてはなりません。試験が終わったら(㉠)連絡します。楽しい時間を過ごして下さい。

53. ㉠に入る適当な言葉を選びなさい。

① 早く　❷ また　③ 互いに　④ まだ

54. この文の内容と同じものを選びなさい。

① 日本から来た家族とプサンに行きました。
② 試験が終わったら楽しい時間を過ごしたいです。
③ 魚料理は味が面白かったです。
❹ 来週試験があるので勉強しなければなりません。

※[55～56] 次を読んで問いに答えなさい。

規則的に運動する人はそうしない人より健康に暮らせます。(㉠)運動をしながら緊張も解き、悪い事も忘れられるからです。また、趣味を持っている人も、健康に暮らす事ができます。好きな事を一生懸命しながら楽しく時間を過ごせるからです。皆さんも健康に暮らしたかったら、運動と趣味を楽しんで下さい。

55. ㉠に入る適当な言葉を選びなさい。

① それでは　❷ なぜなら　③ それで　④ だから

56. この文の内容と同じものを選びなさい。

① 全てのことを忘れて暮らすと健康に良いです。
② 趣味があると人々と楽しく過ごせます。
③ 緊張を解こうとするなら不愉快な事を忘れなくてはなりません。
❹ 運動と趣味を楽しむと健康に良いです。

※[57～58] 次を順序通りに正しく配列したものを選びなさい。

57.

(가) けれども、初めて会った人の前では話がうまくできません。
(나) それで友だちに人気があります。
(다) それで友だちになるのに時間が長くかかります。
(라) 私の姉は面白い話をよくします。

正答 ❸ (라)－(나)－(가)－(다)

58.

(가) 博物館に行くとその国の人々の文化が分かります。
(나) それでは、まずその国の博物館に行ってみてください。
(다) 皆さんも他の国の文化について知りたいですか。
(라) それで私は他の国に行くと必ず博物館に行きます。

正答 ❸ (가)－(라)－(다)－(나)

※[59～60] 次を読んで問いに答えなさい。

私達の町には書店が無くてとても不便です。(㉠)本を一冊買おうとしても、車で30分くらいかかる所にある書店まで買いに行かなくてはなりません。(㉡)書店のように立ち読みして買うことはできませんが、必要な本は24時間いつでも注文することができます。(㉢)注文した物は、直接家に送ってくれるので、とても便利です。(㉣)

59. 次の文章が入る所を選びなさい。

だから本はほとんどインターネット書店で買っています。

① ㉠　❷ ㉡　③ ㉢　④ ㉣

60. この文の内容と同じものを選びなさい。

① 本は書店で読んでみてから買ったほうが良いです。

② 書店がないので必要な本も買えない時が多いです。

③ インターネットで注文すると少し高いですが、便利です。

❹ 書店がなくてもインターネットで本が買えます。

※[61～62] 次を読んで問いに答えなさい。

> 普通子供がいる女性は夜とても忙しいです。だから夜開かれる音楽会や映画館へ行きたくても行けなかったのです。ところが最近は午前開かれる音楽会や夜遅くやっている映画館も（ ㉠ ）行くことができます。夜の時間ではなく他の時間を利用して文化的な生活をすることができます。

61. ㉠に入る適切な語句を選びなさい。

① 長く見たので　　❷ 多くできたので

③ とても近いので　　④ 一番有名なので

62. この文の内容と同じものを選びなさい。

① 女性たちは夜音楽会によく行きます。

② 最近は夜遅くやっている映画館がありません。

❸ 最近は文化生活がもっとしやすいです。

④ 子供がいる女性たちは夜時間が多いです。

※[63～64] 次を読んで問いに答えなさい。

宛先	jiyong@ko-seoul.com
件名	すみませんが、ちょっと助けてください。
差出人	yuka@hanul.com

> イジヨンさんへ
> こんにちは。ユカです。
> 来週学校で韓国の文化について発表しなければなりませんが、まだ準備が全部はできていません。図書館に行ってみましたが、資料が多すぎてまとめることができませんでした。今週時間があればちょっと助けていただけませんか。
> ユカ

63. ユカさんはなぜこの文章を書きましたか。

① 発表する内容を説明しようと　　② 資料を準備して発表しようと

❸ 準備を助けてくれるように頼もうと　　④ 資料をまとめて助けてあげようと

64. この文の内容と同じものを選びなさい。

① ジヨンさんは来週発表をしようと思います。

❷ ユカさんはまだ発表準備ができていません。

③ 韓国文化はまとめて発表しにくいです。

④ 韓国の図書館資料は整理ができていません。

※[65～66] 次を読んで問いに答えなさい。

> 先週の土曜日に高校時代の友だちの結婚式に行って来ました。結婚式が終わって約束があったので明洞に行きました。(㉠)タクシーに乗らないで地下鉄に乗りました。地下鉄に乗った後に乗り間違えたことに気づきました。それで三回も乗り換えなければなりませんでした。地下鉄に乗る前には前もって行き先を確認したほうがいいと思います。

65. ㉠に入る適切な語句を選びなさい。

① 停留場がないので　② 結婚式が遅く終わったので

❸ 道が渋滞しそうなので　④ タクシー乗り場がないので

66. この文の内容と同じものを選びなさい。

❶ 地下鉄を乗り間違えて三回乗り換えました。

② 前もって行き先を確認したのに乗り間違えました。

③ 結婚式に遅れたので地下鉄に乗りました。

④ 明洞に行く時は前もって確認して乗らなければなりません。

※[67～68] 次を読んで問いに答えなさい。

> 私は学生の時にコーヒーショップでバイトを(㉠)。2年間一週間に4回午後5時から夜8時まで仕事をしました。お客さんの注文を受けてコーヒーを入れながら多くのことを学びました。仕事が終わって家に帰ってその日見聞きして(㉡)ことを毎日日記に書きました。

67. ㉠に入る適切な語句を選びなさい。

① しようかと思います　❷ したことがあります

③ しなければなりません　④ することにしました

68. ㉡に入る適切な語句を選びなさい。

① 飲んだ　② させた　③ 忘れた　❹ 感じた

※[69～70] 次を読んで問いに答えなさい。(各3点)

> 私は最近一人暮らしをしています。3月に会社の近くに家を借りて一人暮らしを始めました。初めは一人暮らしがとても大変でした。生活費もたくさんかかるし、食事の支度や家の掃除、洗濯も全部しなければならないからです。それで一人暮らしを(㉠)しました。しかし、今は違います。誰にも邪魔されないで一人で暮らす生活がとても楽しいです。

69. ㉠に入る適切な語句を選びなさい。
① 悲しんだり　❷ 後悔したり　③ 寂しがったり　④ 楽しがったり

70. この文の内容で分かることは何ですか？
❶ 独り暮らしをするのは不便なことも多いけれど、楽しいです。
② 誰にも会わないから気楽でいいです。
③ 家事とご飯の支度はしたくないです。
④ 会社の近くで一人暮らしをしたほうがいいです。

第2回 模擬試験

▶▶▶ 台本 p.271

聞き取り（1番～30番）2回

p.230

※[1～4] 次を聞いて〈例〉のように問いに合う答えを選びなさい。

1. 男性：人が多いですか。

❶ はい、多いです。　② はい、いません。
③ いいえ、います。　④ いいえ、小さくありません。

2. 女性：誰がしますか。

① 私がしました。　❷ 私がします。
③ 私がしませんでした。　④ 私ではありません。

3. 女性：お菓子を買いましたか。

① はい、お菓子ではありません。　② はい、お菓子が嫌いです。
③ いいえ、食べました。　❹ いいえ、買っていません。

4. 男性：明日は何をしますか。

① 運動をしました。　② 運動が好きです。
❸ 運動をします。　④ 運動をしたでしょう。

※[5～6] 次を聞いて〈例〉のように次の言葉に続くものを選びなさい。

5. 女性：旅行、気をつけていっていらっしゃい。

① 大丈夫です。　② さようなら。

❸ 有り難うございます。　　④ また会いましょう。

6.
女性：どうぞ召し上がって下さい。

① はい、味はいいです。　　② はい、不味いです。
③ はい、わかりました。　　❹ はい、いただきます。

※[7～10] ここはどこですか。〈例〉のように適当なものを選びなさい。

7.
男性：バラ一輪いくらですか。
女性：一輪600ウォンです。

① デパート　　❷ 花屋　　③ 美術館　　④ 書店

8.
男性：本は何日間借りられますか。
女性：一週間までです。

① 書店　　❷ 図書館　　③ 小学校　　④ 美術館

9.
男性：どのようにいたしましょうか。
女性：暑いから髪を短くしたいです。

① 運動場　　❷ 美容院　　③ ホテル　　④ スーパー

10.
男性：釜山から来る飛行機は到着しましたか。
女性：はい、10分前に到着しました。

① 公園　　② プール　　③ 駐車場　　❹ 空港

※[11～14] 次は何について話していますか。〈例〉のように適当なものを選びなさい。

11.
男性：どんな仕事をしていますか。
女性：私は学校で日本語を教えています。

① 趣味　　② 勉強　　❸ 職業　　④ 外国語

12.
男性：本当に美味しいですね。誰が作ったのですか。
女性：私が作りました。

① 旅行　　❷ 食べ物　　③ 果物　　④ 食堂

13.
男性：ソウルは今寒いですか。
女性：いいえ、それほど寒くありません。

① 冬　② 電話　❸ 天気　④ 季節

14.

女性：どんな色が好きですか。
男性：私は黄色が好きです。

① 花　❷ 色　③ 絵　④ 趣味

※[15～16] 次の対話を聞いて適当なイラストを選びなさい。

15.

女性：早く来ましたね。地下鉄で来たのですか。
男性：いいえ、天気が良いから自転車に乗ってきました。

❶ 自転車

16.

女性：お誕生日おめでとう！ これ、誕生日プレゼントです。
男性：有り難う。誕生日パーティーが6時からだから、その時また会いましょう。
女性：はい、ミンスさんと一緒に行きます。

❶ 女性が男性に誕生日プレゼントを渡す

※[17～21] 次を聞いて〈例〉のように対話の内容と同じものを選びなさい。

17.

男性：ヘヨンさん、学校が終わったらカラオケに行きましょうか。
女性：ごめんなさい。今日は宿題が多いので図書館に行かなければなりません。

① 女性は今日宿題がありません。
② 男性は歌が好きです。
③ 男性は今日カラオケに行きます。
❹ 女性は図書館に行こうとしています。

18.

女性：南大門ホテルです。
男性：今週の木曜日に部屋はありますか。
女性：はい、ございます。全員で何名様ですか。
男性：大人一人と子供二人です。
女性：はい、かしこまりました。

① 男性は木曜日に南大門に行きます。
② 男性は子供を連れて旅行に来ました。
❸ 男性はホテルを予約しました。
④ 木曜日は空室がたくさんあります。

19.

女性：この自転車貸して下さい。
男性：はい、持っていって下さい。
女性：どのくらい借りられますか。

男性：3時間です。

① 女性は自転車を買いました。
② 女性は3時間自転車に乗りました。
③ 女性はお金を借りました。
❹ 自転車は3時間借りられます。

20.

男性：今日の午後は何をしますか。
女性：明日学校で発表があります。だから準備をしなくてはなりません。

① 女性はたびたび発表の準備をします。
② 二人は午後会います。
③ 女性は学校で食事の準備をします。
❹ 女性は明日学校で発表をします。

21.

男性：家には歩いて帰りますか。
女性：いいえ、地下鉄で帰ります。
男性：そうですか。何分くらいかかりますか。
女性：ここから20分くらいかかります。

① 女性は20分くらい歩いて通っています。
② 女性の家は歩いて20分くらいかかります。
❸ 女性は地下鉄で通っています。
④ 女性は男性の家の近くに住んでいます。

※[22～24] 次を聞いて女性の中心となる考えを選びなさい。

22.

男性：来週休みなのですが、どこに行ったら良いでしょうか。
女性：雪岳山はどうですか。景色がとても良いですよ。
男性：私は海に行きたいです。
女性：そうですか。それでは済州島に一度行ってみてください。
私も去年行きましたが、海がきれいで泳ぐのにも良いです。

① 休みは雪岳山で過ごした方が良いです。
② 旅行の計画は前もって立てなければなりません。
❸ 休暇を過ごすのには済州島も良いです。
④ 自分の旅行経験を自慢したいです。

23.

女性：ミンスさん、映画のチケットはもう買いましたか。
男性：はい、昨日買っておきました。
女性：あの、すみませんが、急に会社の用事ができたので今日は映画が見られません。明日見ることにしてはいけないでしょうか。
男性：あ、そうですか。まだ時間が残っているから明日に変えてみます。

① 今日は映画が見たくありません。
❷ 今日の約束を明日に変えようと思います。
③ 一緒に映画が見られなくてすみません。

④ 映画のチケットは一日前に買っておかなければなりません。

24. 〈既出37回〉

> 女性：見物はこれぐらいにして帰りましょう。
> 男性：久しぶりに旅行に来たのにもう帰るのですか。たびたび来ることもできないからもう一つ美術館だけ見てから帰りましょう。
> 女性：今日はたくさん見たから美術館は明日見ましょう。私は少し休みたいです。
> 男性：でも、もう少し見てから帰ってはいけませんか。

① 美術館にたびたび来たいです。
❷ 美術館の見学は明日したいです。
③ 久しぶりに旅行に行きたいです。
④ 旅行に行っていろいろ見てみたいです。

※[25～26] 次を聞いて問いに答えなさい。

> 男性：今日は通帳を作りに銀行へ行きました。3時頃行ったのですが、人が多かったです。韓国の銀行は9時半から4時半までやっています。通帳を作る時、自分の誕生日を暗証番号にしようとしましたが、できませんでした。だから母の誕生日にしました。母の誕生日は11月21日です。

25. どんな話をしているのか選びなさい。
① 案内　❷ 説明　③ 招待　④ 注文

26. 聞いた内容と同じものを選びなさい。
① 人が多くて通帳を作れなかったです。
② 暗証番号は誕生日にしなければなりません。
❸ 通帳を作るときは暗証番号が必要です。
④ 私の誕生日が通帳の暗証番号です。

※[27～28] 次を聞いて問いに答えなさい。

> 女性店員：いらっしゃいませ。何をお探しですか。
> 男性客　：ジャンパーを買おうと思って来ました。
> 女性店員：こちらはいかがですか。
> 男性客　：サイズは大丈夫ですが、黒ではなくて青いのはありませんか。
> 女性店員：はい、青もございます。小さいようでしたらおっしゃって下さい。
> 男性客　：大丈夫です。小さくありません。これを下さい。

27. 二人が何について話しているか選びなさい。
① 服を値引きする方法　② 体に合うサイズ
③ 気に入る色　❹ ジャンパーの色とサイズ

28. 聞いた内容と同じものを選びなさい。
① 男性は黒いジャンパーを買いに来ました。
② 女性は最初、小さいジャンパーを見せてくれました。
❸ 女性は最初、黒いジャンパーを見せてくれました。
④ 男性は青いジャンパーが小さいので買いませんでした。

※[29～30] 次を聞いて問いに答えなさい。

男性：午後、美術館に絵を見に行きましょうか。
女性：ごめんなさい。今日は病院に行かなければなりません。
男性：どこか具合が悪いのですか。
女性：いいえ、入院した友達に会いに行くことにしたのです。
明日はどうですか。
男性：明日は友達と会社の運動場に行ってサッカーをすることにしました。
だから時間がありません。
女性：では今度にしましょう。

29. 男性はなぜ明日時間がありませんか。
① 病院にいくので
② 美術館に行くので
❸ サッカーをするので
④ 友だちに会うので

30. 聞いた内容と同じものを選びなさい。
① 女性は午後病院に行きました。
② 男性は午後美術館に行きます。
③ 二人は明日サッカーをしに行きます。
❹ 二人は今日美術館に行けません。

読解(31番～70番) 2回 ······ p.236

※[31～33] 次何に付いての話ですか。〈例〉のように適切なものを選びなさい。(各3点)

31. 私はイギリス人です。先生は韓国人です。
❶ 国
② 言葉
③ 職業
④ 住所

32. 済州島に行きました。海も見て、美味しい料理も食べました。
① 田舎
② 海
③ 食べ物
❹ 旅行

33. 私は、春・夏・秋が好きです。冬は寒くて嫌いです。
① 天気
❷ 季節
③ 趣味
④ 日にち

※[34～39]〈例〉の様に空所に入る最も適切なものを選びなさい。

34. 姉(　　)プレゼントをもらいました。

❶(人)から　② で　③(時)から　④ に

35. 単語の意味がわかりません。その時は(　　)を引いてみます。

① 小説　❷ 辞書　③ 雑誌　④ 漫画

36. 約束の時間に遅れて(　　)。バスに乗り間違えました。

❶ ごめんなさい　② 疲れました　③ 大丈夫です　④ 悪いです

37. 朝はいつも早く起きます。一番最初に歯を(　　)。

① 閉めます　❷ 磨きます　③ 借ります　④ 脱ぎます

38. 今は一月です。ところが(　　)桜が咲きました。

① まだ　❷ もう　③ いつも　④ さっき

39. 雨が降っています。それで傘を(　　)。

① 消しました　② しました　③ もらいました　❹ 差しました

※[40～42] 次を読んで合っていないものを選びなさい。

40.

キョンミンさん、
電話番号を変えました。新しい電話番号は010−987−6543です。メールアドレスは変わっていません。

—ミギョン—

① キョンミンさんに新しい電話番号を知らせます。
❷ キョンミンさんにミギョンさんが電話をしました。
③ ミギョンさんのメールアドレスは、前と同じです。
④ ミギョンさんは電話番号を変えました。

41.

日	部屋の掃除、洗濯	木	試験
月	図書館、試験勉強	金	ミンスの家　18時
火	試験	土	キョンミンさんと映画　10時
水	試験		

① 火曜日に試験が始まります。　② 金曜日にミンスに会います。

❸ 土曜日の午後は映画を見ます。　④ 日曜日は掃除と洗濯をします。

42.

> 演劇・漢江の虎
> ■時間：6月7日～7月4日　火～金　19時　週末　15時、18時
> ■場所：ソウル劇場　■料金：8,000ウォン

① 演劇は7月に終わります。　② 演劇のチケットは8,000ウォンです。
③ 演劇は平日は午後7時に始まります。　❹ 演劇は土曜日だけ二回行います。

※[43～45] 次の内容と同じものを選びなさい。

43.

> 家の近所に新しく店が開きました。この店ではコーヒーも売っているし、サンドウィッチも売っています。コーヒーを飲みながら友達と話をしたり、一人で新聞や雑誌を見たりもできます。パソコンも使えます。だからよく利用します。

① 新聞や雑誌を読もうと、この店に行きます。
② パソコンを使いたい時は、この店に行きます。
❸ 新しく開いた店は、家から近いです。
④ この店は、昼間はコーヒーとサンドウィッチを売っています。

44.

> 会社の前に公園があります。その公園は小さいけど、木々が多くて花もたくさん咲いています。よく昼休みに行って散歩します。

① 公園に花がたくさん咲くと散歩に行きます。
② 公園で昼食を食べます。
③ 公園は広くて木々が多いです。
❹ 公園は会社から近いです。

45.

> 私の友人は目が悪いです。それで教室では眼鏡を掛けています。しかし外では掛けません。だから知り合いが挨拶しても気づかない時があります。

① 私の友だちはいつも眼鏡を掛けています。
② 私の友だちは眼鏡を掛けないと挨拶をしません。
③ 私の友だちは知り合いと挨拶をします。
❹ 私の友だちは目が悪いけど、眼鏡を掛けない時もあります。

※[46～48] 次の文を読んで中心の考えを選びなさい。

46.

> 私は毎晩、家で一人で韓国語を勉強しています。好きな韓国人歌手がいます。その歌手の歌をよく聴きます。韓国語が上手になって、その歌の意味を知りたいです。

① 韓国語が上手だと好きな歌手に会えます。
❷ 歌の意味が知りたくて韓国語を勉強しています。
③ 歌をよく聴くと勉強がよくできます。
④ 一生懸命勉強して韓国語で歌を歌いたいです。

47.

> 学校に行く時は、地下鉄駅を利用します。その駅では急に雨が降った時、傘を貸してくれます。使用した後はまた駅に持っていきます。

① 雨が降ると地下鉄を利用します。
❷ 雨が降ると駅で傘を貸してくれます。
③ 雨が降ると傘を差して学校に行きます。
④ 雨が降ると駅に行って傘を借りてきます。

48.

> 今日は土曜日です。映画を見に出掛けたいです。しかし外は風が吹いて雨がたくさん降っています。だから家にいることにしました。

① 週末はいつも天気が悪いです。 ② 週末は家で休みたいです。
❸ 天気が良ければ映画を見たかったです。 ④ 土曜日は映画館に行きたいです。

※[49～50] 次を読んで問いに答えなさい。

> 私はこの前の連休に、友だちと済州島へ旅行に行きました。済州島は南の方にある島なので、ソウルより(㉠)。三月なのに黄色い花々が綺麗に咲いていました。私は今回、済州民俗村を見物しました。そして馬にも乗ってみました。とても楽しかったです。済州島には見所が多いです。今回は二日間しか旅行できなかったけど、次はもっと長くいたいです。

49. ㉠に入る適当な言葉を選びなさい。
① 大きかったです ❷ 暖かかったです
③ 寒かったです ④ 小さかったです

50. この文の内容と同じものを選びなさい。
① 次は一人で旅行をしたいです。
② 黄色い花が咲いたところは民俗村です。
③ 見所が多くても二日しかかかりません。
❹ 次はもっと長く済州島の旅行をしたいです。

※[51～52] 次を読んで問いに答えなさい。

> 昨日ここでカバンを忘れてしまいました。一週間前に買った新しいカバンです。色は黒です。カバンの中には小さなパソコンがあります。そして本と辞書もあります。ノートには名前

(キム・ミンス)が(㉠)います。このようなカバンをご覧になった方は、図書館事務室に御連絡下さい。

図書館事務室(02−123−4567)

51. ㉠に入る適当な言葉を選びなさい。

① 入って　❷ 書かれて　③ 閉まって　④ くっついて

52. 何についての話なのか選びなさい。

❶ カバンをさがす広告　② かばんの特長と連絡先

③ カバンの中に入れたもの　④ カバンをなくした理由

※[53～54] 次を読んで問いに答えなさい。

私は今まで自転車で三回旅行をしました。初めて旅行をしたのは四年前でした。その時、釜山から出発してソウルに到着するまで一週間ぐらいかかりました。その後、毎年一回ずつ自転車で旅行をしました。(㉠)自転車だけで旅行をしたので、島には行ったことがありません。それで今年の夏は済州島へ旅行に行こうと思っています。

53. ㉠に入る適当な言葉を選びなさい。

① まっすぐ　② なぜなら　❸ しかし　④ だから

54. この文の内容と同じものを選びなさい。

❶ 四年前から自転車旅行を始めました。

② 毎年一回自転車で釜山からソウルまで行きます。

③ 今年は島から出発してソウルに行こうと思います。

④ 今年は済州島まで自転車で行こうと思います。

※[55～56] 次を読んで問いに答えなさい。

来月休みになったら、旅行に行こうと思います。どこへ旅行に行ったら良いでしょうか。ユジンさんは旅行の経験が多いから、ユジンさんの考えを聞きたいです。私は景色が美しいところへ行ってみたいです。(㉠)その地方の美味しい食べ物も食べてみたいです。旅行は十日ぐらいしようと思っています。良いところがあったら紹介して下さい。

55. ㉠に入る適当な言葉を選びなさい。

① しかし　② だから　③ なぜなら　❹ そして

56. この文の内容と同じものを選びなさい。

① 景色が美しいところがあれば紹介しようと思います。

② ユジンさんの旅行の話を聞こうと思います。

❸ 休みになったら十日ほど旅行に行こうと思います。

④ 地方には景色が良くて食べ物が美味しいところが多いです。

※[57～58] 次を順序通りに正しく配列したものを選びなさい。

57.

(가) 姉の夫婦は二人とも会社に勤めています。
(나) それで姉が夕食の支度をします。
(다) いつもは姉が家に先に帰って来ます。
(라) しかし、週末には姉の夫が料理を作ります。

正答 ❶ (가)－(다)－(나)－(라)

58.

(가) 妹が来月留学に行くことになりました。
(나) それで母がとても心配しています。
(다) 料理をしたこともありません。
(라) しかし、妹は今まで一人で生活したことがありません。

正答 ❸ (가)－(라)－(다)－(나)

※[59～60] 次を読んで問いに答えなさい。

(㉠)私の友人の名前はキム・ミンスです。(㉡)私はミンスに、大学のサークルで会いました。サークルは、絵に興味がある人たちが集まって作ったものでした。ミンスは絵も上手くて誰にでも親切だったのでとても人気がありました。(㉢)大学を卒業した後、ミンスはフランスへ留学に行きました。そこで五年間絵を勉強しました。(㉣)それで大学時代の友だちと一緒にミンスを歓迎する会を準備しています。

59. 次の文章が入る所を選びなさい。

来週ミンスが帰ってきます。

① ㉠　② ㉡　③ ㉢　❹ ㉣

60. この文の内容と同じものを選びなさい。

❶ ミンスは留学に行って五年間絵を勉強しました。
② ミンスは大学時代にサークルを作ったのでとても人気がありました。
③ ミンスがフランスで大学時代の友だちを歓迎してくれます。
④ ミンスを歓迎する会を大学のサークルが準備しています。

※[61～62] 次を読んで問いに答えなさい。

最近釜山のある銀行で新しいサービスを始めました。昼間銀行に行けない顧客を直接(㉠)サービスです。銀行に行かなくても送金したり引き出したりすることができ、通帳も作ることができます。これから蔚山でもこのサービスを始める予定です。

61. ㉠に入る適切な語句を選びなさい。

① 連れて来る　❷ 訪ねていく

③ 見せてくれる　　④ 持って行ってあげる

62. この文の内容と同じものを選びなさい。

① このサービスでお金を引き出すことはできません。

② 蔚山でこのサービスを受けることができます。

❸ 釜山で新しい銀行サービスを始めました。

④ 通帳は銀行に直接行って作らなければなりません。

※[63～64] 次を読んで問いに答えなさい。

宛　先　sujin@cocomail.com

件　名　ソウル旅行社です

差出人　seoultour@yeoheng-seoul.com

キムスジンさんへ

こんにちは。私どもの旅行社をご利用いただき、有難うございます。

この度の旅行はお楽みいただけましたか。私どもの旅行社を利用してくださった方々に次のように感謝のプレゼントを差し上げます。

1. 今度またご利用いただければ10%お安くいたします。

2. 旅行で見て感じたことをホームページにお書きくだされればきれいなカレンダーを差し上げます。またのご利用を願います。

ソウル旅行社

63. ソウル旅行社はなぜこの文を書きましたか。

① 次にも予約を受けようと　　❷ 旅行社のプレゼントの内容を知らせようと

③ 参加者に感謝のあいさつをしようと　　④ 感謝のプレゼントを送ろうと

64. この文の内容と同じものを選びなさい。

① 旅行に参加した人にはカレンダーをくれます。

② 旅行で感じたことはホームページに書かなければなりません。

❸ ソウル旅行社をまた利用すれば安くしてくれます。

④ 旅行から帰って来れば感謝のプレゼントを送ってくれます。

※[65～66] 次を読んで問いに答えなさい。

私の故郷は江原道春川です。ソウルから東へ90キロ離れています。春川は江原道の中心都市で、人口は26万人ぐらいです。近くに美しい川と山があるので多くの人が(㉠)。春川は街が静かできれいです。市内には観光に来た人が利用できるホテルや店がたくさんあります。ソウルから遠くなく、交通が便利なので旅行に来やすいところです。

65. ㉠に入る適切な語句を選びなさい。

❶ 訪ねて来ます　② 登山をします　③ 船に乗ります　④ 見に来ます

66. この文の内容と同じものを選びなさい。

① 街がきれいなので遊びに来る人が多いです。

② 街で美しい山と川を見ることができます。

❸ ソウルから遠くない春川は私の故郷です。

④ 春川は交通が便利なのでよく旅行に行きます。

※[67～68] 次を読んで問いに答えなさい。

電話にはさまざまなサービスがあります。電話番号が(㉠)は114に電話をかければいいです。誰かの家に電話をかけた時、そこの電話が(㉡)109番に電話をすればいいです。今日や明日の天気を知りたければ131に電話してください。

67. ㉠に入る適切な語句を選びなさい。

① 上がる時　② 遅い時　③ 押す時　❹ 分からない時

68. ㉡に入る適切な語句を選びなさい。

① 故障したので　② 故障しそうで　③ 故障して　❹ 故障したようなら

※[69～70] 次を読んで問いに答えなさい。(各3点)

幼い頃私の両親は仕事のため私を(㉠)時間がありませんでした。それで田舎にいる祖母が私を育ててくれました。ある日の夜、私はお腹がとても痛みました。時間が遅くて病院に行くこともできませんでした。あの時祖母が私のお腹をさすってくれました。しばらくの間祖母がお腹をさすっているとお腹が痛くなくなりました。祖母の手はよく効く手でした。

69. ㉠に入る適切な語句を選びなさい。

❶ 育てる　② 呼ぶ　③ 叱る　④ 送る

70. この文の内容で分かることは何ですか。

① 私の祖母はいつも忙しかったです。

② 私の両親は早くなくなりました。

③ 私は夜遅く病院に行くことが嫌でした。

❹ 私が体の具合が悪い時に祖母が治してくれました。

答案用紙サンプル

제××회 한국어능력시험
TOPIK Ⅰ
듣기, 읽기

성 명 (Name)	한 국 어 (Korean)	
	영 어 (English)	

수 험 번 호

					7						
⓪	⓪	⓪	⓪	⓪		⓪	⓪	⓪	⓪	⓪	⓪
①	①	①	①	①		①	①	①	①	①	①
②	②	②	②	②		②	②	②	②	②	②
③	③	③	③	③		③	③	③	③	③	③
④	④	④	④	④		④	④	④	④	④	④
⑤	⑤	⑤	⑤	⑤		⑤	⑤	⑤	⑤	⑤	⑤
⑥	⑥	⑥	⑥	⑥		⑥	⑥	⑥	⑥	⑥	⑥
⑦	⑦	⑦	⑦	⑦	●	⑦	⑦	⑦	⑦	⑦	⑦
⑧	⑧	⑧	⑧	⑧		⑧	⑧	⑧	⑧	⑧	⑧
⑨	⑨	⑨	⑨	⑨		⑨	⑨	⑨	⑨	⑨	⑨

※결 시 확인란	결시자의 영어 성명 및 수험번호 기재 후 표기	◯

※답안지 표기 방법(Marking examples)	
바른 방법(Correct)	바르지 못한 방법(Incorrect)
●	✓ ⊙ ◐ ⊗ ✗

※ 위 사항을 지키지 않아 발생하는 불이익은 응시자에게 있습니다.

※감독관 확 인	본인 및 수험번호 표기가 정확한지 확인	(인)

번호	답 란	번호	답 란	번호	답 란	번호	답 란
1	① ② ③ ④	21	① ② ③ ④	41	① ② ③ ④	61	① ② ③ ④
2	① ② ③ ④	22	① ② ③ ④	42	① ② ③ ④	62	① ② ③ ④
3	① ② ③ ④	23	① ② ③ ④	43	① ② ③ ④	63	① ② ③ ④
4	① ② ③ ④	24	① ② ③ ④	44	① ② ③ ④	64	① ② ③ ④
5	① ② ③ ④	25	① ② ③ ④	45	① ② ③ ④	65	① ② ③ ④
6	① ② ③ ④	26	① ② ③ ④	46	① ② ③ ④	66	① ② ③ ④
7	① ② ③ ④	27	① ② ③ ④	47	① ② ③ ④	67	① ② ③ ④
8	① ② ③ ④	28	① ② ③ ④	48	① ② ③ ④	68	① ② ③ ④
9	① ② ③ ④	29	① ② ③ ④	49	① ② ③ ④	69	① ② ③ ④
10	① ② ③ ④	30	① ② ③ ④	50	① ② ③ ④	70	① ② ③ ④
11	① ② ③ ④	31	① ② ③ ④	51	① ② ③ ④		
12	① ② ③ ④	32	① ② ③ ④	52	① ② ③ ④		
13	① ② ③ ④	33	① ② ③ ④	53	① ② ③ ④		
14	① ② ③ ④	34	① ② ③ ④	54	① ② ③ ④		
15	① ② ③ ④	35	① ② ③ ④	55	① ② ③ ④		
16	① ② ③ ④	36	① ② ③ ④	56	① ② ③ ④		
17	① ② ③ ④	37	① ② ③ ④	57	① ② ③ ④		
18	① ② ③ ④	38	① ② ③ ④	58	① ② ③ ④		
19	① ② ③ ④	39	① ② ③ ④	59	① ② ③ ④		
20	① ② ③ ④	30	① ② ③ ④	60	① ② ③ ④		

答案用紙サンプル

제××회 한국어능력시험
TOPIK I
듣기, 읽기

성 명 (Name)	한 국 어 (Korean)	
	영 어 (English)	

수	험	번	호								
					7						
0	0	0	0	0		0	0	0	0	0	0
1	1	1	1	1		1	1	1	1	1	1
2	2	2	2	2		2	2	2	2	2	2
3	3	3	3	3		3	3	3	3	3	3
4	4	4	4	4		4	4	4	4	4	4
5	5	5	5	5		5	5	5	5	5	5
6	6	6	6	6		6	6	6	6	6	6
7	7	7	7	7	●	7	7	7	7	7	7
8	8	8	8	8		8	8	8	8	8	8
9	9	9	9	9		9	9	9	9	9	9

※결 시 확인란	결시자의 영어 성명 및 수험번호 기재 후 표기	○

※답안지 표기 방법(Marking examples)

바른 방법(Correct)	바르지 못한 방법(Incorrect)

※ 위 사항을 지키지 않아 발생하는 불이익은 응시자에게 있습니다.

※감독관 확 인	본인 및 수험번호 표기가 정확한지 확인	(인)

번호	답			란
1	①	②	③	④
2	①	②	③	④
3	①	②	③	④
4	①	②	③	④
5	①	②	③	④
6	①	②	③	④
7	①	②	③	④
8	①	②	③	④
9	①	②	③	④
10	①	②	③	④
11	①	②	③	④
12	①	②	③	④
13	①	②	③	④
14	①	②	③	④
15	①	②	③	④
16	①	②	③	④
17	①	②	③	④
18	①	②	③	④
19	①	②	③	④
20	①	②	③	④

번호	답			란
21	①	②	③	④
22	①	②	③	④
23	①	②	③	④
24	①	②	③	④
25	①	②	③	④
26	①	②	③	④
27	①	②	③	④
28	①	②	③	④
29	①	②	③	④
30	①	②	③	④
31	①	②	③	④
32	①	②	③	④
33	①	②	③	④
34	①	②	③	④
35	①	②	③	④
36	①	②	③	④
37	①	②	③	④
38	①	②	③	④
39	①	②	③	④
30	①	②	③	④

번호	답			란
41	①	②	③	④
42	①	②	③	④
43	①	②	③	④
44	①	②	③	④
45	①	②	③	④
46	①	②	③	④
47	①	②	③	④
48	①	②	③	④
49	①	②	③	④
50	①	②	③	④
51	①	②	③	④
52	①	②	③	④
53	①	②	③	④
54	①	②	③	④
55	①	②	③	④
56	①	②	③	④
57	①	②	③	④
58	①	②	③	④
59	①	②	③	④
60	①	②	③	④

번호	답			란
61	①	②	③	④
62	①	②	③	④
63	①	②	③	④
64	①	②	③	④
65	①	②	③	④
66	①	②	③	④
67	①	②	③	④
68	①	②	③	④
69	①	②	③	④
70	①	②	③	④

著者　李昌圭（イ チャンギュ）
武蔵野大学名誉教授

▷市販中の著書はネット書店で著者名から検索できます。

韓国語能力試験合格対策講座 1

NEW TOPIK I［1級・2級編］音声ダウンロード版

2015年 4月 8日　初版発行
2020年10月　1日　音声ダウンロード版 1 刷発行
2022年10月20日　音声ダウンロード版2刷発行

著　者　　李 昌 圭
発行者　　佐藤和幸
発行所　　白帝社
〒171-0014　東京都豊島区池袋2-65-1
TEL：03-3986-3271　　FAX：03-3986-3272
E-mail：info@hakuteisha.co.jp
http://www.hakuteisha.co.jp/

イラスト　吉村時子
組版　（株）アイ・ビーンズ
印刷・製本　ティーケー出版印刷

Printed in Japan

ISBN 978-4-86398-419-6

◆本書の追加、訂正情報があれば掲載しています。
http://www.hakuteisha.co.jp/book/b528968.html